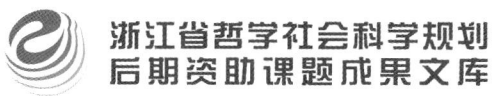
浙江省哲学社会科学规划
后期资助课题成果文库

青少年网络游戏情感互动研究

Qingshaonian Wangluo Youxi
Qinggan Hudong Yanjiu

徐 静 著

中国社会科学出版社

图书在版编目(CIP)数据

青少年网络游戏情感互动研究 / 徐静著 . —北京：中国社会科学出版社，2018.11

（浙江省哲学社会科学规划后期资助课题成果文库）

ISBN 978-7-5203-3746-5

Ⅰ.①青… Ⅱ.①徐… Ⅲ.①网络游戏-青少年心理学-研究 Ⅳ.①G898.3②B844.2

中国版本图书馆 CIP 数据核字（2018）第 281920 号

出 版 人	赵剑英
责任编辑	宫京蕾
责任校对	秦　婵
责任印制	李寡寡

出　　版	中国社会科学出版社
社　　址	北京鼓楼西大街甲 158 号
邮　　编	100720
网　　址	http：//www.csspw.cn
发 行 部	010-84083685
门 市 部	010-84029450
经　　销	新华书店及其他书店
印刷装订	北京君升印刷有限公司
版　　次	2018 年 11 月第 1 版
印　　次	2018 年 11 月第 1 次印刷
开　　本	710×1000　1/16
印　　张	13.5
插　　页	2
字　　数	222 千字
定　　价	65.00 元

凡购买中国社会科学出版社图书，如有质量问题请与本社营销中心联系调换

电话：010-84083683

版权所有　侵权必究

序　言

网络游戏的流行已经成为 21 世纪网络世界不争的事实。网络游戏正在进入全世界青少年的日常生活，成为一种网络文化景观和集体行动。网络游戏历时性地改变了青少年的社会行为轨迹的同时，也塑造了这个群体更为复杂的"游戏世代"的总体特征。但是，围绕青少年网络游戏行为，整个社会存在普遍性的迷思。网络游戏同时被描绘成"魔鬼"和"天使"，褒贬不一。青少年网络游戏的行为表征往往又会加剧社会整体的误解。

本研究认为，青少年网络游戏行为结构纷繁复杂，情感体验丰富多彩。青少年网络游戏中的情感互动研究应该能够帮助我们解除迷思。本书尝试基于情感理论视野，以青少年网络游戏中的情感互动作为研究对象，主要运用质性研究中的深度访谈、文本分析方法，从自我认同、文化资本、网际权力三个基本层面，对青少年网络游戏中的情感互动的虚拟社会实践进行实证研究，以期解释青少年网络游戏中自我认同实现的情感动力机制、文化资本以及网际权力获得、积累、转换、运作等的情感互动实质。

全文共分五章。

第一章概要介绍了论文的研究背景、问题意识、研究意义和研究架构，梳理和界定了本研究运用的主要概念，并对本书的研究对象和研究方法进行了简要的讨论。

第二章主要梳理并比较分析了近年来网络游戏研究中对网络游戏玩家自我认同、文化资本、网际权力的研究成果并进行反思。

第三、四、五章是著作的主体部分。第三章运用"自我认同"的理论探讨青少年玩家如何通过情感互动在网络游戏中完成自我认同的目标。本章研究发现，诸如"成就感""高兴""愉悦""幸福""向往"等积极情感给青少年玩家带来"自我认同"的动力。

第四章探讨了情感互动与网际权力的关系，以及这种关系在游戏社区秩序建立、游戏机制维护、玩家自我认同实现以及文化资本积累中的作用。

第五章借助文化资本的理论考察青少年玩家在网络游戏互动中，如何获得、积累、转让文化资本从而在游戏社区或团队获得更多的情感、文化资本，进一步确立和强化自我认同。

第六章是结论与讨论。本章基于情感理论视野，讨论了青少年网络游戏中社会互动的情感性特征和情感化趋势以及情感文明建构问题。

目 录

第一章 问题、架构与方法 ……………………………………… (1)
  第一节 研究问题与研究意义 ………………………………… (2)
    一 研究背景与问题 ………………………………………… (2)
    二 研究价值与意义 ………………………………………… (5)
  第二节 研究框架与文献探讨 ………………………………… (7)
    一 研究框架 ………………………………………………… (8)
    二 概念界定：基于文献分析的概念梳理 ………………… (15)
  第三节 研究对象、场域与研究方法 ………………………… (43)
    一 研究对象与场域 ………………………………………… (43)
    二 研究取向与研究方法 …………………………………… (44)
    三 资料收集与分析方法 …………………………………… (45)

第二章 失落的情感：网络游戏研究综述 ……………………… (49)
  第一节 网络游戏的一般互动研究 …………………………… (50)
  第二节 网络游戏情感研究 …………………………………… (53)
  第三节 网络游戏自我认同研究 ……………………………… (58)
  第四节 网络游戏资本研究 …………………………………… (63)
  第五节 网络游戏情感与权力研究 …………………………… (66)
  第六节 网络游戏玩家动机及游戏类别研究 ………………… (69)

第三章 自我认同与情感互动 …………………………………… (80)
  第一节 角色认同与情感 ……………………………………… (81)
    一 角色扮演与认同 ………………………………………… (83)
    二 游戏叙事与认同 ………………………………………… (91)
    三 游戏机制与认同 ………………………………………… (99)

第二节　个人认同 …………………………………………（104）
　一　任务目标与个人认同 ……………………………（105）
　二　情绪处理与个人认同 ……………………………（107）
第三节　集体认同与情感 …………………………………（110）
　一　归属感与集体认同 ………………………………（111）
　二　胜任感与集体认同 ………………………………（116）
　三　整合感与集体认同 ………………………………（118）
第四节　社会认同 …………………………………………（121）
　一　荣誉感与社会认同 ………………………………（122）
　二　浪漫情感与社会认同 ……………………………（125）

第四章　网际权力与情感互动 ………………………………（130）
第一节　个人权力与情感互动 ……………………………（132）
　一　流动的身份：个人权力与情感互动 ……………（132）
　二　信息的空间：个人权力与情感互动 ……………（135）
　三　重建的阶层：个人权力与情感互动 ……………（140）
第二节　社会权力与情感互动 ……………………………（143）
　一　技术权力精英：社会权力与情感互动 …………（144）
　二　技术权力螺旋：社会权力与情感互动 …………（147）
第三节　想象的权力与情感互动 …………………………（150）
　一　想象的天堂：游戏社群的权力与积极情感互动 …（151）
　二　虚拟的地狱：想象的权力与消极情感互动 ……（156）

第五章　文化资本与情感互动 ………………………………（163）
第一节　身体化资本与情感 ………………………………（165）
　一　知识、技能与情感互动 …………………………（166）
　二　情感资本与情感互动 ……………………………（169）
第二节　客观形态资本与情感互动 ………………………（172）
　一　虚拟财富与情感互动 ……………………………（173）
　二　收集物与情感互动 ………………………………（175）
第三节　制度形态资本与情感 ……………………………（178）
　一　个体化制度形态资本与情感互动 ………………（180）
　二　集体性制度形态资本与情感互动 ………………（183）

第六章 结论与讨论:网络游戏世界社会互动的情感化与情感
    文明 ··(186)
  第一节 青少年网络游戏中社会互动的情感化 ··················(187)
  第二节 游戏世界情感文明的建构 ·································(192)
参考文献 ··(196)

第一章

问题、架构与方法

> 凡是看出风暴即将来袭的人,都应该提醒别人。而我,正看到了风暴来袭。
>
> 下一代或下两代会有数量更多的人,甚至会有好几亿人沉浸在虚拟世界和在线游戏里。一旦我们玩起游戏,在游戏外面,"现实"里的事情就不再发生了,至少,不再以现在这样的方式发生了。数以百万工时的人力从社会中抽离出去,必然会发生点什么超级大事件。
>
> 如果这一现象出现在整整一代人里,我认为,21世纪必将会有一场巨大的社会灾难,其规模之庞大,连汽车、收音机和电视机的出现所带来的巨变加起来也不堪比肩。这些从现实世界出走、脱离了正常生活的人,会引发一场社会气候的巨大变化,相形之下,全球变暖简直像茶杯里的一股乱流罢了。
>
> ——爱德华·卡斯特罗诺瓦(Edward Castronova)《向虚拟世界的大迁徙》

卡斯特(Manuel Castells)提出了"网络社会"(the network society)的概念。他指出,"作为一种历史趋势,信息时代的支配性功能与过程日益以网络组织起来。网络建构了我们社会的新社会形态,而网络化逻辑的扩散实质地改变了生产、经验、权力与文化过程中的操作和结果。虽然社会组织的网络形式已经存在于其他时空中,新信息技术范式却为其渗透扩张遍及整个社会结构提供了物质基础。"[1] 网络社会的崛起已经成为不争的事实。互联网技术不仅正在改变社会的宏观结构,而且实质性地影响着人类生活的方方面面。

---

[1] [美] M.卡斯特:《网络社会的崛起》,夏铸九等译,社会科学文献出版社2003年版,第569页。

互联网平台的功能也远远超越了其自身作为信息传播媒介的存在，转而成为一种社会互动、媒介化生存、社会关系建构的中介。互联网的使用已经成为人们特别是青少年日常生活的一部分，其中网络游戏成为最突出的网络行为之一。爱德华·卡斯特罗诺瓦所描绘的玩家涌向网络游戏空间的"大规模迁徙"正在变成社会现实。网络游戏的研究引起了哲学、社会学、心理学、传播学等学科的关注，成为一个多边学科研究的全新视域。

第一节 研究问题与研究意义

一 研究背景与问题

网络技术的快速发展与普及性应用使得人们的日常工作、社会交往、娱乐活动日益互联网化。虽然互联网开始从军事和学术领域扩展和普及日常社会生活领域，迄今还只有短短20余年的时间，但上网冲浪、浏览网页、收发电子邮件、在线聊天、在线娱乐、在线发布、网上讨论、网上传播、网络游戏、网络购物等网络活动，早已不再是少数人的专利，而是已融入到了普通网民的日常生活之中，成为网络一族每天日常生活的基本内容。[1]

根据中央网络安全和信息化领导小组办公室、国家互联网信息办公室、中国互联网络信息中心 2017 年 7 月联合发布的《第 40 次中国互联网络发展状况统计报告》，截至 2017 年 6 月，我国网民规模达到 7.51 亿，半年共计新增网民 1992 万人。互联网普及率为 54.3%，较 2016 年底提升 1.1 个百分点。我国手机网民规模达 7.24 亿，较 2016 年底增加 2830 万人。网民使用手机上网的比例由 2016 年底的 95.1% 提升至 96.3%。我国网络游戏用户规模达到 4.22 亿，较上年底增长 460 万，占整体网民的 56.1%。手机网络游戏用户规模为 3.85 亿，较上年底增长 3380 万，占手机网民的 53.3%。2017 年上半年国内网络游戏行业发展稳定，营收规模

---

[1] 黄少华、陈文江：《重塑自我的游戏：网络空间的人际交往》，兰州大学出版社 2002 年版，第 3 页。

显著增长，游戏与 IP 产业链上其他环节的联动日益加深。① 在中国青少年上网行为的调查中，引人关注的是，网络娱乐类应用是青少年群体最重要的互联网应用。青少年网民对网络娱乐类应用存在明显偏好，造成其各类网络娱乐应用使用率均高于网民总体水平，其中网络游戏超出网民总体水平最多，达到 9.6 个百分点。中学生网络游戏使用率最高，达到 70%，超出网民总体水平 13.1 个百分点，有 66.1% 的大学生是网络游戏用户。②

另外，根据"美国娱乐软件协会"（ESA：Entertainment Software Association）2014 年的调查数据，电子游戏已经成为美国经济增长的强大引擎。2013 年，美国游戏产业的销售收入为 210 亿美元。而在游戏使用方面，59% 的美国民众玩电子游戏，56% 的父母认为电子游戏对他们的孩子有积极的影响，其中 88% 的父母认为玩游戏成为整个家庭的娱乐活动，75% 的父母又认为玩游戏提供了很好的与孩子沟通的机会。③

从经济发展的角度看，游戏产业已经成为国民经济增长的重要引擎；从经济消费的角度看，游戏消费支出已成为青少年玩家日常消费支出的重要部分；而从社会活动和行为的角度来看，游戏已经渗透到社会生活的各个角落。游戏已经成为青少年玩家网络应用的最重要类别，也是他们日常娱乐活动的主要方式之一。网络游戏打开了青少年信息传播、社会互动和社会交往的虚拟空间，同时也影响甚至重构他们在现实世界的社会行为、关系和结构。同时我们也发现，大众社会以及学术场域对青少年网络游戏行为的认知和评价莫衷一是，对游戏行为的成因、影响以及行为本身的解读存在很多偏差。甚至对青少年玩家究竟是怎样的一群人也认识模糊。我们所看到的日常现象是，穿梭于虚拟世界中的青少年玩家为了获得愉悦的体验浸淫于游戏之中。而另一方则是忧心忡忡的家长、老师、心理咨询师、新闻媒体不断地抱怨游戏带来的恶劣影响，苦苦规劝孩子少玩游戏，甚至离开游戏。不可否认，网络游戏的确带来了诸如游戏沉迷、暴力体验、色情信息摄入等一系列社会问题，甚至会发生一些骇人听闻的社会事件。

---

① 中国互联网络信息中心：《第 40 次中国互联网络发展状况统计报告》，http://www.cnnic.net.cn。

② 中国互联网络信息中心：《2015 年中国青少年上网行为研究报告》，http://www.cnnic.net.cn。

③ ESA：2014 Essential Facts about the Computer and Video Game Industry，www.theESA.com。

换句话说，当产业界正努力拓展线上游戏市场时，社会主流舆论却忧心忡忡于线上（网络）游戏对社会带来的负面影响，两者之间存在极大的冲突与矛盾。① 青少年网络游戏已经成为一个显在的矛盾性社会现象，网络游戏是一个"万恶渊薮"的"赚钱机器"，还是简·麦戈尼格尔（Jane McGonigal）所预言的"打破现实""改变世界""通往未来"的线索？实际上，之所以会出现互相冲突又刻板化的观点和判断，大概是源于人们还未走进青少年玩家的游戏世界，没有倾听他们的表达以及他们在游戏中的喜怒哀乐。要破解这些困惑和迷思，就要走入青少年网络游戏玩家的世界，把他们看作真正的能动的主体，听他们讲述游戏的故事和感受。我们要追问探究的是，在家庭、学校、社会负面评价的压力之下，义无反顾地一头扎进虚拟世界之中，游戏体验到底能给他们带来怎样的情感体验？能帮助他们实现自我认同吗？在与游戏系统、其他玩家、游戏团队、游戏社区的互动中，他们是否获得了丰厚的情感和文化资本？在无处不在的权力关系和权力话语中，他们能依赖获得的各种资本与周围世界周旋并长袖善舞吗？情感驱动下的游戏互动体验真的能"打破现实"，建构起情感文明的未来世界吗？

从这些困惑和问题出发，本选题的研究目的是从传播学、社会学的学科背景出发，从青少年网络游戏行为、情感互动、自我认同、文化资本、网际权力等概念入手，观照青少年网络游戏中的情感互动现象。本书的主体部分包括：

第二章通过梳理相关文献建构青少年网络游戏依照日常现象和情感理论视角研究的合法性。

第三章从心理学和社会学关于自我认同的理论出发，探讨青少年玩家如何通过网络游戏中的积极性情感互动体验完成自我实现，消极性情感互动又如何阻滞玩家的自我认同。

第四章通过对玩家在游戏中的情感性权力生成与支配的描述，阐释青少年网络游戏中权力支配的实质。

第五章描述和刻画玩家的情感和文化资本积累的游戏经验，并探讨玩家如何积累、调动、支配、转让这些情感和文化资本，从而巩固自我的身

---

① 张玉佩：《游戏、人生：从线上游戏玩家探讨网路世界与日常生活的结合》，《新闻学研究》2009 年第 1 期。

份、地位,获得良好的社会关系。

在进行了以上论证之后,本研究尝试从理论上梳理和分析以下问题:网络游戏的沉浸为青少年玩家成长和自我认同提供了怎样的可能?情感因素和互动创造了什么样的自我认同的机制或者限制?游戏中文化资本的获得和积累以及对情感权力的支配如何强化这种自我认同的途径和结果?或者说借助情感互动完成的自我认同、文化资本、情感性权力三者之间到底是什么样的关系?除此之外,本研究还尝试探讨情感性自我认同、文化资本、网际权力的相互勾连和支撑的可能性问题。

二 研究价值与意义

网络游戏建构了一种新的社会情境,玩家通过身体缺场的形式与其他玩家进行在线聊天、玩家PK、组建团队、帮助他人、游戏交易、线上聚会等社会互动。这种微观社会情境为青少年网络玩家提供了自我呈现、资本积累和权力支配的虚拟场域。戈夫曼(Erving Goffman)在界定"情境"(situation)的概念时指出,身处情境中的人们通常无法创造情境这个概念,通常他们能做的就是正确地评估周围的情境并采取相应的行动。在结合詹姆士(James)、许茨(Schutz)等人研究视角和观点的基础上,戈夫曼指出情境概念应该更多地关注个体对某一特定时刻或其他个体的敏感性,而不必拘泥于面对面相遇的某个场所。[1] 而梅罗维茨(Meyrowitz)借用麦克卢汉(McLuhar)的媒介即讯息理论以及戈夫曼剧班理论发展出的媒介情境论的概念将电子媒介视为一种新的社会情境。网络游戏中的玩家在自主地展开虚拟互动、角色扮演,完成自我认同,这些社会实践为社会科学研究准备了充分而理想的研究对象。

从目前的对青少年网络游戏研究的现状来看,研究视野涉及多个学科,包括社会学、心理学、哲学、教育学、计算机科学等,展现了多元、跨学科的特质。但是这些研究不管从方法上还是理论视角上都很难解释青少年网络游戏中出现的认知悖论,也很难为解决青少年玩家因游戏而产生的一系列社会问题提供必要的理论支持。

从本质上说,人是情感的动物。没有情感,就谈不上人。要了解人是

---

[1] E. Goffman, *Frame Analysis: An Essay on the Organization of Experience*, Massachusetts: Northeastern University Press, 1986, pp. 1, 8.

什么，就必须懂得他们的情感。游戏玩家，特别是青少年玩家的游戏行为更多的是受到情感的驱动。因此把握青少年玩家的情感，对其情感感受进行观察、描述、阐释是解谜的关键性路径。

自 20 世纪 70 年代以降，出现了"情感研究的革命"，诸多学科纷纷在情感研究上取得了突破。古典社会学虽有重视情感因素的传统，但在后来的发展中，情感曾经沦为"剩余范畴"而受到系统的忽视。当代情感社会学的勃兴，既与相关学科条件的成熟有关，也是呼应了当代社会中情感问题日益凸显的趋势。① 情感社会学提出的一些概念和理论为微观社会现象研究以及观察日常生活中的社会行为提供了帮助。

在理论层面，以情感社会学为主导的情感理论研究虽然已经使得情感研究初步摆脱了现代社会科学研究的"剩余范畴"，但对情感理论的认同和建构还远远未实现。黑格（Hegel）尔探讨了"激情"（passion）并将之看作是历史的经纬线之一；社会学家迪尔凯姆（Durkheim）判定社会在一定意义上"完全是由理念和情感（sentiments）组成的"。② 但实际上，哲学和古典社会学对于情感的思考实际上还停留在抽象的理论思辨，尚未切入到现实的社会实践中去。因此，"有机的"情感社会学概念和论断尚未出现。70 年代，随着霍赫希尔德（Hochschild）、柯林斯（Collins）、达马西奥（Damasio）、特纳（Turner）等人对情感社会实践展开研究，情感社会学才逐渐获得了一定的认同并积累了一些情感社会学的研究成果。

网络游戏的研究发轫时间更晚，距今也不过 20 年左右的时间。在关涉到网络游戏研究的子命题中，网络游戏动机、游戏行为、游戏影响等方面的研究也很少涉及情感理论的视角。因此对于探讨网络游戏的实质、网络游戏动力来源、网络游戏行为与社会关系以及网络游戏社会影响等方面的问题，学术界莫衷一是，并没有形成一致的看法。而在方法论理解以及研究方法运用上也缺乏统一的范式。因此，将具体而生动的网络游戏场域和情感活跃的游戏玩家纳入情感社会学的理论视野，一方面可以检验情感理论的成果，另一方面也可以从丰富的情感实践中拓展情感理论研究的边界，勾连情感理论与其他社会理论的关系，丰富情感理论的维度，发展出

---

① 成伯清：《情感的社会学意义》，《山东社会科学》2013 年第 3 期。

② ［美］帕森斯：《社会行动的结构》，张明德、夏翼南、彭刚译，译林出版社 2003 年版，第 495 页。

新的理论视野和概念框架。

在现实层面，本书借助情感社会学、情感心理学的理论，从情感互动与自我认同实现的关系、文化资本的获得与管理、情感与权力的关系等三大视角描绘和分析青少年网络游戏玩家的游戏行为，探究情感作为游戏动力的内在机制，讨论玩家各种文化资本积累、转换和支配的技巧与策略，分析玩家之间、玩家与游戏系统之间、玩家与集体（公会、团队）之间的权力话语表达和权力支配关系。同时，这对于我们理解青少年玩家的正当行为以及偏差行为，比如游戏成瘾、暴力倾向、色情沉溺等有很大帮助。从而帮助青少年反省自己的游戏行为，帮助其在从游戏中得到适当愉悦、放松身心的同时，保持身心健康成长。

过往的研究表明，网络游戏在心理矫治、教育教学、亲子关系维系、情商/智商提升方面发挥了重要的作用，本研究通过情感的揭示也可以使整个社会意识到网络游戏可以激发青少年的正面情感，促进大家对青少年网络游戏玩家的更全面的了解、提高游戏玩家的幸福感，促进社会和谐。

伴随着游戏玩家的成长和游戏世代的更迭，游戏产业的规模和地位将越来越凸显。认识玩家、尊重玩家、了解玩家文化可以帮助游戏开发商更加精准地定位游戏研发，生产更优秀的游戏产品，促进产业经济健康、可持续发展。

第二节 研究框架与文献探讨

游戏和游戏者是个古老而又新鲜的话题。游戏作为人类文化现象和社会活动，充满了哲学意味。即使是赫伊津哈（J. Huizinga，又译作胡伊青加）想象性和颠覆性地撇开"游戏本身"把人类的社会活动作为一种文化现象来探究其内在的本质和意义，也未必能穷究游戏和游戏者的社会价值和本质。但赫伊津哈抛开"游戏本身"审视人类文化活动的游戏先在性和原初性的确给了我们一些启发。那就是，要想了解现代技术条件下的纯粹游戏及其玩家，我们必须把游戏者还原为能动的主体，从玩家的日常生活中找到线索，把玩家的游戏行为本身作为研究对象。网络游戏既包含了传统游戏的特征，比如强调愉悦、互动和社交功能；也具有典型的网络特征，比如匿名性、身体缺场、后现代风格等。作为一个全新的微观社会行为研究场域，网络游戏的研究必须建构新的概念和思考方向，拓展社科学新的思想空间，重建社会科学的想象力。

一 研究框架

目前，国内外学界针对网络游戏的研究涉及传播学、社会学、心理学、教育学、计算机科学、文化研究等诸多学科和方向。研究议题主要包括：网络游戏动机、游戏行为、游戏成瘾、游戏性别、游戏种族、游戏技术、游戏愉悦体验等。这些议题从各自学科领域对认识游戏和玩家本质特征有很大帮助。但这些研究相互独立，甚至在同一领域还有相当多重叠性的研究，缺乏一个本质性和统合性的理论视角来探究网络游戏及其玩家的本质性问题。基于此，本书对青少年网络游戏的研究，尝试从情感互动理论出发，建构一个综合情感理论、自我认同理论、文化资本理论、权力与情感理论的分析框架。

（一）情感理论视野的兴起

> 心有心之理，理性不识之。
>
> ——巴斯卡（Blaise Pascal）

诸如社会学、人类学、心理学这些人文社会科学的终极目标都是在试图深刻地理解我们称之为"人"的这种现象，而人的情感应该居于它们的核心。然而情感理论体系的建构经历了漫长的过程，在20世纪70年代实现了艰难的苏醒。情感理论体系是多学科综合的结果，其主要来源于近现代哲学、古典社会学、现代心理学和现代社会学。

毫无疑问，对情感的确认和观照在东西方的哲学范畴内，都是以理性为参照的。蒙培元从中西哲学比较的角度探讨了情感与理性的关系问题，认为中国哲学是属于情感型的，西方哲学为理智型的。中国哲学历来重视情感，因为情感为人的最基本的存在方式。[①] 实际上到了18世纪，西方的理性哲学开始有了一些变化。休谟（David Hume）以生活经验作为观察对象，对人生现象进行归纳研究，为人的情感做系统的分析。休谟关注道德情感中的"同情"和"爱"两大主题。休谟认为，"同情"感受在道德活动中所扮演的重要角色，是理性或道德知识所不能及。"爱"的观念本

---

① 蒙培元：《情感与理性》，《哲学与文化》2001年第11期。

身，是视人为道德存有者的回应。①

西方情感社会学理论的历史演进过程可以分为形成、发展和成熟三个阶段。形成时期虽然理性主义占统治地位，但与此同时情感的研究颇有步步为营之势，非理性主义思潮也偶露峥嵘。在情感社会学发展时期，社会危机论、情欲革命论、批判理论、冲突论成为情感研究的主流导向和强势声音；成熟阶段的情感社会学研究朝着学科化和现实化两个方向发展。②在古典社会学阶段，孔德（Comte）、韦伯（Weber）、涂尔干（Durkheim）、舍勒（Scheler）、西美尔（Simmel）都在一定程度上将情感纳入自己的研究视野。

孔德在论证和解决"社会秩序如何可能"这个社会学核心问题的过程中，特别突出了情感的作用。他将科学实证主义与情感结合起来，认为社会秩序立足于人性的统一性，致力于构建社会秩序的情感人性机制。具体来说，比如他把爱等情感当作普遍原则，来协调感情、理性和行动的一致。他强调个人情感要服从社会情感，利己情感要服从利他情感。情感和谐是社会秩序的保证。孔德在晚年热衷于建立一种基于情感的"人道教"，强调以"爱"为核心建立社会秩序。孔德并没有对情感进行实证主义研究，因此他的社会秩序中的情感带有强烈的浪漫和空想的色彩。

涂尔干对情感研究的贡献集中体现在他对集体情感、社会团结、法律制裁三者关系的讨论上。特别是在探讨集体情感和社会团结的关系上，涂尔干强调整体团结，他认为竞争是建立在理性基础上，团结则建立在集体情感的基础上。

韦伯所描述的现代社会结构是合理化的科层体制，但他依然把新教伦理视为资本主义发展的动力。韦伯探讨了现代社会"无人情味"的机制，对情感自由和解放持悲观主义的态度。对现代社会人的情感状态深感担忧的还有西美尔和舍勒。③

西美尔从文化的视野探讨情感问题。他认为情感属于主观文化意义上个体精神的范畴，"在个体精神的有限范围之内，情感的力量与节奏仍是

---

① 洪樱芬：《论休谟的道德情感——以"同情"与"爱"为中心》，《人文与社会研究学报》2011年第1期。

② 郭景萍：《西方情感社会学理论的发展脉络》，《社会》2007年第5期。

③ 同上。

比外在世界重要得多。"① 西美尔（Simmel）通过批评客体文化凌驾于主体文化之上以及货币文化所导致的理智功能对情感功能的优势，感叹在现代都市生活中社会人情感生活遭遇放逐的尴尬境地。

舍勒（Scheler）的伦理学研究将情感、情感价值纳入视野。在《价值的颠覆》一书中，他集中探讨了怨恨的社会学和现象学问题以及害羞和羞感之间的差异。他指出，怨恨是人类意识中出现的价值颠倒或价值崩溃的根源。但他同时也承认，怨恨从从总体上成为了资本主义形成和发展的动力，他突破了韦伯关于资本主义精神的判断。他指出，市民精神的实质是怨恨，而不是单一的新教伦理精神。② 舍勒认为害羞和羞感是人类特有的精神表达方式，他详尽地探讨了羞感与身体、自我、个体的价值和非价值、自尊心、懊悔等之间的关系。③

尽管古典社会学家在各自的领域中都分别探讨了情感理论的失落及尴尬处境，但推动情感社会学发展的基础性动力依然根植于资本主义发展给人类及其情感造成的问题之中。曼海姆在（Mannheim）时代重建的问题上指出，"只有通过人本身的改造，社会重建才成为可能。"④ 他建议通过重建一个理性与情感协调的社会来解决资本这样的社会危机。埃利亚斯（Elias）似乎也延续了这样的看法，他指出，"文明发展的特点就在于更加严格、更加全面而又更加适度地控制情感"。⑤ 他坚持认为西方社会合理化和成熟的过程，就是就是情感文明进化的过程。

总体来看，早期社会学家主要探讨了情感维护社会（秩序）的功能和作用，即使 M. 韦伯（Max Webber）、齐美尔、M. 舍勒基于人文主义立场对资本主义社会人的情感状况有所担忧，但主要目的还是希望解决情感问题来实现社会的有序协调发展。处在情感社会学发展第二阶段的社会学家们则是以批判社会为主的，试图通过情感问题发现社会存在的深层矛盾

---

① ［德］西美尔：《货币哲学》，陈戎女等译，华夏出版社 2002 年版，第 11 页。
② 郭景萍：《情感社会学：理论、历史、现实》，上海三联书店 2008 年版，第 269—270 页。
③ ［德］马克斯·舍勒：《价值的颠覆》，罗悌伦、林克、曹卫东译，上海三联书店 1997 年版，第 164、273 页。
④ ［德］曼海姆：《重建时代的人与社会：现代社会结构研究》，张旅平译，生活·读书·新知三联书店 2002 年版，第 12 页。
⑤ ［德］诺贝特·埃利亚斯：《文明的进程》，王佩莉等译，生活·读书·新知三联书店 1998 年版，第 43 页。

和危机，从而找到改造社会、消除社会弊端的良方。社会危机论、情欲革命论、批判理论和冲突论成为这一时期情感研究的主流导向和强势声音。①

1986年，美国社会学协会情感社会学分会成立，这是情感社会学在社会学领域确立合法性地位的标志，这也表明情感社会学进入成熟阶段。在这个阶段，N. 丹森（Norman K. Denzin）、霍赫希尔德、乔纳森·特纳（Jonathan H. Turne）为情感社会学的整合、学科的建立做出了巨大的贡献。情感社会学成熟阶段一个重要特征是更加注重对具体情感社会现象和问题的研究。根据特纳的观点，当代情感社会学的研究主要包括以下几大基本维度：拟剧与文化情感理论、情感仪式理论、符号互动的情感理论、情感交换理论、情感社会结构理论以及情感进化理论。

欧文·戈夫曼依照拟剧理论的方向对情感动力机制进行了探讨，特别对"尴尬"情感进行动力机制分析。在一些情况下个体将产生消极情感：不能成功地展示自我，不能服从文化脚本所认可的适当性进行谈话，不正确地使用仪式，不能安分在某种框架之内，赋予情景不恰当的范畴，错误地使用舞台道具，不适当地表达了情感等。这种消极的情感唤醒是对个体的一种惩罚，个体也因此体验到尴尬。② 霍赫希尔德采用戈夫曼的分析理论和马克思（Karl Marx）的异化（alienation）思想研究了情感工作和情感管理的问题。史蒂文·戈登（Steven Gordon）的情感文化、莫里斯·罗森伯格（Morris Rosenberg）的情感与反思研究、培格·斯奥兹（Peggy Thoits）对情感异常的研究以及坎迪斯·克拉克（Candack Clark）的同情理论等基本思路都是在社会文化研究的视野内探讨情感问题。

情感社会学经过30年的发展出现了一定的汇聚特征。身份理论家们强调期望与自我和身份的联系，感情控制理论家强调期望与基本的和转瞬即逝的身份的感受之间的联系，心理分析的符号互动论者关注期望的多样性来源，交换理论者认为个体对环境的奖赏总是抱有期望，并且期待这种奖赏与文化对成本和收益的公平判断相一致。权力理论者强调与权力想联

---

① 郭景萍：《西方情感社会学理论的发展脉络》，《社会》2007年第5期。
② ［美］乔纳森·特纳：《情感社会学》，孙俊才、文军译，上海人民出版社2007年版，第24—25页。

系的期望，并认为人们努力保持期望与行为一致。①

情感社会学的发展和汇聚总体上是以社会学的理论架构为基底的。但我们也看出，古典社会学对情感的零散性关注，凸显了情感社会学对社会学的依附性。这种依附性会造成两方面的状况或结果：第一，经典社会学中的情感在社会学的现代性宏大理论建构中，情感始终处于式微或者"剩余价值"的角色地位。这种状况既是现代社会以及现代性等宏观社会结构造成的，也是社会理论整体理性思维所导致的。第二，另外则是积极的结果，也就是相对成熟、稳定的社会学整体理论框架为情感社会学的研究方法、研究基点、研究对象以及研究内容无意之中编织了较为清晰、明确的理论网络结构。而前面所提到的情感社会学理论的"汇聚"则是这种积极结果的反映。

而 20 世纪 70 年代发轫的现代社会学观照下的情感社会学的研究，则明显体现了社会学现象学以及后现代思潮对情感社会学的影响。社会学研究在这两大学术或社会思潮的引领下，逐渐开始摆脱以宏大理论创建、社会批判、社会宏大命题主导的历史状况，走向关注社会中观和微观社会现实，相应地也致力于中层和微观社会理论的建构。而情感，作为被传统社会学"深埋"的研究对象，同时又作为不可回避的社会现实，很显然地被推到社会学研究的前台。情感社会学最大的魅力以及最根本的归属就应该回归对具体社会现象，特别是具体情境中的社会情感事实的观照。

而回到情感本身，我们可以明确地看到，情感是活生生的，它的生存和跃动依附于社会互动过程。情感总是发生于有互动关系存在的情境里，情感就是关系，没有关系便无所谓情感。彼德·布劳（Peter M. Bla）认为，大部分人类情感的根都扎在社会生活中，人类的许多痛苦和幸福，都根源于与其他人的交往过程中。我们分析情感的方法论原则和基本方向，是要在社会关系中来揭示情感的社会本质及其具体表现形态。②

毫无疑问，具体而微的情感理论研究视角为解释个体在社会行动中的整体情感提供了充实的理论依据，也建构了一种新的问题意识。本研究的目的，就是主要基于情感社会学的理论视野，并结合其他学科，比如心理学、美学，建构一种理解青少年网络游戏玩家情感互动的分析框架。这一

---

① 同上书，第 239 页。
② 郭景萍：《情感的互动特质：交换、沟通与平等》，《江汉论坛》2007 年第 7 期。

分析框架的实质，就是借助情感社会学理论视野，通过分析青少年玩家游戏互动中情感在相互关联的自我认同、文化资本、权力获取与转换中的呈现及其关系的分析，来探讨网络游戏情感驱动的本质。

(二) 基于情感互动理论视野的网络游戏玩家互动分析框架

对于青少年来说，成为网络游戏玩家并穿梭于游戏世界能给他们带来有别于现实世界的虚拟生活和互动体验。角色扮演、界面互动、多人交流、独立游戏、虚拟宠物是玩家注重的游戏特征。从网络游戏动机来说，玩家在网络游戏中追求的价值包括愉悦、成就感、与他人的情感关系、归属感、安全感的情感性目标。从网络游戏行为的角度来看，存在于游戏中的社会互动成为网络游戏行为中最基本的游戏行为，几乎所有的游戏行为都必须在玩家与玩家、玩家与游戏系统、玩家与群体的互动中进行。互动是网络游戏玩家最重要的社会行为。青少年玩家通过扮演游戏角色进入游戏世界，完成游戏目标，开展社交互动，体验游戏情感。而从网络游戏的影响来说，互动也是游戏行为对玩家产生影响的根源。而情感性结果是网络游戏行为对玩家产生的最显著性影响。

为了探寻网络游戏中青少年玩家互动的特征与实质，我们在研究的早期进行了试探性的访问，从游戏动机、互动类型、游戏目的和影响等方面对深访对象进行了尝试性交流。许多玩家表示，玩游戏就是为了"爽"，追求"开心"，取得"成就感""交朋友"，也有玩家表示"玩游戏没考虑那么多"。一方面，网络游戏以其鲜明而独特的互动性、娱乐性吸引着玩家不断进入并流连于游戏世界，另一方面也表明玩家的所谓动机大部分并非是出于深思熟虑的理性抉择，而更多是一种率性、非理性、充满情感追求的动机。从玩家的互动过程来看，互动也有着非常单纯的情感性追求。有的玩家表示，"就是觉得游戏过程刺激""游戏有故事情节""游戏可以交朋友，没啥功利性""买道具啦、装备啦不会考虑那么多，喜欢就买"。网络游戏的互动无处不在，包括玩家与游戏叙事、音效、机制等要素的互动，玩家与玩家之间合作、冲突、交易等互动，玩家与公会、帮会、战队、团队等的任务分配，共同战队、分享胜利成果等互动。玩家在追求这些互动的过程中，伴随积极情感和消极情感的感受。即使在最有可能体现理性色彩的游戏交易互动中，玩家依然以追求愉悦、成就感等积极情感为主要的目标和结果。

然而，网络游戏的虚拟实践并非完全如同玩家想象的乌托邦或者美丽新世界。首先，游戏角色的实际操作者是真实的肉身——青少年玩家，他们往往以自身原有的情感、心理、认知、期望等不同的人格特质带进新的虚拟社会情境——网络游戏世界。这就使得看似虚拟的游戏行为打上了真实的烙印，更多的是情感的因素。在不同的时空实践中，游戏互动也有差异，也会带来不同的情感体验。有高兴、愉悦、成就感、自豪感等积极情感，也会产生愤怒、失望、悲伤、嫉妒、内疚、羞愧等消极情感。这也是虚拟网络游戏社会真实性的表现。其次，游戏世界中也存在游戏资本（资源）、权力的问题。网络游戏既体现了清晰的互动性、虚拟性，也展示了现实世界的某些特征。网络游戏创造和生产的商业化机制决定了游戏中存在游戏资源和资本的问题，这种资本主要体现为一种文化资本的获得、积累和转换，要想获得游戏中的积极情感体验，青少年玩家必须要占有一定的文化资本或资源。尽管游戏世界不像现实科层制社会那样存在着充分的基于地位、阶层、权力的竞争关系，但充分互动，特别是群体性互动的结果自然会产生一定的权力关系。在前期的访谈中，有些网友就表示，所在的公会存在"搞裙带关系""游戏战利品分配不公"等问题。因此，青少年网络游戏玩家必然面临游戏中网际权力的争夺、支配。

最后，青少年网络游戏玩家也是社会行动能动的主体。青少年玩家从现实社会进入网络游戏世界，在追求积极情感的过程中往往也获得了重塑自我和实现自我认同的机会。帕克（Park）、黄厚铭、林雅容、黄少华、朱丹红等学者的研究表明，网络游戏玩家在游戏互动中有意地或无意地实现了自我认同。而自我的重塑、自我认同的实现多数是借助愉悦感、成就感等积极情感的体验与互动来最终达成的。更重要的是，作为游戏中的竞争者，青少年玩家必须经过个人的努力积累起足够的游戏资源和资本，并借此获得团队游戏中的地位和权力才能更多地体验积极的情感互动，同时有助于自我认同的实现。

至此，我们可以清晰地发现情感体验和互动居于核心的重要地位，它既是一种青少年游戏玩家的网络游戏核心动力因素，也是一种结果性的产出。而自我认同、网际权力、文化资本成为青少年玩家在游戏中追求的三大核心目标，成为度量和检验玩家游戏情感性、情感互动的三个重要向度。而在自我认同、网际权力、文化资本三者之间，资本的积累与转换、权力的获得、支配与调度共同支持自我认同的实现。文化资本与网际权力之间可以互相支持与转让。

青少年网络游戏中的情感互动研究成为本研究关注的核心问题，而玩家在网络游戏中的虚拟社会互动行为主要借助自我认同的实现，文化资本的获得，积累与转换，网际权力的获得、支配与运作来展开。这三种具体的社会互动形态都体现了充分的情感性并指向情感互动的本质。

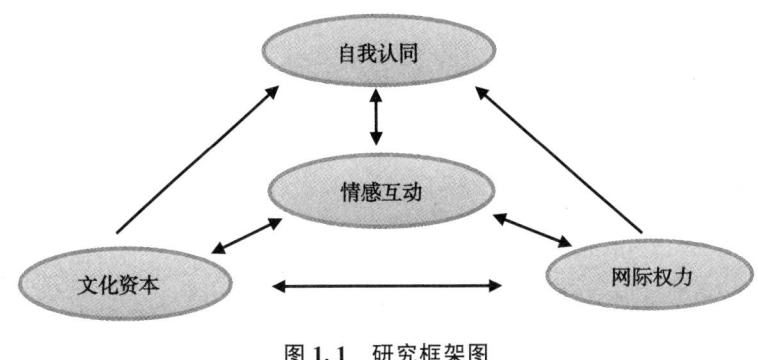

图1.1 研究框架图

二 概念界定：基于文献分析的概念梳理

概念是社会科学研究的基础。概念"是对研究范围内同一类现象和过程的概括性表达"。① 同时，社会科学概念作为研究工具，需要依据其使用情景来加以界定。在这一意义上可以说，社会科学概念是分析性的。②

（一）情感与情感互动

对"情感"进行定义是非常困难的。本研究无意对情感进行过多词法和语义学上的考察，仅就过往的社会理论中默认的"情感"（emotion）③一词作为分析对象。即便如此，也没有一个精致而精确的表述来阐释什么叫情感。为解决这个问题，社会学家往往从社会建构、生物、认知、社会学几种成分中寻找合理的角度和证据。情感包含生物成分，是身体变化的结果。情感包含主体性认知的影响，情感直到对主体、对情境中的客体或

---

① ［美］戴维·波普诺：《社会学》，李强等译，中国人民大学出版社2000年版，第35页。
② 黄少华：《网络空间的族群认同——以中穆BBS虚拟社区的族群认同实践为例》，博士学位论文，兰州大学，2008年。
③ 按照乔纳森·特纳的说法，emotion这个术语，可以用来囊括理论家和研究者所使用的其他一些词汇——情操、感情、情感体验等所标签的现象。见［美］乔纳森·特纳《情感社会学》，孙俊才、文军译，上海人民出版社2007年版，第2页。

事件给予评价后才产生。当文化意识形态、信念、规范与社会结构紧密联系时，它们就界定了什么被体验为情感，以及这些被文化定义的情感应如何表达，因此，情感是社会建构的。社会学的视角认为，情感包括以下成分：（1）关键的身体系统的生理激活；（2）社会建构的文化定义和限制，它规定了在具体情境中情感应如何体验和表达；（3）由文化提供的语言标签被应用于内部的感受；（4）外显的面部表情、声音和副语言表达；（5）对情境中客体或事件的知觉与评价。[1]

诺尔曼·丹森（Norman K Denzin）从解释学、社会现象学和社会互动论方面，把情感作为一种意识形态如何被实践、体验、表达和感受这个基本问题进行考察。在考察了情感的古典和现代理论之后，丹森提出了自己关于情感的新概念。他认为，情感居于它自己的寓所之内。而情感的寓所则是自我。情感就是自我的感受。情感是时间性地体现和存在的自我感受，它产生于人们引向自我或由别人已经引向他们的情感的和认知的社会活动中。情感存在于社会活动和与他人的相互作用中。[2] 在这个定义中，丹森特别强调"自我""自我感受""情感性"这样的要素。他进一步指出，"自我"不是一个事物或一个实体，而是那种可以被称为我的经验结构。自我不存在于意识中，而是存在于社会相互作用的世界中。"自我感受"指的是情感主体所感受到的任何一种情感。"情感性"指的是感动或体验的过程。情感是过程，不是静止的事物。[3] 丹森把情感定义为自我感受，这就使得情感社会学回到了微观考察的世界，回到普遍的日常生活之中和社会个体的经验世界。更加重要的是，"自我""自我感受""情感性"三大要素使得丹森的情感定义内在地转向对情感互动的讨论。在讨论了情感生活的分层现象之后，丹森转而细致地分析和界定"情感互动"的概念。

丹森认为，情感互动是两个人之间通过相互作用而进行的情感转让，使一个人情不自禁地进入对方的感受和意向性感受状态的过程。情感互动是一个相互作用的过程，它把两个或两个以上的人结合在一个共同的或共

---

[1] ［美］乔纳森·特纳：《情感社会学》，孙俊才、文军译，上海人民出版社2007年版，第2—8页。

[2] ［美］诺尔曼·丹森：《情感论》，魏中军、孙安迹译，辽宁人民出版社1989年版，第77页。

[3] 同上书，第79—80页。

享的情感体验领域之中。情感互动指的是处于某种共同的情感领域中的几个自我在认知和情感方面达成的合作。他把情感互动分为六大范畴：共有感或感受的共同性、伙伴感、情感感染、情感同一、共享的情感性、虚假的情感性。① 丹森对作为社会经验的情感的研究，显然受到了胡塞尔开创的现象学，特别是米德的社会互动论的影响。在一定意义上是对古典社会学和现代心理学关于情感理论研究的反思，同时也建构了基于现象学、社会学考察情感问题的框架。这对于解决类似网络游戏中的情感互动现象提供了较为直接的理论支持。

要想更好地理解情感理论，我们必须对具体的情感进行分类。查尔斯·罗伯特·达尔文（Charles Robert Darwin，1972）提出了情感普遍性的观点，他通过灵长类动物以及人类文明发展较低的社会来解答哪些情感是普遍的问题。他发现这些动物的声音、面容、手势及身体各部分姿势中有些普遍的情感，这些情感被他称为基本情感。心理学家艾克曼（Ekman）和他的同事认为高兴、恐惧、愤怒、悲伤、惊奇和厌恶表情是普遍的，后来又增加了轻蔑表情。②

表 1.1   基本情感的代表性分类③

约翰逊-莱尔德和奥特利（Johnson-laird & Oatley）(1992)	埃姆德（Emde）(1980)	潘柯斯珀（Panksepp）(1982)	思欧菲（Seoufe）(1979)	特纳（Turner）(1996)	特里维恩（Trevarthen）(1984)	阿诺德（Arnold）(1960)	奥斯古德（Osgood）(1966)	达尔文（Darwin）(1872)	伊扎德（Izard）(1977, 1992)
高兴	愉悦		欣悦	高兴	高兴		愉悦	愉悦	享乐
							平静	欣悦	
							欣悦	感情	
恐惧	恐惧	恐惧	恐惧	恐惧	恐惧	逃跑	恐惧	恐怖	恐惧
		痛苦						焦虑	轻蔑

---

① [美] 诺尔曼·丹森：《情感论》，魏中军、孙安迹译，辽宁人民出版社 1989 年版，第 203—212 页。

② [美] 乔纳森·特纳、[美] 简·斯戴兹：《情感社会学》，孙俊才、文军译，上海人民出版社 2007 年版，第 10 页。

③ 同上书，第 11—12 页。

续表

约翰逊-莱尔德和奥特利（Johnson-laird & Oatley）(1992)	埃姆德（Emde）(1980)	潘柯斯珀（Panksepp）(1982)	思欧菲（Seoufe）(1979)	特纳（Turner）(1996)	特里维恩（Trevarthen）(1984)	阿诺德（Arnold）(1960)	奥斯古德（Osgood）(1966)	达尔文（Darwin）(1872)	伊扎德（Izard）(1977,1992)
愤怒	愤怒	发火	愤怒	愤怒	愤怒	战斗	愤怒	愤怒	
						防御			
						攻击			
悲哀	悲哀	悲哀	悲伤		悲哀	悲哀		悲伤	
	惊奇	孤独		惊奇			惊异	惊讶	惊奇
		忧伤							
厌恶	厌恶						厌恶		厌恶
	羞愧								羞愧
	害羞								害羞
	郁闷								郁闷
	内疚								内疚
	兴趣	期待			接近		兴趣		兴趣
							期待		
								痛苦	
					抑制		厌倦		
高兴	愉悦	愉悦	愉悦	愉悦	欣悦	高兴	希望	满意	愉悦
	爱	兴高采烈			爱	爱	爱		
		满意							
恐惧	恐惧	恐惧	恐惧	恐惧	恐惧	恐惧	焦虑	恐惧	恐惧
		紧张				焦虑	愤怒	愤怒	愤怒
愤怒	愤怒	发火	愤怒	愤怒	愤怒	愤怒			
悲伤	悲伤	不愉快	忧伤	悲伤	孤单	悲伤	悲伤	抑郁	悲伤
		放弃							
惊奇			震惊	惊奇					
悲伤					厌恶				兴趣
					期望	好奇			痛苦
		欲望							
					接受				

多数基本情感研究的学者对人类的情感进化感兴趣。西奥多·肯珀

(Theodore Kemper)把高兴、恐惧、愤怒、抑郁看作四种基本情感,而罗伯特·普拉契克(Robert Plutchik)确认接受、惊奇、恐惧、悲伤、厌恶、期待、愤怒、愉悦为八种基本情感。在此基础上,普拉契克依据颜色混合的原理提出基本情感混合可以产生次级情感的观点。肯珀认为次级情感更具有社会建构性,特纳进一步指出在社会互动中一些重要的情感是次级情感。特纳还特别研究了作为次级情感羞愧(shame)和内疚(guilt)的产生方式。

特纳认为,情感的表达方式在一定程度上是社会建构的。基本情感的表达是固化的和普遍的,较复杂的情感能力也是同样固化在人类的神经自主系统之中,这些情感的表达姿势是由情感所处的社会化过程所决定的。[①] 人在社会日常生活中的互动所产生的情感体验或多或少,随具体社会情境的变化而变化。多数社会学家一般只对一种或几种显著的或关键的情感进行研究。比如坎迪斯·克拉克用实验方法对同情进行研究。托马斯·舍夫(Thomas Scheff)沿着符号互动论的传统,采用心理分析手段对自豪和羞愧进行探讨。

本研究在主要借鉴诺尔曼·丹森关于情感互动概念的基础上,认为网络游戏中的情感互动除了他所界定的六大范围所体现的互动情感性之外,还应该包括玩家对网络游戏总体情境性的主观情感感受。也就是说,情感互动的讨论应该包括两大部分:第一,基于玩家与游戏要素、游戏情境体验所生成的情感体验,这也是情感互动的基础和初级部分;第二,完全的玩家与玩家、玩家与集体、社会之间的情感互动,这种情感互动比较充分地体现了情感互动的共同性、伙伴感、情感感染、情感同一以及情感共享等特性。

(二) 游戏与网络游戏

游戏(game)并非一个当代创新的产物。游戏作为一种文化现象和社会行为甚至比人类文明的历史还要久远。游戏在任何时代都可以被视为重要的社会文化实践,也是人们群体活动以及参与社会的重要机制(被人类记录下来最早的关于游戏的历史,是公元前2686年古埃及岩画遗留下来的棋盘游戏。最早的数字游戏是1961年的太空战争(Spacewar))。

"游戏"存在于很多文献中,其定义也非常多。杰斯珀·尤尔(Jesper Juul)认为,一个好的定义一般要涉及三个层面:(1)由游戏规

---

① [美] 乔纳森·特纳、[美] 简·斯戴兹:《情感社会学》,孙俊才、文军译,上海人民出版社2007年版,第17页。

则所设立的一整套系统;(2)游戏与玩家之间的关系;(3)游戏行为与游戏外世界的关系。①

在中国古代文化中,也有许多文献谈及游戏,展示了古代中国知识生产中对游戏的一般观念。在中国古代及现当代的知识图谱中,对"游戏"的描绘与阐释主要包括五个维度的义项:②

1. 游乐嬉戏;玩耍。(1)《韩非子·难三》:"管仲之所谓'言室满室,言堂满堂'者,非特谓游戏饮食之言也,必谓大物也。"(2)《晋书·王沈传》:"将吏子弟,优闲家门,若不教之,必至游戏,伤毁风俗矣。"(3)宋苏轼《策别·安万民五》:"开元、天宝之际,天下岂不大治?惟其民安于太平之乐,酣豢于游戏酒食之间,其刚心勇气,消耗钝眊,痿厥而不复振。"(4)《古今小说·陈希夷四辞朝命》:"一日,在水边游戏,遇一妇人,身穿青色之衣,自称毛女,将陈抟抱去山中,饮以琼装。"(5)王统照《春雨之夜·雪后》:"小孩子正盼着天明,好继续游戏。" 2. 谓缚有馀力而不经意为之。(1)宋京镗《〈能改斋漫录〉序》:"吏部吴公曾虎臣,以胸中万卷之书,游戏笔端,裒为此集。"(2)明张三光《蒋石原先生传》:"江南挟才秀特,数千言立就。尝游戏武试,取魁如寄,弃去。"(3)清查慎行《高斯亿为余画竹以诗报之》:"高生善书久绝伦,余技兼为竹写真。自言亦用狂草法,颇觉游戏能通神。" 3. 犹戏谑。(1)清王士禛《香祖笔记》卷十二:"袁淑《山公九锡文》,沈约《修竹弹甘蔗文》,韩愈《毛颖传》之类,偶然游戏,后来作者遂多。"(2)清蒲松龄《聊斋志异·黄九郎》:"九郎无如何,赪颜复坐。挑灯共语,温若处子,而词涉游戏,便含羞,面向壁。" 4. 指不郑重、不严肃。郭沫若《〈卓文君〉后记》:"卓文君的私奔相如……有许多的文人虽然也把它当成风流韵事,时常在文笔间卖弄风骚,但每每以游戏出之。" 5. 文娱活动的一种。分智力游戏(如拼七巧板、猜灯谜、玩魔方)、活动性游戏(如捉迷藏、抛手绢、跳橡皮筋)等几种。如:在公园的草坪上,幼儿园的孩子们正在愉快地做游戏。

---

① [丹麦]Jesper Juul:《游戏、玩家、世界:对游戏本质的探讨》,关萍萍译,《文化艺术研究》2009年第1期。原文为:Jesper Juul:The Game, the Player, the World:Looking for a heart of gameness. www.Jesperjuul.net/ludogist/。

② 商务印书馆(香港)有限公司:《汉语大词典》2.0版,汉语大词典出版社2002年版。转引自刘研《电子游戏的情感传播研究》,博士学位论文,浙江大学,2014年。

很显然，在中国古代文化和价值观念中，"游戏"一词多含贬义，游戏活动总是被当作污名的客体。这也难怪中国历来缺乏深刻的游戏理论和游戏精神。无独有偶，古代西方文化对游戏也以拒斥为主。古代西方思想中推崇理性思辨，充满情感成分的游戏活动通常与欲望、无节制联系起来。到了中世纪，基督教掩盖住了人们的生活，"游戏"的生活在上帝所能到达的任何一个角落都被认为是充满邪恶与不可想象的。按照托马斯·阿奎纳（Thomas Aquinas）的观点，万事万物的终极目的就是上帝，而使人脱离理性的快乐会阻碍人接近上帝。所以，人类千万不能把自己的幸福建立于身体的快乐之上。①

文艺复兴以来，随着人本主义思想的发展，日常生活中作为追求娱乐的游戏或游戏性社会活动逐渐被社会主流价值所认同。相应地，关于游戏的理论研究也开始进入学术场域。康德（Kant）在涉及艺术和审美现象时粗略地谈了对游戏的看法，他认为游戏是人们获得相对自由的活动。席勒也持有相似的观点，他认为，人的感性与理性的和谐统一也就是人在存在状态或存在方式上的完善或美。所以，作为以内在和谐的方式进行的人的活动，兼具感性与理性的人的游戏既因和谐而自由，也因和谐而完善或美。②尽管赫伊津哈（Huizinga）重在讨论社会文化的游戏性，但他应该是历史上第一个完整讨论社会游戏、游戏文化以及人类其他相关行为的学者，他将游戏命名为"魔法圈"（the magic circle），他的游戏概念对后来游戏学的研究影响很大。赫伊津哈探讨了游戏的几个重要特征：（1）游戏是自主的和自由的。儿童喜欢游戏，因为其中有他们的自由。成年人可以把游戏当作一种摆脱孤独的功能。（2）游戏的假装性；每个游戏其中的人都明白这"只是玩玩"。但"游戏性可以求助于严肃性而严肃性也可求助于游戏"。（3）游戏的隔离性和有限性。它在特定范围的时空中"演出"，它包含自身的过程和意味。（4）秩序。游戏场是一种专狭的秩序当道，游戏与秩序有天然的亲和性。③除赫伊津哈外，还有一些现当代的学者对游戏的概念做出界定：

---

① 肖尧中：《文化传播视野中的网络游戏》，硕士学位论文，四川大学，2005 年。
② ［德］席勒：《美育书简》，缪灵珠译，中国人民大学出版社 1998 年版，第 213 页。
③ ［荷兰］约翰·赫伊津哈：《游戏的人：关于文化的游戏成分的研究》，多人译，中国美术学院出版社 1996 年版，第 9—12 页。

表 1.2　　　　　　　　　六个具有代表性的游戏概念①

概念界定人	游戏概念
约翰·赫伊津哈 (Johan Huizinga, 1950)	游戏是一种完全有意置身于"日常生活之外"的、"不当真"的但同时又强烈吸引游戏者的自由活动。不与任何物质利益相联系，无利可图。按照固定的规则并以某种有序的方式在自己的时空范围内进行。游戏可以促进社会团体的形成，这些社会团体喜欢用诡秘的气氛包裹自己，同时倾向于以乔装或其他方式强调他们与普通世界的不同。
罗杰·凯洛依斯 (Roger Caillois, 1961)	游戏必须包括：自由（资源）、独立的（时空上），不确定性、无收益的，规则设定，有信任。
伯纳德·施威茨 (Bernard Suits, 1978)	玩游戏就是进入一种特殊事件状态，只运用游戏规则允许的手段，选择较低效率的手段，规则就会禁止高效率，这种规则仅仅因为可以使该活动成为可能而被接受。
克里斯·克劳福德 (Chris Crawford, 1981)	我认为有四个共同的要素：再现（在一个封闭的正式系统内，主观呈现一系列真实）；互动；冲突和安全（游戏的结果总是不如游戏的模式严酷）。
大卫·凯利 (David Kelley, 1988)	游戏是一种一系列规则组成的娱乐方式，有明确的目标和达到目标所允许使用的手段。
贾斯珀·尤尔 (Jesper Juul, 2005)	游戏，是隐含可变化与可量化结果的规则系统，不同的结果被赋予不同的价值，玩家会努力影响游戏结果，并因结果而产生情绪上的影响，而整个游戏活动的结果与现实世界的关系是事先约定、协商完成的。②

　　以上典型概念从不同角度对游戏进行界定，"自由活动"表明了游戏行为与其他社会空间活动之间的区隔；"促进社会团体的形成"意在探讨游戏社会整合的功能；"游戏规则"则阐明了游戏具有完整的内在机制和逻辑结构，具有一定的"严肃性"；"互动""冲突"揭示了游戏作为社会互动重要载体的本质特征；"娱乐方式"从根本上肯定了游戏的娱乐功能；"产生情绪上的影响"延展性地分析了游戏带来的情感、情绪上的重要后果。

　　实际上，尤尔所界定的游戏概念最符合网络游戏的特征，更具当代的考察结果。他特别强调游戏行为主体性、规则系统可量化、玩家之间的互动性。本研究关注网络游戏，正是从这一概念出发来探讨青少年玩家在网络游戏中的情感互动现象及其社会影响。

　　网络游戏（Online Game），也叫"在线游戏""线上游戏"，一般指

---

　　① 本表借鉴了关萍萍"七个具有代表性的游戏定义"表格中的数据。
　　② 转引自张玉佩《游戏、人生：从线上游戏玩家探讨网络世界与日常生活的结合》，《新闻学研究》2009 年第 1 期。

的是多名玩家通过计算机互联网络同时参与的游戏。一般认为，网络游戏起源于20世纪70年代出现的MUD（泥巴）游戏。在MUD游戏中，玩家通过连线同时进入游戏场景，每个玩家可以扮演一个甚至多个角色，并与其他角色进行互动，或者创造自己喜欢的空间环境。① 网络游戏的发展离不开互联网技术的快速变革，网络游戏已经"从原先功能较为单一的休闲娱乐活动，逐渐扩展为包括聊天、角色扮演、虚拟会议、虚拟社区等多功能的综合性社会行为，人们能够在其中从事探险、交往、竞争、互动、建构认同等社会行为"。② 相对单机游戏而言，玩家必须通过互联网进行多人游戏，通过计算机网络在虚拟的环境下对人物角色以及场景按照一定的规则进行操作以达到娱乐和互动目的。

网络游戏的游戏形式主要有两大类，即浏览器形式和客户端形式。前者又叫网页游戏，或者Web游戏，玩家不用下载客户端，简称页游。客户端形式的网络游戏需要玩家通过下载游戏公司提供的客户端来连接公共服务器进行游戏，常见的网络游戏大多属于此种类型。

网络游戏发展到今天，种类繁多，主要包括：动作游戏（ACT），包括动作类游戏、射击类游戏，比如《龙与地下城》《地下城与勇士》等；冒险游戏（AVG），包括文字冒险游戏，比如《恐怖惊魂夜》，还有动作冒险类游戏，比如《古墓丽影》《生化危机》《寂静岭》等；第一人称射击游戏（FPS），比如《DOOM》系列、《半条命》系列等；格斗游戏（FTG），比如《街霸》系列、《格斗之王》系列等；音乐游戏（MUG），如《太鼓达人》《DJ》等；战略游戏（SLG），包括策略游戏，比如《三国志》，模拟育成游戏，比如《模拟人生》《美少女梦工场》，模拟经营游戏，比如《模拟城市》《主题公园》等；即时战略游戏，比如《魔兽争霸》《星际争霸》《帝国时代》等；赛车游戏（RAC），比如《极品飞车》系列、《GT赛车》《头文字D》等；角色扮演游戏（RPG）是大型的网络游戏，其中包括纯粹角色扮演游戏、动作角色扮演游戏、策略角色扮演游戏、网络角色扮演游戏，纯粹角色扮演游戏比如《最终幻想》《仙剑奇侠传》等，动作角色扮演游戏比如《暗黑破坏神》《上古卷轴》等，策略角色扮演游戏比如《最终幻想战略版》等，网络角色扮演游戏比如《魔兽世界》等。此外还有体育运动游

---

① 陈怡安：《线上游戏的魅力：以重度玩家为例》，复文出版社2003年版，第45页。
② 黄少华：《网络游戏意识对网络游戏行为的影响》，《新闻与传播研究》2009年第2期。

戏（SPG）、桌面游戏（TAB）等等。①

　　实际上，特别需要指出的是，大型多人在线角色扮演游戏（MMORPG）、动画动漫类游戏（ACG）、手机网络游戏（WAP）是市场占有率很高、游戏玩家众多的游戏，只不过这些游戏类型的划分与前面提到的类型多有重合之处，因此不再列出。但这些游戏也会成为本研究的关注类别。特别是手机网络游戏，根据中国互联网络信息中心的调查，包括 ACG 在内的"轻游戏"近年来保持着强劲的增长态势，并形成了对传统网络游戏的竞争。

表 1.3　　　　　　　　　　腾讯游戏中心游戏列表②

角色游戏	动作游戏	竞技游戏	休闲&平台	网页游戏	手机游戏
剑灵	疾风之刃	使命召唤 OL	炫舞时代	火影忍者 OL	全民突击
斗战神	刀剑 2	FIFA Online3	英雄联盟官方助手	苍穹变	我叫 MT2
轩辕传奇 2	地下城与勇士	枪神纪	洛克王国	焚天之怒	仙剑奇侠传
御龙在天	炫斗之王	英雄联盟	QQ 游戏	英魂之刃	天天风之旅
寻仙	魂之猎手	穿越火线	QQ 炫舞	QQ 农牧场	欢乐斗牛
QQ 华夏	怪物猎人 OL	逆战	QQ 飞车	七雄争霸	游龙英雄
QQ 三国	王牌对决	NBA2KOL	QQ 企鹅	部落防守战	七骑士
天涯明月刀		神之浩劫	3366 小游戏	塔防三国志	天天酷跑
上古世纪		兽人必须死	勇者大冒险	夜店之王	全民飞机大战
					欢乐斗地主

　　游戏业界基于游戏技术和媒介平台对游戏进行划分可以使得我们全面认识游戏的丰富性和多样性，借以了解玩家的游戏空间和行为。但是在实际的研究中，我们无法对所有的细目分类进行罗列，更无法列为单个的研究对象。通常学界都会对游戏类别从大类或者结合玩家行为从内容角度对游戏进行分类。中国互联网络信息中心在《2013 中国互联网网民游戏行为调查研究报告》中就他们调查的范围对网络游戏类别进行了划分：

　　这一分类方式首先建立在游戏媒介的技术基础之上，分为客户端网络游戏、手机游戏、网页游戏、单机游戏。就网络游戏而言，又分为角色扮

---

　　① 本游戏分类参照了中国互联网络信息中心、腾讯游戏中心、百度百科"网络游戏"的部分内容。

　　② 腾讯游戏中心：http://game.qq.com/index.shtml，2015 年 1 月 24 日。

演游戏、休闲游戏、社交游戏等大类。可以看出，游戏平台和游戏内容有明显的交叉分类，这样的分类虽然清晰，但就游戏研究来说，还必须更加简洁清晰地列出网络游戏的不同类型。

黄少华（2008）基于对浙江、湖南和甘肃三省青少年的问卷调查，对青少年的网络游戏行为进行的实证研究中，将网络游戏分为角色扮演类（如传奇、奇迹）、即时战略类（如CS、帝国、红警）、模拟经营类（如大富翁）、休闲游戏（如棋牌类游戏）等四大类，当然还包括其他小类游戏。

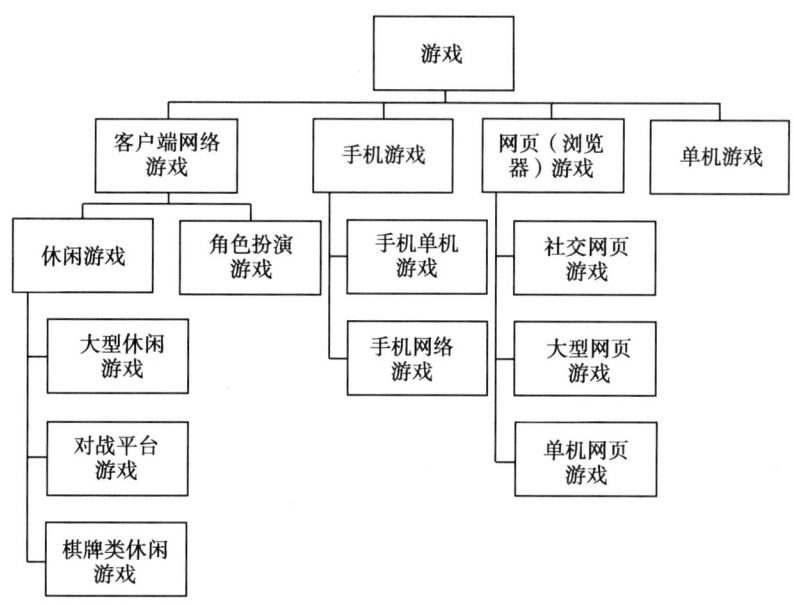

图1.2　中国互联网络研究中心关于游戏的分类①

综合以上考察，为保证研究类别不出现交叉现象，本研究拟从游戏内容角度将网络游戏分为角色扮演类、即时战略类、模拟经营类、休闲类、社交类五大种类。

（三）自我认同与实现

自我以及自我认同问题受到哲学、社会学、心理学等学科的重视，成为探讨现代社会问题的核心命题之一。吉登斯（Giddens）从现代性问题

---

① 中国互联网络信息中心：《2013中国互联网网民游戏行为调查研究报告》。

入手探讨自我（self）和自我认同（self-identity）。现代制度与以前所有形式的社会秩序迥然有别，现代性完全改变了日常生活的实质，影响到了我们的经历中最为个人化的那些方面。这种新机制的出现，塑造人们新的自我认同。在晚期现代性的背景下，个人的无意义感，成为根本性的心理问题。因此，个体的反思规划创造了自我实现和自我把握的方案。[①] 在"高度现代性的轮廓"中，社会主体能动性探寻自我的尝试为我们提供了一个现实可靠的生活政治的实践。所谓自我认同，就是有关个人的过去、现在与未来的叙事。自我认同成为一种能动性选择的结果，因此吉登斯（1991）认为，自我认同并非作为个人行动系统的连续性之结果，而成为被给定的。相反地，自我认同是必须在个人反思活动中，被惯例地创造与维持着。同时，自我认同并不是个体所拥有的特质，它是个人依据其经历所形成的，作为反思性理解的自我。因此，自我认同是"被个人经由他人的传记反思性地理解的自我"。[②] 从这个角度来说，吉登斯在这里所探讨的是自我认同与自我意识和自我反思的问题，更多的是从心理层面来探讨自我认同的实现路径，当然这种路径是建立在个体社会经验的基础之上。米德（Mead, 1934）在探讨自我认同的概念时指出，角色扮演（role-taking）是取得认同的重要方式之一，即以透过对重要他人（significant others）的学习、仿效，获得他人的回应、肯定以得到自我认同。这个视角显然更偏向社会心理学乃至更微观的社会互动的视角。无独有偶，吉登斯也阐释了自我实现与他人关系的重要性，吉登斯（1991）认为，自我认同是经由自我探索和他人亲密关系的联结过程中协商出来的。除了从自我反思的心理层面、与他人互动的社会层面来探讨自我认同实现的可能之外，吉登斯还特别从媒介的角度探讨自我认同的实现。作为现代性表征系统的媒介对自我认同的形塑起着极其重要的作用。吉登斯（1991）指出，在高度现代性社会中，远方所发生的事情对邻近的事件的影响，以及对自我的亲密关系的影响，已经变得越来越普遍。在现代性的非传统秩序中，以及在新的媒介经验中，自我认同变成一个反身地组织起来的成果。经由

---

① ［美］安东尼·吉登斯：《现代性与自我认同》，赵旭东、方文译，生活·读书·新知三联书店1998年版，第1—12页。

② ［英］吉登斯，1991. 转引自黄厚铭《网路上探索自我认同的游戏》，《教育与社会研究》2002年第3期。

媒介作为中介，宏观的社会变迁与微观的个体自我认同变得密切相关。[①]社会媒介化是当下社会科学研究中不可回避的一个现实。尤其明显的是，在网络网际的中介下，个人的自我认同与全球化趋势之间的关系日益密切。社会变迁与网际网络相互缠绕，互为因果，构成了形塑个人自我认同的时代脉络。[②] 波斯特（Poster，1995）、特克尔（Turkle，1995）进一步探讨了网络技术背景下多元自我实现的可能性。网络的匿名性、身体缺场等特性为多元认同提供了技术条件，这与麦克卢汉媒介即讯息的理论内涵不谋而合。特克尔（1998）认为，网络使得看似抽象的后现代主义在社会中有了具体的展现。热衷于网络上角色扮演游戏的使用者，将会慢慢地将现实世界的生活等同于网络世界上的一个视窗。也就是说，使用者将现实世界当作另一个视窗而已，这会导致一种后现代生活态度的出现，人们不再主张自我的统一和一致性，而认为每个视窗中每个面向的自我都是同等的真实，其间并不存在相互对比、确认的关系。[③]

作为一种理论视野、分析框架和重要概念的自我认同定义存在不同的界定方式。为了分析的方便，当下很多研究采用埃里克森（Erikson）的论述，即"个体在各阶段借由实地的探索和实验，认清自己在各种社会脉络中的特定角色，知道自己的需要、爱恶与动机，根据对自己的了解建立生活的理想与目标，以及在自己理想的引导下追寻既定的目标"。埃里克森强调自我实现中的社会互动。台湾学者陈坤虎（2005）从这一视角出发，更精确地说明这一概念的三个部分：（1）个人认同，即反映个体内在的心理倾向（如价值体系、生涯目标等）；（2）社会认同，即个体与环境互动后所形塑出的认同（如个人名誉、受欢迎程度等）；（3）集体认同，即个体之"重要他人或参考团体"的期待即规范（如家庭、同侪、社区等）。[④]

自我认同的实现可以通过社会学、心理学等不同学科的视角去理解。在自我认同实现的过程中，必然伴随社会个体层面在心理上的变化，自我

[①] ［英］吉登斯，1991. 转引自黄厚铭《网路上探索自我认同的游戏》，《教育与社会研究》2002年第3期。

[②] 黄厚铭：《网路上探索自我认同的游戏》，《教育与社会研究》2002年第3期。

[③] 同上。

[④] 林雅容：《自我认同形塑之初探：青少年、角色扮演与线上游戏》，《资讯社会研究》2009年第1期。

实现也是自我认同中非常重要的部分。

亚布拉罕·马斯洛（Abraham H. Maslow）作为"人本主义心理学之父"毕生贡献于人类最为关切的心理和人格问题的研究。马斯洛根据临床的、观察的以及经验的事实，提出了人格建构的整体动力理论，也就是人们熟知的需求层次理论。马斯洛把人的基本需求分为五个层级，分别是生理需要（physiological needs）、安全需要（safety needs）、归属和爱的需要（love and belonging）、自尊需要（esteem）、自我实现需要（self-actualization）。①

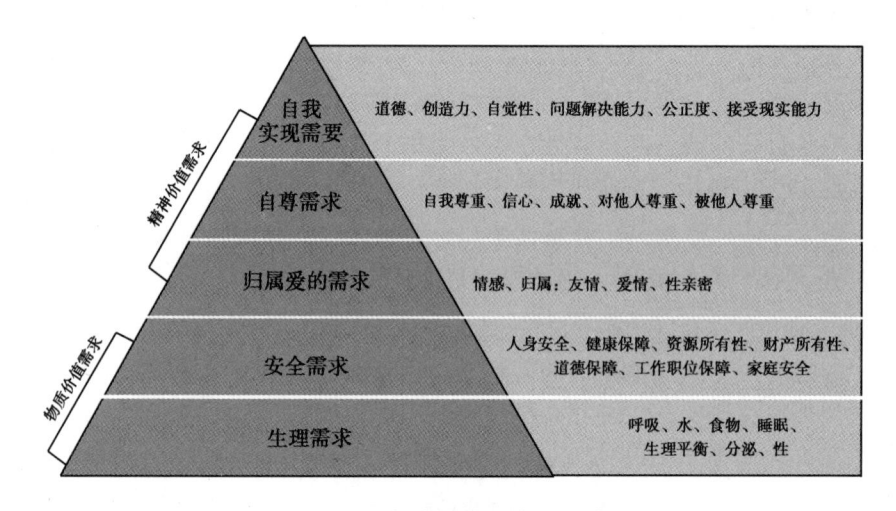

图1.3 马斯洛需求层次理论模型

在马斯洛看来，五种需要可以分为高低两级，构成人类价值体系两类不同的需要，一类是沿生物谱系上升方向逐渐变弱的本能或冲动，称为缺乏型需要。生理上的需要、安全上的需要和社交上的需要都属于低一级的需要，这些需要通过外部条件就可以满足，是在自然界中生存选择形成的。另一类是随生物进化而逐渐显现的潜能或需要，称为成长型需要。自尊的需要和自我实现的需要是高级需要，它们是通过内部因素才能满足的，通常可以在教育的影响下发展。人的需要是从外部得来的满足逐渐向

---

① ［美］A.H.马斯洛：《动机与人格》，许金声等译，华夏出版社1987年版，第40—53页。

内在得到的满足转化。① 马斯洛的生理需求、安全需求在网络世界的个体心理需求唤起中表现得并不突出，而爱与归属的需求、尊重需求、自我实现需求以及自我超越的需求表现突出。

在马斯洛的五大需求层次中，"自我实现"的需求位于最高位置，表明了社会个体在自我满足中的最高追求。"自我实现"的观念，早在古希腊哲学家亚里士多德的学说中就已经出现。他主张把人的潜能（potentiality）追寻其内在发展的目标（telos）演化成后来看得见，有成就、有贡献的事实（actuality），但很显然这是一种人按照天生的本能、潜力发展成一种现实的成就性存在的"自我显现"，凸显生物学意义和自然演化的特征。而自我实现则表明社会关系中的人要通过更多的教育的、文化的、能动的社会互动实践来达成。康德把人的自我实现放置在实践理性的基础之上，在他看来，人的自我实现是要克服人的动物本性向神性进发，成为一个"理想化的个人"（idealized person）。黑格尔也主张人应该达到绝对的知识，才算是人的自我实现。黑格尔在《精神现象学》（1807）一书中要达成的人类自我实现无他，乃是由小我的意识、自我意识知性在理性形成主观精神，由主观精神迈入客观精神，最终人类达到绝对精神的最高境界。② 尽管黑格尔也指出，人无热情、激情，会一事无成。但显而易见，从亚里士多德到黑格尔，遵循的都是理性在先的自我实现观。

在人本主义心理学领域，马斯洛最早使用"自我实现"的概念。在研究早期，他认为自我实现就是个体潜能的充分发挥。在他最著名的需求层次理论中，自我实现的需求位于人的需求的最高层次，是人在实现前四种基本需求满足后所产生的最高动机。自我实现是人的本质的充分实现或人之为人的完成。自我实现的需要"就是促使人的潜在能力得以实现的趋势，这种趋势可以说成是希望自己越来越成为所期望的人物，完成与自己的能力相称的一切事情"③。马斯洛将自我实现视为一种终极状态，而非过程，他说："自我实现是一种有关遥远目标、事件的最终或最后的状态，而不是一种贯穿于一生的动力过程和活动。"④ 人本主义心理学的另

---

① 吴宏伟：《马斯洛的需求层次理论及哲学底蕴》，《哈尔滨市委党校学报》2006年第2期。
② 洪镰德：《从唯心到唯物——黑格尔哲学对马克思主义的冲击》，《人本自然》2007年，第161—207页。
③ [美] 马斯洛：《人的潜能和价值》，杨功焕译，华夏出版社1987年版，第168页。
④ 郑剑虹、黄希庭：《西方自我实现研究现状》，《心理科学进展》2004年第2期。

外一位代表人物罗杰斯（Rogers）并不认为自我实现是人的最高需要，恰恰每个生物有机体都存在这一倾向。"这种以人为中心的取向依赖于在每个生物有机体中存在的那种实现倾向——朝向成长、发展和实现其全部潜能的倾向。这种存在方式使人朝向一种更复杂、更全面发展的建设性方向流动。"① 罗杰斯更创造性地把个人主义、自然主义以及自由主义的观点放进他的自我实现的概念当中，"只有当人们得到别人充分的无条件肯定，并学会正向地看待自己，自我实现作为一种向前推进的、建设性的自我增益的历程方得展开。当个体满足了被肯定的需求，且个人的自我概念与其经验较为一致时，自我实现的倾向便可充分地运作，个人就会发展成一个能发挥完全功能的人。"② 杨韶刚认为，完全建立在个人主义彩色上的自我实现，可能对个体和社会来说具有某种风险。"这样做的结果是，不仅没有促进人与人之间的合作和分担各自所应承担的个人和社会责任，反而加剧了社会生活中人与人之间的竞争，同时也导致了只关注个人主观体验，而相对忽略他人的体验，只关注个人利益和价值，而相对忽略他人利益和价值的极端个人主义倾向。"③ 为解决这一理论问题，马斯洛后来修正了自己的观点，转而探讨超越自我、超越现实。中国传统的儒家学说中关于"成人"的论述实际上也是自我实现的在地化理论探析，限于篇幅，本研究不做讨论。

在社会心理学领域，托马斯（Thomas）提出了"自我实现的预言"假设，他认为，如果人们把情境定义为现实的，那么他们在其后果中便是现实的。社会学家默顿（Merton）推演出了"自我实现的预言"概念：开始时，自我实现的预言是一个"错误的"情境定义，它引起了一种新的行为，这种新的行为使原来错误的概念变成了"对的"，于是预言家将引用事件的实际过程作为证据，说他一开始就是对的。④

无论是心理学、社会心理学，还是社会学对自我实现的探讨，都离不

---

① ［美］Rogers, C. R. A Client-centered / person-centered approach to therapy. In Kutash, I. & Wolf, A.（Eds.）Psychotherapist's casebook. San Francisco：Jossey-Bass, 1986, p.200. 转引自王德福《做人之道：熟人社会中的自我实现》，博士学位论文，华中科技大学，2013年。

② ［美］Rogers, CR. Onbecomingaperson. Boston：HoughtonMifflin, 1951. 转引自扬国枢、陆洛主编《中国人的自我》，重庆大学出版社2009年版，第208页。

③ 杨韶刚：《人性的彰显——人本主义心理学》，山东教育出版社2009年版，第289页。

④ 杨丽萍：《社会化过程中预言的自我实现》，《湖北大学学报》1997年第3期。

开一个核心的问题,究竟什么是自我?米德(Mead)认为,"自我具有一种不同于心理学有机体本身的特征。自我是逐步发展的;它并非与生俱来,而是在社会经验与活动的过程中产生的,即是作为个体与那个整体过程的关系及与该过程中其他个体的关系的结果发展起来的。""我们习以为常地这样做,把我们的经验,尤其是我们的情感性经验等同于自我。"① 米德对自我的定义清晰地提醒我们,自我实现已经超越了心理学的范畴,或者说它的实现的过程要经由社会互动来实现。如果撇开自我实现的价值高低的区分,我们所常见的社会个体的自我实现多以情感性经验的方式来完成。在关于情感与自我关系的讨论中,心理学家琼·坦格内(June Price Tangney,1995a,1995b,2002)专门研究了内疚和羞愧,这两种情感都涉及自我与自我行为的某些标准。他指出,羞愧是一种紧张的消极情感,羞愧时人们将体验渺小、不重要和无权力(Tangney,1995b);与羞愧相比,内疚在消极感受的强度上较弱,能够激励个体与他人再次建立联系,而羞愧则产生社会关系的距离。② 羞愧的情感往往阻止人的自我实现。心理学家托利·西金斯(E. Tory Higgins)还探讨了自我不协调理论中的情感。根据西金斯的理论,行为者努力保持他们的自我概念和他或她的自我指导之间的匹配,当匹配不能实现时,将导致消极情感。③ 这与社会学家皮特·布克(Burke,1991,1996)所强调的"缺乏自我证明将产生消极情感,自我得到证明则产生积极情感"④ 相一致。

本书将主要依照自我认同以及马斯洛动机与人格分析的心理需求层次理论中的高级需求概念,包括爱与归属的需求、尊重需求、自我实现需求以及自我超越需求作为对青少年自我认同的分析框架。

(四)情感、资本与文化资本

经典社会学对情感资本(Emotional Capital)已有涉及但还停留在边缘,对情感资本的正视存在于晚近的资本理论和情感社会学的视域中。情感资本基础理论主要研究情感资本的构成、模式、功能、获得及其测量。

---

① [美]乔治·H. 米德:《心灵、自我与社会》,赵月瑟译,上海译文出版社1992年版,第120页。

② [美]乔纳森·特纳、简·斯戴兹:《情感社会学》,孙俊才、文军译,上海人民出版社2007年版,第142—144页。

③ 同上书,第117页。

④ 同上书,第102页。

情感资本研究对社会现实是介入的，关注情感资本运作中的社会问题、情感资本社会分层、情感资本在企业和家庭中的运用以及网络和消费时代情感资本向情感资本主义的转向等议题研究。理性资本与情感资本的相互渗透与相互转化构成研究的主线。情感资本的社会学研究拓展了以往的资本理论，凸显现实社会问题的另类根源。[①]

亚当·斯密（Adam Smith）（1759）在《道德情操论》中，将情感纳入个体道德建构的范畴，讨论道德性情感对人的社会品格、社会行为及其"合宜性"的影响。斯密集中讨论了同情、自爱、悲伤、怨恨、正义感、功劳感、自责感、受谴感、赞许感等系列情感。实际上，在经典社会学的理论中也可以找到情感资本理论的原型。比如涂尔干对社会团结的论证，滕尼斯关于社区建构中情感作为连接纽带的作用，韦伯用移情的观念理解社会行动的意义，布劳探讨情感在社会交换中的作用，吉登斯对信任的社会学研究等等。马克思的关于资本和劳动异化的论述也给了情感资本一些启发。资本主义利润产生的实质是工人创造剩余价值，资本只不过是被投入的物化的劳动，没有工人创造的活劳动，资本无法产生剩余价值。"资本是死劳动，它像吸血鬼一样，只有吮吸活劳动才有生命，吮吸的活劳动越多，它的生命就越旺盛。"[②] 因此，资本不是物，而是一种人格化的生产关系，这种关系违背了"善"的道德原则，是对工人的剥削与压迫，劳动者在这一过程中是"被资本化"的。尽管"异化"概念在中国马克思研究中存在争议[③]，但马克思不同时期对异化的定义对我们理解资本还是有帮助的。早期的马克思界定并运用了劳动异化的概念，"资本主义生产方式使劳动条件和劳动产品具有的与工人相独立、相异化的形态，随着机器的发展而发展成为完全的对立"。[④] 不过，在论述普遍的人的类本质

[①] 郭景萍：《情感资本社会学研究论略》，《山东社会科学》2011年第3期。

[②] 马克思：《资本论》第1卷，人民出版社1975年版，第260页。

[③] 晚近的争议譬如俞吾金2003年发表在《中国社会科学》2003年第3期的《"道德评价优先"到"历史评价优先"——马克思异化理论发展中的视角转换》一文提出：（1）马克思一生中都使用异化概念；（2）异化概念经历了从"道德评价优先"到"历史评价优先"的转换；（3）异化概念在马克思历史唯物主义理论中的地位不是象征性的、边缘性的，而是实质性的、基础性的。段忠桥在2009年给予了反驳，认为这一说法不符合实际。详见段忠桥《马克思的异化概念与历史唯物主义——与俞吾金教授商榷》，《江海学刊》2009年第3期。

[④] 马克思：《资本论》第1卷，人民出版社1975年版，第473页。

复归的过程以及人对私有财产的态度时,他说,对私有财产的积极的扬弃,并且通过人对人的本质和人的生命、对象性的人和人的作品的感性的占有,不应当仅仅被理解成直接的、片面的享受,不应当仅仅被理解为占有、拥有。人以一种全面的方式,就是说,作为一个总体的人,占有自己的全面的本质。① 剩余价值和异化的理论没有直接指涉工人阶级或普遍人类的情感困境,但显然,经典的资本理论也暗示了由于工人阶级意识到剩余价值的剥削性和劳动异化的实质,比如会产生怨恨的情感,这从当时的历史现实可以窥见。

新资本论为情感资本的研究奠定了基础。资本论新的形态主要包括人力资本、文化资本、社会资本、符号资本的理论,它们与古典资本论的不同主要表现在:其一,研究多元化取向,关注了经济资本之外的其他资本形式的意义和运作机制;其二,研究微观化取向,突出了个人及其社会互动在资本创建中的主导作用;其三,研究中性化取向,资本的阶级色彩减弱,广泛的人际关系被资本化;其四,研究软性化取向,在对资本的物质价值、经济功效关注的同时,转向对资本—文化、资本—信任、资本—情感等涉及资本方面的软变量的探讨。②

布迪厄(Pierre Bourdieu)提出"场域"的概念,并指出"资本"是场域中的核心资源。社会资本是现实或潜在的资源的集合体,这些资源与拥有或多或少制度化的共同熟识和认可的关系网络有关,换言之,与一个群体中的成员身份有关。它从集体拥有的角度为每个成员提供支持,在这个词汇的多种意义上,它是为其成员提供获得信用的"信任状"。他对资本进行了划分:(1)经济资本,这种资本当下可以直接转换成金钱,这一转换过程是以私人产权的形式制度化的;(2)文化资本,在某些条件下,这种资本能够转换成经济资本,这一转换过程是以教育资质的形式制度化的;(3)社会资本,它由社会义务("联系")所构成,在一定条件下也可以转换成经济资本,而这一转换过程是以某种高贵身份的形式被制度化的。③ 布迪厄重在探讨三种资本之间的相互转化。实际上,他的资本

---

① 《马克思恩格斯全集》第3卷,人民出版社2002年版,第302—303页。
② [波兰]彼德·什托姆普卡:《信任:一种社会学理论》,程胜利译,中华书局2005年版,第1—3页。转引自郭景萍《情感资本社会学研究论略》,《山东社会科学》2011年第3期。
③ 薛晓源、曹荣湘编著:《全球化与文化资本》,社会科学文献出版社2005年版,第6页。

理论在本质上是理性的和工具性的。

罗伯特·D. 普特南（Rokert. D. Ptnem）在讨论美国社区团结的时候，把社会资本等同于"公民精神"（civicness）。他把诸如信任、规范和网络要素加入了"公民精神"建设或社会资本积累中去。

林南（1999a）认为社会资本的理论模型应该包括三个过程：（1）社会资本中的投资；（2）社会资本的摄取和动员；（3）社会资本的回报。他把社会行动分为工具性行动和情感性行动（Lin，1986，1990，1992）。工具性行动被理解为获得不为行动者拥有的资源，而情感性行动被理解为维持已被行动者拥有的资源。这种对行动的分类类似于波茨（Portes）的工具性行动和完善性行动的分类（波茨，1998）。对情感性行动来说，社会资本是巩固资源和防止可能的资源损失的一种工具（Lin，1986：17-30，1990）。①科尔曼（Coleman）认为社会资本由三部分组成：来自他人的信息、责任与期望、规范与奖罚。且所有这些成分必须是有利于群体成员的东西，而非由消极情感所导致的障碍。从科尔曼对社会资本的规定出发，阿尔德（Alder）认为善意——包括同情、信任和宽容等——是构成积极社会关系的重要组成部分。福山（Fukuyama，1995）也将信任作为社会资本的关键因素，并指出，只有那些能产生信任的集体才能使合作成为可能，并自愿交换资源。②社会学关于社会资本的研究到了一定的转向阶段，即把微观社会互动中的情感要素加入进来，讨论不同资本之间的转换。

柯林斯（Collins）在研究互动仪式链的概念时指出："情感能量是所有社会比较与选择的共同标准"，它是一种情感收益，这种收益也可以像理性行为一样根据最优化原则进行；要获取情感能量，不仅需要投入物质成本，而且需要作为"投资成本的情感资源"。③特纳则明确指出情感资本是社会学研究中新近提出的一种资本形式。④郭景萍将情感定义为："一定主体所拥有的，通过在社会交往中激发、投入从而获得回报的有价

---

① 张文宏：《社会资本：理论争辩与经验研究》，《社会学研究》2003年第4期。
② 姚福喜、徐尚昆：《国外社会资本理论研究进展》，《理论月刊》2008年第5期。
③ ［美］兰德尔·柯林斯：《互动仪式链》，林聚任、王鹏、宋丽娟译，商务印书馆2009年版，第237—239页。
④ ［美］乔纳森·特纳：《人类情感社会学理论》，孙俊才、文军译，东方出版社2009年版，第165页。

值的情感资源。情感资本既是社会交往的结果，又是影响社会关系的原因。[①] 郭景萍认为，情感资本对社会现实是价值介入的，主要研究内容包括：情感资本运作的社会问题、情感资本不平等的实证研究、情感资本在企业和家庭中的运用以及情感资本向情感资本主义的转向。郭景萍试图对情感资本进行操作化研究，认为情感资本可以作定性分析并可设定定量分析中的定性指标。她仿照林南对社会资本的分析思路，建立了情感资本的理论分析模型，展示情感资本社会学研究的思维路径。[②]

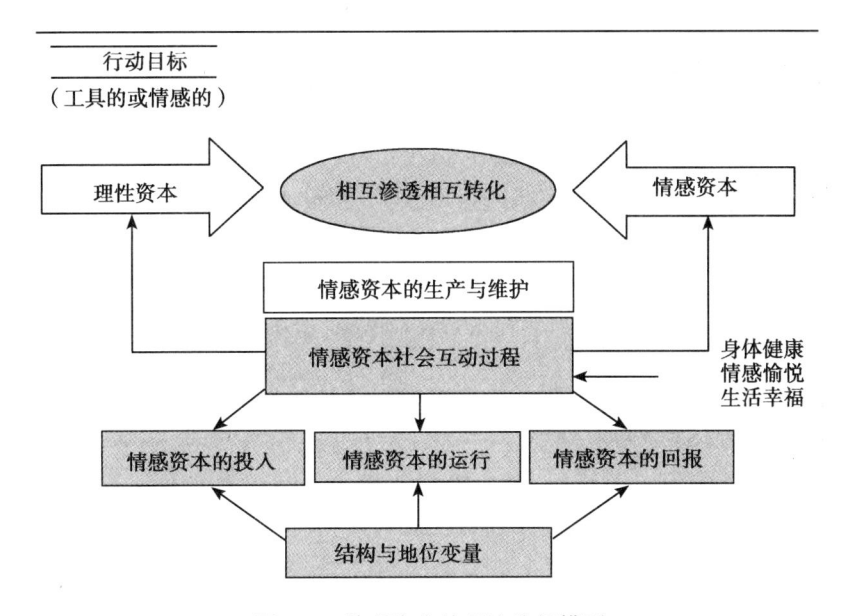

图1.4 情感资本的理论分析模型

尽管情感资本的研究还处在起步阶段，而且面临概念操作化的困境（郭景萍，2013），毋庸置疑的是，郭景萍尝试提出的这个情感资本理论分析模型为本研究提供了较为现实的分析框架。本研究拟从情感资本的投入、情感资本的运行、情感资本的回报、情感资本的维护以及情感资本与理性资本的相互转化几个维度来分析青少年网络游戏玩家互动中的情感资本问题。

学界通常认为，"文化资本"（cultural capital）概念首先由法国社会

[①] 郭景萍：《情感资本社会学研究论略》，《山东社会科学》2011年第3期。
[②] 同上。

学皮埃尔·布迪厄（1973）在《文化生产与社会再生产》中提出，随后在《资本的形式》（1986）中对其作出详细的解释。实际上，布迪厄借助"文化资本"并结合场域等概念完成华康德所称之的"迈向社会实践理论"。布迪厄从资本和场域理论出发，探讨了三种资本类型：经济资本、文化资本以及社会资本。而资本之间的相互转化才是布迪厄讨论的重点。他在《论文化资本的"三种形式"》（1979）一文中，讨论了文化资本、社会资本、经济资本与符号资本之间的关系。文化资本等概念在社会实践中的作用在布迪厄看来是十分重要的。"只要确定实践方向的原则仍是无意识的，用马克思的话来说，就是日常生存的互动是'以物为中介的人际关系'：经济资本、文化资本分配结构于它转型后的形式——感知和评价的原则——就会以一种所谓判断'主体'具有的无意识方式，介入判断者和被判断者之间，影响判断的过程。"① 尽管他对文化资本的定义容易招致一些误读，但概念本身对解决社会教育问题、权力问题乃至政治参与问题都有莫大的启发。按照布迪厄（1979，1984）后来的概括，文化资本以三种形式存在："（1）具体的状态，以精神和身体的持久'性情'的形式；（2）客观的状态，以文化商品的形式（图片、书籍、词典、工具、机器等等），这些商品是理论留下的痕迹或理论的具体显现，或是对这些理论、问题的批判，等等；（3）体制的状态，以一种客观化的形式，这一形式必须被区别对待（就像我们在教育资格中观察到的那样），因为这种形式赋予文化资本一种完全是原始性的资产，而文化资本正是受到了这笔财产的庇护。"② 在布迪厄看来，第一种即惯习性的具体文化资本对其他两种形式的文化资本起到基础性的重要作用。布迪厄指出，文化资本的基本形式是与身体有关的，并预先假定了某种实体性和具体性，从这一特征可以推断出文化资本的大多数特征。文化资本的积累是在具体形式当中进行的，就是说，采取了我们所谓的文化、教育、修养的形式，它预设了一个具体化和实体化的过程。该过程十分漫长，而且必须有投资者身体力行。文化资本的符号性效用的最有效原则，无疑存在于它自身的传承逻辑

---

① ［法］皮埃尔·布迪厄、［美］华康德：《实践与反思——反思社会学导引》，李猛、李康译，中央编译出版社1998年版，第310页。

② ［法］布迪厄（1997），转引自金桥《上海居民文化资本与政治参与——基于上海社会质量调查数据的分析》，《社会学研究》2012年第4期。

之中。具体形式的资本是转换成个人有机组成和个人习性的外来财富，和金钱、产权以及贵族头衔不一样的是，它无法通过馈赠、买卖和交换进行当下的传承。因此，这种资本的积累是有一定限度的，它无法超越个体及其表现能力，无法超越个体自身的生物性局限，会随着占有者个体生物性存在（生物的能力、记忆等）的衰落和消亡而不复存在。① 第二种客观形态的文化资本比较容易捕捉，是文化资本的显在形式。这种物质性的文化资本是可以历史性地传承的。第三种体制形式的文化资本在布迪厄那里可以采用学术资格的形式这种表征社会个体最显要身份的东西来界定。体制性文化资本的魅力和公用在于使得文化资本得到合法性的保障，甚至达到一种体制性赋权的效果。

布迪厄的文化资本概念被许多领域的研究者用来诠释相关社会现象，不同的学者对这一概念作为理论框架的操作化策略也各不相同。通常，文化资本的概念更多是分析中观和宏观的社会问题，比如阶层的转换、公民政治参与等议题。具体到本研究，青少年网络游戏玩家在网络互动中也面临文化资本积累、调度和转换的问题。本研究以布迪厄的文化资本的类别划分为参照，探讨青少年网络游戏玩家在网络社会互动中文化资本与情感互动的问题。

（五）情感与权力

权力概念和问题一直是哲学、政治学、社会学以及文化学等领域关注的核心命题，韦伯、福柯、帕森斯、布迪厄等人都曾对权力概念进行过界定。显而易见的是，权力概念的演进折射了社会结构、技术力量、社会科学革命等宏观因素的决定作用。特别是面对网络社会崛起的事实，权力在网络空间中的生产、支配、交换以及对人际、网际社会结构的影响凸显了新的特质，当代的蒂姆·乔丹（Tim Jordan，1999）等人分析了网络空间中权力行使的特征和机制。下表简要列举近代以来权力概念的界定：

表 1.4　　　　　　　近代以来关于权力概念的界定②

| 伊萨克
（A. C. Isaak） | 指控他人言行举止，令他们去做他们在别的情况下不愿做的事情之能力。 |

---

① ［法］布迪厄（1986），转引自李义杰《媒介与文化资本——基于中国武术文化资源资本转换的研究》，博士学位论文，浙江大学，2012年。

② 资料来源：周志豪（2003），转引自侯志凯《网路线上游戏网际权力分析：以〈魔兽世界〉为例》，硕士学位论文，"国立"台湾师范大学，2008年。

续表

伊萨克 （A. C. Isaak）	指控他人言行举止，令他们去做他们在别的情况下不愿做的事情之能力。
卡特赖特 （A. Cartwright）	假如 O 拥有影响 P 的能力，则我们说 O 对于 P 具有权力。
海沃德 （A. Heywood）	指有能力影响他人的能力，基本上是透过奖赏或惩罚的力量。
卡普兰 （A. Kaplan）	个人或群体改变他人或其他群体行为之能力。
拉塞尔 （B. Rusell）	指一种致力于效果的产物。
米尔斯 （C. W. Mills）	权力泛指人们对于生活中的秩序安排，以及各种造就他们时代历史的事态所做的一切决策。
尤克尔 （G. A. Yukl）	对他人的态度及行为的潜在影响力。
麦克米兰 （I. C. MacMillan）	指一方改变情势以使他方依己方意志行动之能力。
帕蒂格鲁 （J. Pattigrew）	指活动者制造符合自身结果之能力。
费弗、萨兰西克 （J. Pfeffer & G. R. Salancik）	取得所欲结果之能力。
莱特、凯勒 （Jr. D. Light & S. Keller）	能动员集体资源、达成目的、压倒反对者，并支配他人的能力。
韦伯 （M. Webber）	指在一种社会关系中，即使遭遇反抗也能贯彻自己意志的能力，不论此机会建立在什么基础之上。
达尔 （R. A. Dhal）	A 对 B 施以权力表示 A 能促使 B 做平常不会去做的事。
豪斯 （R. House）	客服反抗而获得所要之结果。
梅 （R. May）	权力系指形成、影响和改变他人的能力。
罗宾斯 （S. P. Robbins）	个体所拥有的一种能力，可以借此对其他个体的行为产生影响力。
霍布斯 （T. Hobbes）	指一个人取得某种未来具体利益的现实手段。
帕森斯 （T. Parsons）	指达到人们想要实现任何目标的一般化手段。
戴 （T. R. Dye）	指经由真正使用或威胁去使用奖励和惩罚手段，以影响他人的行为能力。

从这些关于权力概念的界定来看，权力的施动者和受动者主要限于个

体,而且限于取得一定结果,并且权力是作为一个工具性手段出现的。但是,实际上权力的实践可能克服工具理性的思维,从而转向非理性的方向。

韦伯对权力的界定是工具理性思维的典型代表。他认为,权力是在一种社会关系内部某个行动者将会处在一个能够不顾他人的反对去贯彻自身意志的地位上的概率。① 显然,韦伯看到的是一种相对静态的权力关系,权力拥有者处于绝对支配的地位。而福柯则认为,权力不应被归因于"占有",而应归因于调度、计谋、策略、技术、运作。② 福柯建立在18世纪哲学基础上的基于法律的、自由的政治权力与马克思主义的权力概念有共同之处,那就是权力理论中的"经济主义"。③ 韦伯提出了三种权力的类型:圣雄式权力、传统式权力、法理性权力。这也对应他关于权威的三种类型:魅力权威(charismatic authority)、传统权威(traditional authority)以及法理权威(legal-rational authority)。魅力权威指的是领袖的个人魅力能够吸引其追随者,能够通过展示魅力的方式取得权力;传统权威指的是权力的合法性是历史地传承下来的,传统权威的取得主要基于家庭和社会关系,这种权力的合法化来自于传统或忠诚;法理权威展示了韦伯对现代社会中科层制结构的考察,这种权威对权力的使用范围做了明确的规范。④ 韦伯对权力的分类展现了"理想类型"(ideal type)的方法论精神。但在实际的权力行使的社会实践中,权力的类型是交叉或者并存的。

福柯(Foucault)对权力的探讨相对于韦伯来说,是具有颠覆性价值的。他把权力置于"微观物理学"的观照之下,指出权力不应被看作一种所有权,而应被视为一种战略;它的支配效应不应被归因于"占有",而应归因于调度、计谋、策略、技术、运作;人们应该从中破译出一个永远处于紧张状态和活动之中的关系网络,而不是解读出人们可能拥有的特

---

① [德] 马克斯·韦伯:《经济与社会》,阎克文译,上海世纪出版集团2010年版,第147页。
② [法] 米歇尔·福柯:《规训与惩罚》,刘北成、杨远婴译,生活·读书·新知三联书店2007年版,第28页。
③ [法] 米歇尔·福柯:《权力的眼睛》,上海人民出版社1997年版,第223页。
④ 侯志凯:《网路线上游戏网际权力分析:以〈魔兽世界〉为例》,硕士学位论文,"国立"台湾师范大学,2008年。

权……总之，这是一种进行某种被行使的而不是被占有的权力。权力不是单义的，它们确定了无数冲撞点、不稳定中心，每一点都有可能发生冲突、斗争，甚至发生暂时的权力关系的颠倒。①

梳理福柯的权力概念，可以发现，权力并不只是"支配与被支配"的简单二元对立结构，人们并不能只在传统的政治意义上将权力理解成特殊群体所拥有，并且施与他人的东西。权力不仅能够将个人意志施与他人，而且能够渗透至社会各个领域中。权力无处不在，将社会中的每个个体纳入其中。②

福柯认为权力是一种关系，一种相互交错的网络，权力是无主体的，权力是非中心化的。很显然，福柯对权力的观察已经转向微观的社会视角，关注社会边缘、底层的权力关系。同时，按照福柯的说法，通过考察现代主体性的"谱系"，他厘清了现代自我、权力、社会实践之间的关系。这其中包括福柯以理论的高度对主体性、身体和情感进行探讨的研究。③

福柯当然没有对社会情感进行探讨，但他把权力概念引向微观情境进行考察，也带给情感社会科学关于情感与权力的启示。

巴恩斯（Barry Barnes, 1988）提出了"作为社会秩序的权力"（power as a social order）的说法。他认为权力由社会秩序构成，无所谓好坏，权力是社会秩序得以维持的最普遍的要素。④

乔丹认为，巴恩斯的理论有三大特征有助于我们检视虚拟空间。Barnes 的权力概念解释了个体的权力及其资源，社会的权力能在权力施与对象中体现，知识和权力在本质上是同一件东西。⑤ 在对比了韦伯、巴恩

---

① ［法］米歇尔·福柯：《规训与惩罚》，刘北成、杨远婴译，生活·读书·新知三联书店2007年版，第34页。

② 参见侯志凯《网路线上游戏网际权力分析：以〈魔兽世界〉为例》，硕士学位论文，"国立"台湾师范大学，2008年。

③ 林郁沁：《施剑翘复仇案——民国时期公众同情的兴起与影响》，江苏人民出版社2011年版，导言第20页。

④ Barry Barnes, 1988, 1995. 转引自 Tim Jordan, Cyberpower-an introduction to the politics of cyberspace, London, Routledge, 1999, p. 15。

⑤ Tim Jordan, Cyberpower-an introduction to the politics of cyberspace, London, Routledge, 1999, p. 14.

斯、福柯的权力概念后，乔丹进一步指出福柯对权力的观照路数与巴恩斯接近，异于韦伯，前二者聚焦于权力主体之间的关系，正是这种关系创造了权力作为一种财产得以展示的基础。① 基于这种比较批评的视野，乔丹在《网际权力》这本书中提出了网际权力的概念。"网际权力是在网际空间以及网际网路上建构文化与政治的权力形式，它有三个相关的领域组成：个人的、社会的和想象的。个人的网际权力是化身、虚拟阶层及资讯空间所组成，其结果产生网际政治。权力在这里为个人的持有物。社会的网际权力是由科技权力螺旋与流动的资讯空间建构而成，其结果促成虚拟精英的出现。在这里权力为宰制（domination）形式。想象的网际权力是由理想国与地狱国所组成，其产生虚拟想象。权力在这里是为社会秩序的组成要素。这三个领域是描绘整体网际权力必需的因素，而且没有任何一个领域超越任何其他的领域"。② 乔丹对网络空间的权力进行的三个层次的划分，为我们深度解析网络游戏中玩家的情感与权力之间的关系提供了恰当的分析框架。

情感与权力的关系在情感社会学的情感社会结构理论范畴内展开。西奥多·肯珀（Theodore Kemper）与兰德尔·柯林斯（Randall Collins）一起提出了以权力与地位为基础的情感理论。简单来说，在社会情境中，每个个体都拥有一定的权力和地位，权力与地位的改变对个体积极或消极情感的唤醒具有重大的效应。③ 罗伯特·塞姆（Robert Sam）结合肯珀的权力和地位理论，建构了一个更综合的情感动力机制的概念体系。塞姆探讨了权力和地位获得中的满足感、焦虑感、同情感等等。塞西莉亚·里奇韦（Cecilia Ridgeway）提出了一个情感唤醒的理论，着重考察地位秩序的改变所引发的积极情感和消极情感的产生。迈克尔·拉娃莉亚（Michael Lovaglia）和杰弗里·哈瑟（Jeffery Houser）提出了一个旨在解释在群体中地位和情感怎样操作以成功地降低（或增加）高地位与低地位之间的距

---

① Tim Jordan, Cyberpower–an introduction to the politics of cyberspace, London, Routledge, 1999, p. 19.

② Tim Jordan, Cyberpower–an introduction to the politics of cyberspace, London, Routledge, 1999, p. 14. 转引自侯志凯《网路线上游戏网际权力分析：以〈魔兽世界〉为例》，硕士学位论文，"国立"台湾师范大学，2008年。

③ [美] 乔纳森·特纳、[美] 简·斯戴兹:《情感社会学》，孙俊才、文军译，上海人民出版社2007年版，第178页。

离，由此导致群体团结增加（或缺乏）的理论，以说明在地位分化的群体中，地位和情感怎样联合作用以形成群体团结。另外，罗伯特·K.谢利（Robert K Shelly）将情感研究与期望理论相结合构建了一个"期望——地位——情感——行为"的评价模型。杰克·M.巴伯莱特（J. M. Barbalet）从宏观角度，选择性地探讨了社会结构的某些方面与某些情感之间的联系，他认为，社会结构主要涉及不平等和权力，情感包括愤慨、自信、羞愧、报复和恐惧。①

所有的交换理论都在情感分析中引入了权力概念。乔治·C.霍曼斯（George C. Homan）的行为主义理论重点探讨了奖赏对人们积极情感和消极情感的唤醒作用，他还引入了斯金纳的期望的观点，讨论了人们因此而产生的情感体验。彼得·M.布劳（Peter M Blau）的情感理论以"互惠"和"公平"原理为基础探讨社会交换中的情感发生机制。理查德·艾默生（Richard Emerson）、卡伦·库克（Karen Cook）以及琳达·摩尔姆（Linda Molm）从"权力—依赖"理论出发探讨了互惠交换与情感冲突的关系。爱德华·劳勒（Edward J Lawler）和严正九（Jeongkoo Yoon）依据关系凝聚理论提出了"承诺模型"分析在结构性的权力之中，积极情感如何因承诺行为的发生而实现。凯瑟琳·约翰逊（Catherine Johnson）、库夫曼（Kaufman）、卡伦·库克（Karen Cook）等人就交换、依赖、合法性以及交换、公平与情感之间的关系进行探讨。

社会结构理论和交换理论都在自己内部发现了因社会分层导致的权力失衡以及交换行为的合宜性所带来的积极情感和消极情感的变化，以及这种变化对社会团结和社会秩序所造成的影响。其中最核心的变量就是情感与权力。因此考察两个理论视野中的情感和权力关系会带给我们一些新的发现。

本研究拟依据乔丹的网际权力概念中的三个层次的划分，包括个人的权力、社会的权力以及想象的权力三个角度对青少年网络游戏玩家游戏互动中的情感与权力的关系进行探讨。

---

① [美]乔纳森·特纳、[美]简·斯戴兹：《情感社会学》，孙俊才、文军译，上海人民出版社 2007 年版，第 181—207 页。

第三节 研究对象、场域与研究方法

一 研究对象与场域

根据中国互联网络信息中心（CNNIC）的调查，截至 2013 年 12 月，中国青少年网民规模达 2.56 亿，占青少年总体的 71.8%，超过全国互联网普及率平均水平（45.8%）26 个百分点，较 2012 年增加了 5.4 个百分点。青少年网民主要集中在 12—24 岁，所占比例为 88.4%。青少年网民平均每周上网时长为 20.7 小时，较 2012 年增加了 2.3 小时。不同年龄段青少年从事网络游戏的比率分别为：中学生 75.2%，大学生 63.5%，非学生 55.1%，青少年总体 65.7%，每个年龄段青少年均超出网民总体 54.7%的比率。[①] 由此可见，青少年是国内网络游戏玩家的主体，对大部分青少年来说，网络游戏已经成为他们网络生活最重要的内容之一。对青少年年龄界限的划定，政府管理部门以及学术界都有不同的标准。尊重社会学对青少年研究（特别是青少年网络行为研究）的习惯和本研究的需要，将研究对象界定为 13—24 周岁的青少年玩家。主要理由包括：1. 在我国，一般来说，13—24 周岁的青少年恰好经历了初中、高中、大学、就业初期四个标准的青少年生理和心理成长、成熟阶段，即使是失学或未完全接受普通高等教育的青少年也同样经历了这样的成长阶段；2. 每个年龄或学业、职业阶段的青少年的心理结构、行为倾向、情感结构都存在一定的差异，这样保证了研究样本的多样化；3. 更为重要的是，可以通过对不同年龄段的青少年玩家的情感再现来展示青少年玩家纵向的情感变化，洞察情感体验与游戏行为、游戏问题等之间的关系。

本研究的研究场域为青少年游戏玩家经常光顾的网络游戏社区。网络游戏社区是虚拟社区的一种，根据莱茵戈德的说法，虚拟社区是"一群主要借电脑网络彼此沟通的人们，彼此有某种程度的认识、分享某种程度的知识和资讯、相当程度如同对待友人般彼此关怀所形成的团体"。在虚拟社区中，成员可以自由地发表自己的想法，彼此之间可以进行交谈、交换

[①] 中国互联网络信息中心：《中国青少年上网行为调查》，http://www.cnnic.cn/，2014-08-19。

意见、联络情感、分享价值、建立关系。①

网络游戏虚拟社区包括网络游戏公会、网络游戏论坛、网络游戏贴吧、网络游戏聊天室、即时通讯聊天群（比如QQ群）、微博或个人网络空间（比如QQ说说、空间）。青少年玩家经常穿梭于这些游戏虚拟社区，进行发帖、聊天、上传视频等活动。因此网络游戏社区是观察青少年玩家情感表达、情感展示以及情感互动的理想场所。鉴于游戏虚拟社区的复杂性和多样性，本研究不打算以某一具体的虚拟社区作为观察场域，而是采用"多点"观察的方式，依据接受访谈的青少年玩家的活动轨迹和提示进行"引导式"的定向观察方式。

二 研究取向与研究方法

本书的主要议题，是分析穿梭于网络游戏空间的青少年情感互动的方式、结构、内容，以及情感互动作为动力机制、影响结果与自我认同、文化资本、情感与权力之间的关系。为了实现这一目的，本研究的研究取向为：通过观察和梳理游戏虚拟社区中呈现的文本、讨论以及互动话语，对青少年游戏玩家的深度访谈，分析和探讨网络游戏中玩家的情感互动以及与自我认同、文化资本、网际权力之间的关系。我们认为，深度访谈、文本分析是实现这一研究目的和研究取向的有效方法。

深度访谈（In-Depth Interview）是质性研究的一种主要方法。它通过与被调查者深入交谈以此了解某一社会群体的生活方式和生活经历，探讨特定社会现象的形成过程，提出解决社会问题的思路和办法。深度访谈可以生成大量的文本性资料，丰富的访谈资料，便于运用扎根理论对个体经验进行比较、辨析，从而抽象出概念、范畴，并在此基础上构建出反映现实生活的社会理论。② 基于扎根理论精神的深度访谈一般是"半结构型"（semi-structured depth interview）的访谈。在半开放型访谈中，研究者对访谈的结构具有一定的控制作用，但同时也允许受访者积极参与。通常，研究者事先备有一个粗线条的访谈提纲，根据自己的研究设计对受访者提

---

① 黄少华:《网络空间的族群认同——以中穆BBS虚拟社区的族群认同实践为例》，博士学位论文，兰州大学，2008年。

② 孙晓娥:《扎根理论在深度访谈研究中的实例探析》，《西安交通大学学报》2011年第6期。

出问题。访谈提纲主要作为一种提示,访谈者在提问的同时鼓励受访者提出自己的问题,并且根据访谈的具体情况对访谈的程序和内容进行灵活的调整。① 汤姆·文格拉夫(Wengraf Tom)提出了半结构式深度访谈的两个最重要的特征,第一,"它的问题是事先部分准备的(半结构的),要通过访谈员进行大量改进。但只是改进其中的大部分:作为整体的访谈是你和你的被访者的共同产物(joint production)" 第二,"要深入事实内部",② 成为价值无涉的观察者(disinterested observer),或者研究者如何获得对日常生活中的行动者的理解是深度访谈乃至整个质性研究取得合法性的关键。许茨并没有给出确切的答案,但他提出了自己的忠告:"当他(社会科学观察者)决定科学地观察这个生活世界时,即意味着他不再把自身及自己的兴趣条件当做世界的中心,而是以另一个零点取而代之,以成为生活世界现象的取向"。③ 韦伯在讨论社会行动时提出的观点:社会行动是被行动者赋予了意义的,而这样的意义是可以被我们理解的:理解行动者赋予行动的意义是社会学的任务,而且这样的理解必然与解释联系在一起。因此,从意义的角度来审视"深度访谈"的本质,可以认为,它是对被访者在访谈时赋予自己的话语的意义以及被访者赋予访谈场景的意义的探究。一旦研究者明确了这一点,便可以一种积极能动的态度和立场去实现这一探究;而这种态度和立场的标志就是在访谈当时和现场就开始这一问题的认知。因此,深度访谈既是搜集资料的过程,也是研究的过程。④ 总体说来,本研究是扎根性的质性研究方法。

三 资料收集与分析方法

本研究主要采用深度访谈并辅之以参与式观察的方法获取研究所需的资料。在采取"理论抽样"的策略获取研究所需的深度访谈对象。所谓理论抽样,是指"在研究过程中,根据资料分析中显现出来的概念,通过

---

① 陈向明:《质的研究方法与社会科学研究》,教育科学出版社2000年版,第171页。

② Wengraf, Tom, 2001, "*Qualitative Research Interviewing Biographic Narrative and Semi-structured Methods*", London: SAGE Publications, p. 3.

③ Schutz, Alfred, 1962, Collected Papers I, (ed) & introduced by Maurice Natanson. The Hague: Martinus, Nijhoff, p. 158. 转引自杨善华、孙飞宇《作为意义研究的深度访谈》,《社会学研究》2005年第5期。

④ 杨善华、孙飞宇:《作为意义研究的深度访谈》,《社会学研究》2005年第5期。

不断比较的方法，选择有关资料来充实概念的属性和维度及发展理论"。在理论抽样中，抽样以理论饱和为基本原则。理论饱和是指概念饱和而不是资料饱和，即当再没有与概念有关的新资料出现，概念的建构已涵盖了所有的属性与维度，概念之间的关联已经建立起来并得到证实时，资料对于概念化来说已不再需要。① 在具体的玩家样本抽取过程中，我们主要采用"滚雪球"的方式来获得所需采访对象。这是一种用来选择知情人士或决定性个案的操作方式。通过一定的渠道找到了一位知情人士以后，请他/她帮忙找到另外的知情人士。通过如此一环套一环地追问下去，样本像一个雪球一样越滚越大，直到收集到的信息达到饱和为止。② 为避免通过这一方法找到的玩家类型过于集中，我们在进行玩家委托寻找的时候提出抽样差异化的要求，同时，如果在访谈中发现新获得的玩家与被委托玩家过于相似则可能放弃新样本。同时，我们还采用综合目的性随机抽样的方式，以提高研究结果的"可信度"，即在抽样中，抽取符合研究目的的样本进行访谈。在本研究中，我们主要是通过亲戚、朋友、在校大学生获取第一层样本，即样本"雪球"的核心部分，再请这些游戏玩家帮忙获取更多的差异化的样本。

游戏玩家的互动行为不仅体现在玩家与玩家之间、玩家与游戏之间的互动，许多玩家还会把游戏经历、个人感受、情感体验、游戏吐槽等内容发布在游戏虚拟社区。呈现在虚拟社区中的文本资料以及影音材料也是玩家的一种自我表达，也能很好地揭示玩家情感互动的实质。因此，我们也选取百度贴吧、腾讯游戏社区、各大游戏公会以及玩家即时聊天群等，观察和记录游戏玩家的书写和互动，作为深度访谈的补充性材料。

另外，我们还选择流行和经典的网络游戏进行亲身体验，每款游戏不少于 2 小时，直接体验网络游戏的系统规则、场景、技巧等，获取直观的游戏体验。与此同时，我们还跟随几名玩家到网吧或居家，观察他们的游戏过程和面部表情、肢体动作等。

从 2014 年 1 月开始，本研究招募了 50 位青少年网络游戏玩家作为深度访谈对象，剔除其中的 5 位不符合要求的玩家，最后共获得有效访谈参与对象 45 位，年龄分布从 13 岁到 24 岁，学业程度从初中到大学本科，

---

① 曾群：《青少年失业与社会排斥风险》，学林出版社 2006 年版，第 61—62 页。
② 参见陈向明《质的研究方法与社会科学研究》，教育科学出版社 2000 年版，第 109 页。

就学或就业分别从初中一年级到大学四年级或就业1—3年。就性别来说,男性玩家(M)27名,女性玩家(F)18名。

表1.5　　　　　　　　　访谈参与者基本资料

编号	性别	年龄(岁)	网络游戏年龄(年)	常玩游戏	教育程度
M1	男	13	4	英雄联盟、穿越火线	初一
F1	女	14	2	英雄联盟	初二
M2	男	15	3	英雄联盟	高一
M3	男	15	3	英雄联盟	高一
F2	女	16	1	剑侠情缘3	高一
F3	女	16	2	洛克王国	高一
M4	男	16	3	英雄联盟	高一
M5	男	16	3	神武	高一
F4	女	16	2	我的世界	高一
F5	女	16	3	英雄联盟	高二
M6	男	17	3	英雄联盟	高二
M7	男	17	4	英雄联盟	高三
M8	男	18	2	QQ飞车	大一
M9	男	18	3	DOTA	大一
M10	男	17	6	地下城与勇士	高二
M11	男	18	5	DOTA	大一
M12	男	18	5	炉石传说	大一
F6	女	18	3	天天酷跑	大一
F7	女	18	7	天天酷跑	大一
F8	女	18	5	剑侠情缘3	大一
M13	男	19	7	英雄联盟	高中毕业
F9	女	19	5	洛克王国	幼师大三
F10	女	19	5	剑侠情缘3	大一
F11	女	19	5	OSU	大二
M14	男	19	7	穿越火线	高中毕业
M15	男	21	10	九阴真经	大三
M16	男	21	8	DOTA	大四
M17	男	21	10	DOTA	大四

续表

编号	性别	年龄（岁）	网络游戏年龄（年）	常玩游戏	教育程度
F12	女	21	5	九阴真经	大三
M18	男	22	7	英雄联盟	大四
M19	男	22	7	英雄联盟	大四
M20	男	22	8	英雄联盟	大五
M21	男	22	8	九阴真经	大四
M22	男	22	7	全球反恐精英	大四
F13	女	22	5	剑灵	大四
F14	女	22	9	剑灵	大四
F15	女	22	7	梦幻西游	大四
F16	女	22	5	英雄联盟	高中毕业
F17	女	23	5	剑侠情缘3	本科毕业
M23	男	23	8	英雄杀	本科毕业
M24	男	23	8	英雄联盟	本科毕业
F18	女	23	8	永恒之塔	本科毕业
M25	男	24	10	魔兽世界	初中毕业
M26	男	24	9	DOTA	本科毕业
M27	男	24	10	魔兽世界、英雄联盟	本科毕业

第二章

失落的情感：网络游戏研究综述

> 游戏是我们集中精力的大好机会，我们乐观向上地做着一件自己擅长并享受的事情。所有优秀的游戏都是艰苦工作，它是我们主动选择且享受其中的艰苦工作。而当我们从事自己喜欢的艰苦工作时，就点燃了头脑里的那根快乐雷管。
>
> ——简·麦格尼格尔（Jane McGonigal）

网络游戏已经成为一个全新的包括聊天、角色扮演、虚拟社区等多种功能的社会行为空间，从而"为人们创造了一个具有时空压缩、无边界、开放、自由、匿名等特征的虚实交织的想象世界，让人们能够在其中从事探险、交往、竞争、互动、建构认同等社会行为。正是网络游戏这种丰富的多元化功能，吸引着越来越多的人，尤其是青少年投身其中，尽情玩乐"。[①] 青少年网络游戏研究涉及心理学、社会学、传播学、教育学、计算机科学、文化学、哲学等诸多学科。世界范围内的青少年玩家热衷网络游戏，也给研究者带来更多的研究机会。研究者们分别从游戏动机、游戏行为、游戏成瘾、游戏与社会资本、游戏性别、游戏种族问题以及游戏情感等方面展开。与20世纪90年代以及新世纪初的研究相比，研究视角更为丰富；在单一研究方向上更加往纵深推进；在方法上，除了传统的质性和量化外，更加入了大数据以及大型实验的方法。总体来看，网络游戏的研究已经摆脱了技术中心的主流范式，转向并不断强化关注玩家自身，比如对网络游戏行为、文化、社会资本等方面的重新反思以及对玩家个体心理和社会情感的观照。根据研究的需要，我们从网络游戏研究中的一般互

---

① 黄少华：《网络空间的社会行为：青少年网络行为研究》，人民出版社2008年版，第224—225页。

动研究、一般情感研究、自我实现与认同研究、游戏与社会资本研究、游戏与权力研究五大方面对国内外研究文献进行梳理，试图发现情感以及其他三大主题的研究脉络及其关联，对过往研究提出批评并试图对青少年网络游戏研究做出综合的情感理论的观照，期待以情感的维度对青少年网络社会互动整体性解谜。

第一节 网络游戏的一般互动研究

在社会科学中，社会学较早地应用互动的概念来解释社会学现象，并形成了具有丰富理论内容的"社会互动论"（social interaction）的学说。欧洲社会学理论的开拓者们并未对微观层次进行关注，直到20世纪初欧洲和美国学者才开始转向分析社会微观层面。他们认为，在某种意义上，社会结构最终是由个人的行为和互动所构成和保持的，从而他们开始致力于发现人际互动的基本过程。社会互动，简称互动，是指社会上个人与个人、个人与群体、群体与群体之间通过信息的传播而发生的相互依赖性的社会交往活动，简言之就是行动者对其他行动者的回应行动。人是以群为生的社会动物，所有人的行动都是以他人为导向并相互依赖的。我们在日常生活中与他人接触时，经常要意识到自己的行动在他人眼里的反映，考虑到别人对自我行动的期待以及自我对他人的思想、情感和行动的期待，要不断地根据自己所在的场合和面对的不同的人做出不同的反应，以调整自己的行为。①

社会互动是社会人存在的前提条件，也是最普遍的社会现象。网络游戏一个最基本的特征和功能就是实现玩家的社会互动。在网络游戏的研究中，玩家在游戏中的社会互动引起了研究者的普遍关注。黄少华通过问卷调查的定量分析发现，青少年网络游戏中的行为倾向，更偏重在游戏过程中实现社会互动和自我提升，网络游戏已经成为许多青少年进行社会交往、缓解压力、塑造自我、实现自我的重要方式和途径。② 齐泽曼（Zimmerman，2004）和尤尔（2005）沿用赫伊津哈的"魔法圈"（magic circle）概念作为分析框架研究游戏类型和玩家互动。他们认为网络游戏

---

① 朱力等：《社会学原理》，社会科学文献出版社2003年版，第31页。
② 黄少华：《网络游戏意识对网络游戏行为的影响》，《新闻与传播研究》2009年第1期。

已经成为人们日常生活中社会结构和社会互动的一部分。协（Taylor，2006）讨论了游戏中的社会互动、结构和分层，他认为这些互动、结构和分层不仅由游戏机制本身创造，也通过玩家的反复互动建构于玩家共同体。比如他在对"无尽的任务"（Ever Quest）游戏的研究中发现"玩家声望"建立在玩家互动之上。经由玩家互动建立起来的声望并非一个目标性的"社会事实"，而是通过互动，玩家积累了社会资本或者文化资本。[①] 从传播和社会的角度看，以电脑为中介的互动传播应该分为三种类型：人与人、人与电脑、人与内容，这三个层面各自具有不同的特征、过程和感知麦克米兰（McMillan，2005）。[②]

表 2.1　　　　互动性的三种类型（麦克米兰，2005）

	人-人	人-机	人-内容
特点	·即时通讯 ·电子邮件	·菜单类导航工具 ·搜索工具	·促进个人化内容的工具 ·独特的内容形式
过程	·参与即时通讯聊天 ·发送/接收电子邮件	·网址导航 ·使用搜索引擎	·创新个性化主页 ·采用多媒体形式搜寻新闻故事
认知	·相信即时通讯和电子邮件能促进传播 ·基于个人兴趣和传播话题的认知	·找到容易控制和参与的网址 ·基于技术经验和话题兴趣的人机互动	·认为订制和深度内容是互动的 ·建立在时间便利性基础上的内容浏览

卡伦·柯林斯等人（2010）探讨了游戏音响与玩家互动之间特别是游戏沉浸（immersion）的关系。网络游戏中的 MMORPG 游戏提供了最为充分的互动情境，游戏玩家的绝大多数行为都借助游戏中的社会互动进行。松等人（Son，2012）提出了一个以网络学为基础分析不同玩家互动类型相互影响的模型。他们发现游戏玩家的互动特性主要取决于互动语境

[①] Garry Crawford, Victoria K. Gosling and Ben Light, Online Gaming in Context: The social and cultural significance of online games, Routledge, 2011, pp. 10-11.

[②] Sally J. McMillan (2005). The Researchers and the Concept: Moving Beyond a Blind Examination of Interactivity. Journal of Interactivity Advertising, Vol. 5 (No. 2), http://www.jiad.org/article58. 转引自关萍萍《互动媒介论——电子游戏多重互动与叙事模式》，博士学位论文，浙江大学，2010年。

的特征，强调了人类互动的复杂性和多层性。① MMORPG 游戏通过社交互动、加入游戏公会等活动能够给玩家提供丰富的社交体验。同时，MMORPG 游戏中的即时互动情境为社会科学和临床治疗提供了独一无二的研究平台。不过首先得确立虚拟环境中的社会行为和规范同真实世界之间的比较关系。伊等人（Yee，2007）通过对《第二人生》游戏玩家的田野观察，探讨了社会性别规范、人际距离（IPD）以及目光注视等非言语互动是否会在虚拟环境中展示。研究发现：（1）男—男玩家之间比女—女玩家之间保持更大的人际距离；（2）男—男玩家之间比女—女玩家之间维持更少的目光交流；（3）不过，当需要对缺失的目光关注进行补偿时，人际距离会相应减小。②

网络交友或网络友谊是网络社会互动的重要形式和结果。MMORPG 游戏所形成的沉浸式虚拟世界提供了与譬如新闻组、聊天室、电子邮件、即时通讯等早期互联网交流平台不同的社交体验。这种新的虚拟世界更注重共享活动。Grabowski 等人（2007）利用网络大数据对 3 万名 MMORPG 游戏玩家进行虚拟社会中的社交网络结构和人类动力研究，他们发现虚拟社会中的友谊网络与不同社交网络的结构非常类似，同时，虚拟世界中熟人圈的结构与真实世界中的也非常相似。③ 穆恩（Munn，2012）进一步研究，认为类似 MMORPG 游戏所营造的沉浸式虚拟世界能够使得虚拟互动更贴近真实世界的互动。从某种意义上说共享活动是友谊形成的核心要素。不过，早期的网络互动有助于维持真实世界或沉浸式虚拟世界所形成

---

① Son S, Kang AR, Kim H-c, Kwon T, Park J, et al. (2012) Analysis of Context Dependence in Social Interaction Networks of a Massively Multiplayer Online Role-Playing Game. PLoS ONE 7 (4): e33918. doi: 10.1371/journal.pone.0033918.

② Nick Yee, Jeremy N. Bailenson, Mark Urbanek, Francis Chang, and Dan Merget. The Unbearable Likeness of Being Digital: The Persistence of Nonverbal Social Norms in Online Virtual Environments. Cyberpsychology & Behavior Volume 10, Number 1, 2007: 115-121.

③ Andrzej Grabowski, Natalia Kruszewska. Experimental Study of The Structure of A Social Network and Human Dynamics in A Virtual Society. International Journal of Modern Physics C Vol. 18, No. 10 (2007): 1527-1535.

Nicholas John Munn. The reality of friendship within immersive virtual worlds. Ethics Inf Technol, (2012) 14: 1-10.

的友谊。我们不必再对真实世界和虚拟世界的互动做出决然的区分。①

游戏中信息的传播一个非常重要的渠道就是视觉性传达。虚拟环境本质上是人类通过角色（Avatar）进行互动的社会空间，但是能证明虚拟环境中人际社交结构的参数并不被人所理解。不过在视觉上，网络游戏中的角色的拟人相似性能够帮助我们理解在虚拟世界中的社会互动。洛尔蒂（Lortie）等人（2012）分析了 11649 个游戏角色的社交行为作为视觉传播的功能，研究表明由类似人形的游戏替身组成的团队表现更加趋于人类化，而这种效果在非人形的替身团队中并没有被观察到。因此，虚拟环境中的沉浸更多地依赖于视觉社会动力的激发，而不是游戏界面的优化利用。②

第二节 网络游戏情感研究

社会中的情感在社会互动中产生，同时也是一种主观的独立存在。网络游戏中，玩家的情感体验一方面来自游戏行为自身，来自对游戏机制、游戏故事、游戏场景的感受；另一方面更为重要的是，穿梭于游戏世界的青少年玩家之间的互动产生了真切而丰富的情感体验。正是这些情感体验作为动力机制增进了玩家对游戏的依赖、忠诚或者迁徙，同时也可能带来游戏沉浸体验、游戏忠诚或者游戏成瘾、游戏暴力等问题。在虚拟游戏世界的自我实现也往往以情感体验为前提；游戏世界中的资本积累、处置、转换也往往伴随情感的体验；权力的生产与支配必然也会基于情感并产生新的情感体验。最近几年，学界以及游戏业界也就网络游戏中的情感话题展开了一些研究。

黄少华认为，在今天玩网络游戏已经成为许多青少年宣泄情绪、缓解压力、娱乐身心、塑造自我、实现自我的一种重要方式和途径，这也是网络游戏之所以广受青少年青睐和欢迎的一个重要原因。他采用浙江、湖南、甘肃三省青少年网民的问卷调查数据，对网络游戏行为和网

---

① Nicholas John Munn. The reality of friendship within immersive virtual worlds. Ethics Inf Technol, (2012) 14: 1-10.

② Catherine L. Lortie, Matthieu J. Guitton. Social organization in virtual settings depends on proximity to human visual aspect. Computers in Human Behavior, 27 (2012) 1258-1261.

络游戏意识的概念结构，以及青少年网民的网络游戏意识对网络游戏行为的影响，进行了定量分析。研究结果表明，总体而言，青少年在网络游戏中的行为倾向，更偏向在游戏过程中实现社会互动和自我提升；青少年网络游戏玩家的网络游戏意识，总体上倾向于肯定网络游戏的积极作用，尤其是对网络游戏的团队合作、能力提升和情感慰藉作用，有着较高的认可度。①

　　玩游戏是一种典型的追求体验效用的行为，根本上都是为了寻求幸福和快乐。快乐或幸福是以广义物质存在和消费为基础又超然于这种物质消费之上的一种主观精神感受。人们的游戏行为就是借助文本创造更多的生活和生命意义，沉浸在电子游戏中，人们就可以选择与现实中截然不同的生活方式，也就是选择了完全不同的人生，从而获得了更加丰富的人生体验和生命意义。整个过程就像真实人生一样充满悬念和曲折，挫折不断而又希望永存。受众沉迷于电子游戏中，实际上是沉迷于一种存在于别处的生活，作为现实生活的补充和试验，这种虚拟的情感体验与现实生命体验、情感历程有着同样的心理真实性。②

　　陈怡安认为，线上游戏（网络游戏，台湾学界表述为"线上游戏"，下同）有如人生缩影，玩家在游戏中释放了内心最深处的渴望。线上游戏虚拟社群的人际互动，产生凝聚力与认同感。她利用马斯洛的理论来分析玩家在游戏中的需求满足，并且线上游戏本身的独有特性是造成玩家们较容易产生沉浸经验的重要原因，沉浸经验带给玩家成就感、满足感，并且产生一种充满乐趣的心理状态。线上游戏反映并揭露出每个人心中潜在而又真实的欲望，人性的善与恶均淋漓尽致地呈现于眼前，玩家再次体验爱恨情仇。③

　　因此，从青少年游戏的动机出发，情感的因素已经成为推动青少年玩家进入游戏的重要动力要素。情感感受贯穿青少年网络游戏行为的全过程。正如心理学或社会学意义上的情感有不同分类一样，学者在对网络游戏玩家情感的研究中也有一定的侧重点。

---

① 黄少华：《网络游戏意识对网络游戏行为的影响》，《新闻与传播研究》2009年第2期。
② 李思屈、关萍萍：《论数字娱乐产业的审美经济特征》，《杭州师范学院学报》2007年第5期。
③ 陈怡安：《线上游戏的魅力》，《资讯社会研究》2002年第7期。

第二章　失落的情感：网络游戏研究综述

2002年在美国社会学会（ASA）的讲话中，梅西（Massey D.）指出，情感是社会互动和个人认知不可分割的部分，它不能被任何严肃的人类行为分析所忽视。"情感计算"（affective computing）应该作为方法被广泛地运用，赋予计算机对人类情感真实地辨认和做出反应的能力。①

网络游戏情感的研究大概起源于技术和市场的要求，特别是前者，引导并规定了网络游戏情感维度的研究。作为美国著名游戏设计师的大卫·弗里曼（David Freeman）提出了情感工程（emotioneering）的概念。这一概念可以为游戏者和参与者生成游戏和其他互动体验中的情感深度与广度，或可以让游戏玩家与互动参与者沉浸到某个世界或某个角色中。"情感工程"也指这些技术的应用。②弗里曼直言不讳地列出了为什么要在游戏中增加情感的理由，他认为，在游戏中增加情感后，可以吸引更多用户。游戏可以更好地发表、更好地流传和产生更好的品牌效果。开发小组也更快增加对项目的热情。这一切都将转化成更多利润和更丰富的游戏体验。③ 各兰特·塔维诺（Grant Tavinor）认为，电子游戏会"带入"（involve）我们的情感，游戏情感很明显地由最有趣的虚拟故事引发，比如游戏难度让我们沮丧，游戏音乐也能使我们产生情感，游戏道具和场景也会引起情感反应，甚至感知和认知表征也能产生情感反应，这就是达马西奥（Antonio Damasio，1999）所谓的"情感游戏刺激"（e-motionally competent stimuli）。④ Lazzar（2008）检验了社交游戏中特殊情感比如爱、感激、慷慨、尴尬等的产生，她将这些情感与游戏机制中的特殊选项结合起来。这些选项包括为玩家提供做导师的机会，允许玩家个性化他们的角色以及创制个人简介以改善自我表达。塔卡塔洛等（Jari Takatalo，et al）基于游戏机制检验了游戏系统、玩家游戏、心理变化三者之间的关系。他们认为包括情感在内的用户体验（User Experience，UX）

---

① Picard, R., 1997; Peter and Beale, 2008, William Sims Bainbridge, Online Multiplayer Games, Morgan & Claypool, 2010, p. 17.
② ［美］大卫·弗里曼：《游戏情感设计》（编著），邱仲潘译，红旗出版社2005年版，第5页。
③ 同上书，第10页。
④ Grant Tavinor, The Art of Videogames, Wiley-Blackwell, 2009, pp. 130-139.

是促成游戏玩家持续游戏的关键。①

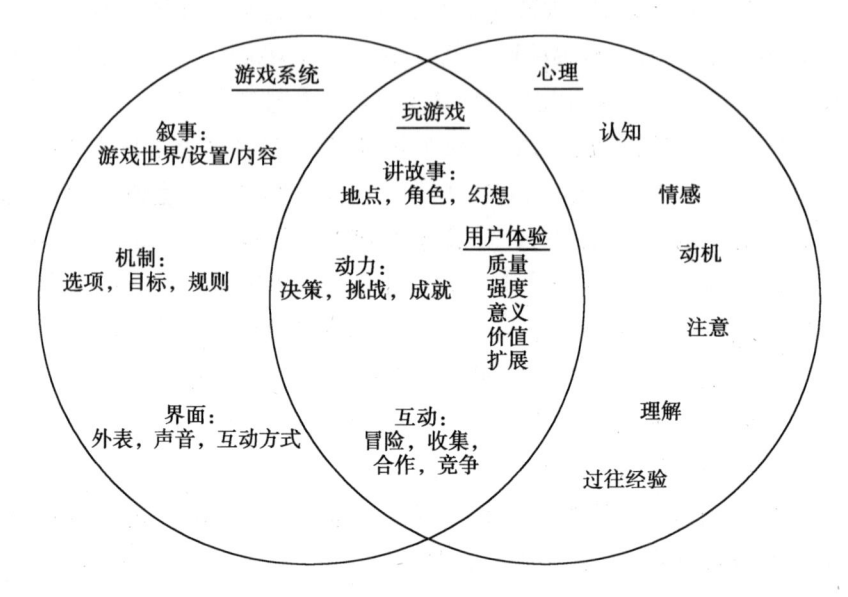

图 2.1 游戏系统、玩家游戏、心理体验关系图

游戏系统：
- 叙事：游戏世界/设置/内容
- 机制：选项，目标，规则
- 界面：外表，声音，互动方式

玩游戏：
- 讲故事：地点，角色，幻想
- 动力：决策，挑战，成就
- 用户体验：质量，强度，意义，价值，扩展
- 互动：冒险，收集，合作，竞争

心理：
- 认知
- 情感
- 动机
- 注意
- 理解
- 过往经验

玩家的情感结构以及各种游戏行为的情感性作为一种客观存在，往往对游戏的各个方面产生不可忽视的影响。过去几年中，尽管关注不够集中，但也有学者或多或少涉及一些网络游戏情感的研究。这些附带性的研究关注的共同点包括玩家的愉悦感、成就感、友谊等正面情感。撒波雷等人（Sublette, 2012）对近年来对 MMORPG 游戏影响研究的文献进行了系统性的回顾。他们选取了通过匿名评审发表于 2005—2009 年间的 16 篇代表性研究成果。许多研究发现大部分玩家能够在游戏中体验到积极的影响，比如愉悦、成就感、友谊和社区感。②

科尔等人（Cole, 2007）发现 MMORPG 游戏是一个高度社交化的环境，能创造牢固的友谊和情感联系。③ 侯赛因等（Hussain, 2009）通过对

---

① Jari Takatalo, Jukka Häkkinen, Jyrki Kaistinen, and Göte Nyman, Presence, Involvement, and Flow in Digital Games, Evaluating User Experience in Games, Springer, 2010, pp. 26-27.

② Victoria Anne Sublette, Barbara Mullan. Consequences of Play: A Systematic Review of the Effects of Online Gaming. Int J Ment Health Addiction, (2012) 10: 3-23.

③ Helena Cole, B. Sc. and Mark D. Griffiths. Social Interactions in Massively Multiplayer Online Role-Playing Gamers. CYBERPSYCHOLOGY & BEHAVIOR, Volume 10, Number 4, 2007: 575-583.

玩家的深度访谈，发现近三分之一的玩家描述在线游戏能减少负面情绪。①

申东熙（Dong‐Hee Shin，2010）应用理性行为理论（theory of reasoned action）修正了技术接受模型并且提出了新的研究模型，新模型包含了沉浸体验、主观规范、感知愉悦、感知安全等因素，分析了感知因素对在线游戏玩家的影响。研究结果表明玩家态度和目的受到感知安全和感知愉悦的影响；沉浸体验明显地影响了愉悦体验并且借此强化了游戏玩家的忠诚度。因此，玩家对游戏的忠诚度受到沉浸与愉悦、主观规范与安全两对高相关因素的影响。② 毫无疑问，玩家游戏中的激情表达是游戏行为的特征之一。根据激情二元模型（Dualistic Model of Passion）理论和谐性激情（Harmonious Passion）导致积极的情感；强迫性激情（Obsessive Passion）带来消极的情感体验。斯德伯等人（Stoeber，2011）通过对160名资深玩家的调查，检验了他们玩游戏和被禁止玩游戏时的积极情感和消极情感以验证激情二元模型在MMORPG游戏中的适用性。结果表明，玩游戏时的和谐性激情带来积极的情感，而玩游戏或被禁止玩游戏时的强迫性激情带来消极情感；研究还表明在线游戏中激情的个体差异能解释与游戏相关情感的独特变化。③ 威蒂等人（Whitty，2011）应用阐释现象学方法（IPA）检验了MMORPG游戏中从事或经历符号禁忌活动（Symbolic Taboo Activities）的情感影响。这些符号禁忌活动包括杀戮、折磨、强奸。研究发现游戏玩家感到他们能轻易地将游戏空间与现实社会区别开来。但是玩家很难在虚拟空间将符号禁忌活动特别是关涉情感的禁忌活动与现实区分。④

---

① Zaheer Hussain, M. Sc. and Mark D. Griffiths. The Attitudes, Feelings, and Experiences of Online Gamers: A Qualitative Analysis. CYBERPSYCHOLOGY & BEHAVIOR, Volume 12, Number 6, 2009: 747-753.

② Dong‐Hee Shin. The Dynamic User Activities in Massive Multiplayer Online Role‐Playing Games. International Journal of Human-Computer Interaction, 2010, 26 (4): 317-344.

③ Joachim Stoeber, Matt Harvey, Joshua A. Ward, Julian H. Childs. Passion, craving, and affect in online gaming: Predicting how gamers feel when playing and when prevented from playing. Personality and Individual Differences, 51 (2011): 991-995.

④ Monica T. Whitty, Garry Young, Lewis Goodings. What I won't do in pixels: Examining the limits of taboo violation in MMORPGs. Computers in Human Behavior, 27 (2011): 268-275.

积极情感也是网络游戏研究中较为集中的领域，包括愉悦感、成就感等。电子游戏带给人的愉悦不仅是感官上的刺激，而且是人的感性冲动借助想象的自由交流，从而上升到了审美的高度，游戏成为一种名副其实的艺术形式。它是工具理性、技术权力话语中的一种人文关怀，是"摩尔"定律驱使下疲惫的跋涉者的驿站，是网络时代人们向往的生命的绿洲，是"赛博空间"的乐园，是电子媒体催生的新的艺术形式，是异化挤压下人性的又一次奋争、张扬。①

简·麦格尼格尔是这方面典型的代表，她在《游戏改变世界》这本著作中提出了诸如"（游戏）提升人的幸福感""构建更美好的现实社会""更满意的工作""更有把握的成功""更强的社会联系"等命题并进行论证。

张玉佩以阅听人（受众）愉悦经验为核心，探讨线上游戏之阅听人消费愉悦经验产生的可能机制。她采取深度访谈与行为观察的资料收集方法，通过理论与实证资料的相互佐证，提出线上游戏之阅听人愉悦模式。她认为线上游戏阅听人愉悦模式包括四种类型：控制性愉悦，受到文本复杂度与玩家互动影响；社交性愉悦，包括隶属感、亲密感与控制感；叙事性愉悦，受到故事美感与故事合理性影响；展演性愉悦，经常是延伸与增强现实世界的想象。② 肖等人（Hsiao，2011）认为，玩家网络中心性不能直接增加游戏愉悦感；玩家的资源易得性以及游戏愉悦感勾连网络中心性和游戏使用态度，反过来影响游戏继续使用意向。③

第三节 网络游戏自我认同研究

当我们和机器人谈情说爱、与智能手机难舍难分时，我们通过机器重新定义了自己，也重新定义了我们与他人的关系。出于对亲密关系的渴望，我们与机器人的关系正在升温；我们在网络上与他人的联系越来越紧密，却变得越来越孤独。

——雪莉·特克（Sherry Turkle）

---

① 汪代明：《电子游戏，艺术的终结者？》，《理论与创作》2003年第5期。
② 张玉佩：《线上游戏之阅听人愉悦经验探索》，《中华传播学刊》2011年第6期。
③ Cheng-Chieh Hsiao, Jyh-Shen Chiou. The effects of a player's network centrality on resource accessibility, game enjoyment, and continuance intention: A study on online gaming communities. Electronic Commerce Research and Applications, 11 (2011): 75-84.

青少年网络游戏玩家穿梭于游戏世界，寻找自我或者实现自我既是出发点，也是目的地。这种自我实现的过程可能是自觉的，也可能存在于潜意识。可能成功地完成自我实现，也可能未能实现自我。可以想见的是，自我实现的过程来自于不断地互动，并且以情感经验作为载体。

线上游戏的迅速崛起，牵引出更多人与人之间的互动。它颠覆了过去传统单机游戏的规则，不仅仅持续满足玩家的成就感，更重要的是游戏让玩家体会享受到"社区感"，虚拟社群将玩家们拉近距离，这种凝聚力让玩家们共同分享一切情感。线上游戏除了提供了休闲娱乐的功能外，玩家们透过角色扮演游戏探索自我、寻找真正的自我。① 在今天，"网路空间已成为日常生活中的例行公事之一。当我们透过电脑网络寄发电子邮件，在电子布告栏发表文章或预订机票，我们就身在网络空间，在网络空间中我们谈天说地、交换心得想法，并自创个性及身份。我们有机会建立新兴社区——亦即虚拟社区，在那里，我们和来自世界各地从未谋面的网友一起聊天，甚至建立亲密关系，一同参与这个社区"。② 史华兹（E. L. Schwartz）也认为，网民进入互联网最主要的目的，并不是仅仅为了寻找信息，更主要的是为了寻找符合自己想象中的他人，以便与之互动。③ 翟本瑞（2002）进一步指出，角色扮演的线上游戏满足不同玩家的需求，虚拟社区中的街头小英雄，潜意识中的另类影响，让人们在不同的虚拟空间中得到不同方式的尊重与肯定；几乎个人心理所追求的各种价值，都透过网络的便利性与匿名性来达成自我实现的需求。④ 黄少华等指出，"网络空间的'虚拟性'与'开放性'特征，使这种建立在想象基础之上的人机互动，以及在这一互动进程中的自我塑造变得可能。在网络空间，个人可以隐瞒部分甚至全部在现实世界里的真实身份，自由选择自己呈现给

---

① 陈怡安：《线上游戏的魅力》，《资讯社会研究》2002年第7期。
② ［美］雪莉·特克：《虚拟化身：网路世代的身份认同》，远流出版事业股份有限公司1998年版，第3—4页。
③ 翟本瑞：《教育与社会：迎接资讯时代的教育社会学反省》，杨智文化事业股份有限公司2000年版，第183页。
④ 翟本瑞：《连线文化》，嘉义：南华大学社会所。转引自李君如、杨棠安《线上游戏玩家表现与其人格特质之研究》，《高雄师大学报》2002年（总）第19期。

他人的面貌，通过人际交往重新塑造跟现实世界中的自我不同的自我。"①因此，在角色扮演的线上游戏里，个人可以在线上游戏空间这一虚拟舞台上，根据自己的兴趣和喜好，在自己想象力所及的范围内，自由地选择和塑造身份，进行自我表演和呈现，成为一个试验身份的地方，而多样的同盟社群组织，借由共同的兴趣、任务而结合，分享情感、经验逐渐发展出友谊、伙伴等的人际关系，玩家从中获取"社会支持"和"归属感"。②这既是一个塑造自我、寻找自我认同的过程，也是自我实现的过程。王志弘（2002）将自我概念置于网络空间的流变中进行推演，探讨了线上和线下互动中自我建构的差异。

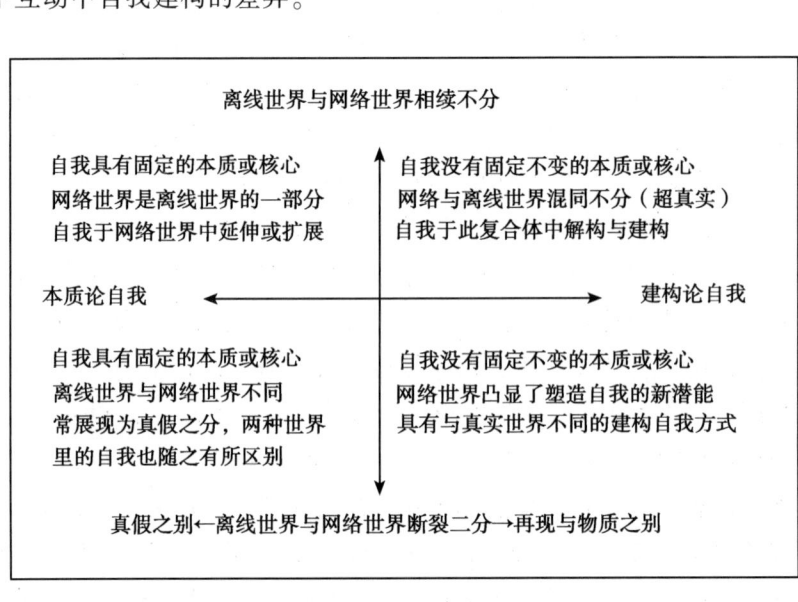

```
                        离线世界与网络世界相续不分

    自我具有固定的本质或核心          自我没有固定不变的本质或核心
    网络世界是离线世界的一部分        网络与离线世界混同不分（超真实）
    自我于网络世界中延伸或扩展        自我于此复合体中解构与建构

  本质论自我 ←─────────────────────────────→ 建构论自我

    自我具有固定的本质或核心          自我没有固定不变的本质或核心
    离线世界与网络世界不同            网络世界凸显了塑造自我的新潜能
    常展现为真假之分，两种世界        具有与真实世界不同的建构自我方式
    里的自我也随之有所区别

           真假之别←离线世界与网络世界断裂二分→再现与物质之别
```

图 2.2　线上线下自我概念的差异③

王志弘关注自我认同、自我建构的自我概念如何坐落于网络空间，同时他也探讨在网络空间中，作为一个主体的能动性（agency）极其复杂的

---

① 黄少华、陈文江：《重塑自我的游戏：网络空间的人际交往》，兰州大学出版社 2002 年版，第 106—107 页。

② 李君如、杨棠安：《线上游戏玩家表现与其人格特质之研究》，《高雄师大学报》2005 年（总）第 19 期。

③ 王志弘：《技术中介的人与自我：网际空间、分身组态与记忆装置》，《资讯社会研究》2002 年 7 月。

关系结构。正像他所说的,"自我没有固定不变的本质或核心,网络世界凸显了塑造自我的潜能"。陈佳靖用参与观察和深度访谈的方法,以"天堂"游戏为例,探讨了网络空间中玩家自我以及人际关系的重建。借由王志弘的理论,她认为,"多元的自我建构是被鼓励的"。①

在网络游戏中玩家的传播与互动使得玩家能以更积极的方式沉浸在游戏中,而这种虚拟日常化的沉浸使得玩家可以通过角色扮演和互动的方式寻求自我的实现和认同。帕克等人采用自我呈现理论和社会认同理论检测了在线游戏中影响自我呈现欲望的因素以及自我呈现欲望的中介作用,这些自我呈现关涉到游戏玩家对在线游戏社区的信任与贡献。研究结果表明,MMORPG游戏空间的交互性对自我呈现欲望影响最大;个人创新精神和游戏设计质量也有影响。同时也表明自我呈现欲望产生对在线游戏的信任,最终导致玩家对游戏社区更强的个人承诺。② 社会排斥(Ostracism)是一种常见的社会经验,会威胁到人的一些基本需求,比如归属感、控制力、自尊以及自我价值存在。卡斯纳(Kassner)等人使用实验法创制沉浸式虚拟环境(IVE)来模拟验证最小排斥范式。他们发现在IVE中体验到社会排斥的参与者在其他排斥范式中也有同样的负面效果。研究表明在MMORPG游戏中玩家也会遭遇社会排斥。这就意味着对于那些在实际生活中被边缘化而试图转向IVE环境寻求社会联系的玩家来说有着不利的影响。③

陈怡安(2002)利用马斯洛的需求层次理论来分析玩家在游戏中的需求满足,并且说明线上游戏本身独有的特性是造成玩家们较容易产生沉浸经验的重要原因,沉浸经验带给玩家成就感、满足感,并且产生一种充满乐趣的心理状态。同时,她的研究也表明,玩家在自我实现得到满足后,继续向自我挑战,迈向超越巅峰的目标。玩家们沉浸于富有趣味性、及时互动性的游戏世界中,实现了人类的梦想,满足了玩家内心的需求与

---

① 陈佳靖:《网路空间、人际关系:线上线下、生活世界》,《资讯社会研究》2003年1月。

② Seung-bae Park, Namho Chung. Mediating roles of self-presentation desire in online game community commitment and trust behavior of Massive Multiplayer Online Role-Playing Games. Computers in Human Behavior, 27 (2011): 2372-2379.

③ Matthew P. Kassner, Eric D. Wesselmann, Alvin Ty Law, and Kipling D. Williams. Virtually Ostracized: Studying Ostracism in Immersive Virtual Environments. Cyberpsychology, Behavior, And Social Networking, Volume 15, Number 8, 2012: 399-403.

渴望，让心灵找到出口，让玩家释放情感与压力，提供了玩家一个最佳的场域。① 陈怡安将线上游戏描绘成欲望之城，探讨了玩家之间的互助及浪漫关系，分析了游戏中欺骗、利己行为以及玩家冲突，阐述了玩家的一般需求的满足，特别探讨了"沉浸体验"对玩家情感的积极影响，她也通过对玩家实现超越自我的需求的讨论，进一步检视和反思了马斯洛的需求理论体系。

  自我实现与自我认同虽然属于社会个体主观自我的不同行动层面，但二者也有一定的关联。林雅容（2009）在青少年网络游戏玩家自我认同建构的过程中，指出虚拟世界、现实生活中存有对价关系，让青少年自虚拟世界中得到需求的满足，以补偿现实生活的不足。② 自我认同的建构也可以看作是自我实现的过程中必不可少的部分。黄少华（2008）针对浙江、湖南、甘肃三省青少年的调查表明，网络空间所具备的对身份进行重塑的可能使得人们能够方便地实现身份的转变，为青少年提供了一个他们能够操控的自我认同重塑空间，网络游戏则是让青少年在其中实现自我认同重塑的主要方式。③ 朱丹红探讨网络游戏中的社会互动对认同的影响，她认为主要表现在四个方面：（1）借助角色互动，达成自我觉识和自我认知，进而形成明确的自我意识；（2）团队合作与互助带给玩家的成就感有助于成就认同的建构；（3）社会互动本身带给玩家的成就感，构成了社会认同的重要面向；（4）社会互动有助于玩家了解和遵守网络游戏的规则和意义，借助规则完成角色认同，形塑社会认同。尽管在她的研究中并没有直接涉及自我实现的命题，但这种自我认同的实现显然也是自我实现的一部分。

  陈威江、蓝淑娟、吕文琴在探讨游戏玩家在线消费的研究中把玩家区分为四类，分别是自我实现群、寓教于乐群、消极群以及互动娱乐群。他们发现，自我实现群拥有强烈的自我成就动机，亦非常重视社交活动，对于游戏过程有较深的涉入，对于游戏进行技巧、资讯的掌握及新发现等，皆具有较高的程度，具有职业玩家的特性。④

---

 ① 陈怡安：《线上游戏的魅力》，《资讯社会研究》2002年7月。
 ② 林雅容：《自我认同形塑之初探：青少年、角色扮演与线上游戏》，《资讯社会研究》2009年1月。
 ③ 黄少华：《青少年网络游戏行为研究》，《淮阴师范学院学报》2008年第1期。
 ④ 陈威江、蓝淑娟、吕文琴：《线上游戏之消费分析》，《大汉学报》2007年第22期。

第四节 网络游戏资本研究

关于网络游戏资本的研究在过去多集中于对游戏玩家社会资本的研究。社会资本是社会学研究中一个非常显著的概念，为研究者提供了社会个体和群体如何提高自身各种社会能力的理论视角。随着网络社会的崛起，社会生活网络化，已经出现了一些对网络社会行为的社会资本研究。多数研究都发现，网络空间的社会互动有助于增加社会资本。贝斯特（Best）、克鲁格（Krueger，2006）等人将网络空间的互动行为，比如发电子邮件、即时通讯、网络留言、网络游戏以及聊天室聊天进行量化处理，发现网络空间互动明显地增加了人际信任，也就是社会资本。[①] 不过，也有研究得出了不同甚至相反的结论，比如瓦伦祖拉、帕克、基（2009）等人研究发现类似 Facebook 等社交网站的使用的确能提升大学生的社会信任、公民政治参与的热情，但二者的相关性较小。[②]

小林诚（Kobayashi，2010）研究了日本网络游戏玩家社会资本情况，发现游戏玩家会在网络空间形成虚拟社区，通过虚拟社区带动"异质"（heterogeneity）的群体参与讨论，从而增加了对不同意见的宽容，而这正是普特南所谓"桥接性社会资本"（bridging social capital，2000）的重要变量之一。不过根据林盈廷（2011）的研究，游戏玩家因社交网络游戏而加许多陌生人为好友，可因而扩大朋友圈，但从问卷调查中也发现其互动仅止于游戏内需要的互动，并无延伸至游戏外的情感交流，社交网络游戏实质上并不能算是增加玩家的桥接资本。[③]

林宛莹、张昕之（2012）运用质性研究方法对香港"御宅族"[④] 的网

[①] Best, S. J., & Krueger, B. S. (2006). Online interactions and social capital: Distinguishing between new and existing ties. Social Science Computer Review, 24 (4), pp. 395-410.

[②] Valenzuela, S., Park, N., & Kee, K. F. (2009). Is there social capital in a social network site?: Facebook use and college students'life satisfaction, trust, and participation. Journal of Computer-Mediated Communication, 14 (4), pp. 875-901.

[③] 林盈廷：《社交网络游戏对使用者社会网络及线上人际互动之影响》，硕士学位论文，"国立"交通大学，2011年。

[④] 御宅族（otaku）是指对漫画（animation）、动画（cartoon）和电脑游戏（game）具有狂热兴趣并主动进行研究和创作的青年群体。

络使用和社会资本建构的关系进行了研究。结果发现，御宅族并非与社会隔绝的群体，他们是一群资讯精英，对于 ACG 的狂热，充分展现在网络媒体与现实生活中的资讯交流、知识分享与贡献。他们由此所建立和维系的社会资本，属于聚合型社会资本（bonding capital）。御宅族社会资本的转化，也仅限于御宅族同质性的人之间。①

科万特、格鲁宁格和威默（2009）对成年网络游戏玩家的研究发现，网络游戏拓展这些玩家的社会网络。青少年网络游戏玩家往往避开或者不顾家长的反对，进入游戏世界，并产生游戏成瘾（格里菲斯 & 亨特，1998），但是网络游戏也可能形成正面的社会效果，比如在亲子间形成新的感情联系（德金 & 巴伯，2002）或新的同侪关系（奥尔良 & 兰妮，2000）。张玉佩借助普特南（1995）、科尔曼（1988）、布迪仓（1985）、波特斯（1998）等人的讨论，将社会资本区分为网络（network）、规范（norm）与资源（resource）三个维度来探讨少年玩家社会资本建构的可能。张玉佩将少年玩家的社会资本概念化为玩家借由其所属的社会网络关系来获取物质经济、情感支持与虚拟知识等资源的能力。通过民族志田野研究方法、实地观察与深度访谈，研究发现现实资源与虚拟资源透过线上游戏的中介而存在转换关系；家庭社会资本稀少的弱势玩家，为享受同侪玩伴的情感支持，会策略性地透过资源转换，以获取游戏网络所需的虚拟资源。②

随着在线多人游戏的普及，对玩家来说，社会互动与合作是游戏体验中很重要的部分。早先的研究表明这一点不仅对以社交为目的的人们有吸引力，而且对提高社会资本和亲社会行为带来帮助。肖等人（2011）借助社会资本理论研究了玩家在游戏公会中的网络中心性及其对 MMORPG 游戏态度和持续使用的影响。通过对 347 名玩家的调查显示，（1）玩家的网络中心性对他们与公会内的玩家的联系有负面影响，但是对玩家获取资源有正面影响；虽然非公会玩家互动与网络资源可得性呈负相关，但与

---

① 林宛莹、张昕之：《"隐形少年"现形记：香港御宅族网际网路使用与社会资本建构初探》，《新闻学研究》2012 年第 112 期。

② 张玉佩：《穿梭虚拟世界的游戏少年：他/她们的社会资本之累积与转换》，《中华传播学刊》2013 年 6 月（总）第 23 期。

游戏愉悦感呈正相关。① 但是对问题玩家来说并非如此。科林斯等人（2013）研究发现，正常游戏玩家、问题游戏玩家、非游戏玩家在移情、外向性或者亲社会倾向方面没有差别。但是，问题游戏玩家明显表现为较高的在线社会资本和较低的离线社会资本；正常玩家在线社会资本比非玩家更高。② 钟（Zhong, 2011）采用结构方程模型检验了MMORPG团队游戏行为对玩家在线和线下社会资本的影响。通过对232名中国玩家的在线调查，检验发现：（1）团队游戏正向影响在线黏合社会资本、在线桥接社会资本以及在线公民参与；（2）团队游戏对线下黏合与桥接社会资本影响不显著；（3）在线粘合/桥接社会资本对线下黏合/桥接社会资本也不显著；（4）但是团队游戏对线下公民参与影响显著；（5）而在线公民参与对线下公民参与影响并不显著；（6）与团队游戏相对照，游戏时长对在线和线下社会资本有负面影响。③ 该研究验证了在线游戏的积极影响以及MMORPG游戏如何影响玩家的社交网络，对中国文化语境下的社会资本理论研究有新的贡献。桑托波洛Xanthopoulou等人（2012）对79名MMORPG游戏玩家进行了为期一个月的纵向研究，试图发现MMORPG游戏对他们现实工作的影响。研究者测量了游戏中主动学习和领导能力对现实工作的溢出效应（spillover effects）。同时，他们也进一步研究了溢出效应中的游戏缓和作用。回归分析表明，只有在提高游戏成绩的条件下游戏和工作之间才会发生溢出效应，而糟糕的游戏表现会减少这种效应；研究结果也支持了领导能力的直接溢出效应以及良好游戏成绩的促进作用；研究结果让我们进一步了解了溢出效应产生的过程，虚拟游戏也可以成为新型组织培训的方法。④ 张等人（2011）在线调查了808名韩国游戏玩家探

---

① Cheng-Chieh Hsiao, Jyh-Shen Chiou. The effects of a player's network centrality on resource accessibility, game enjoyment, and continuance intention: A study on online gaming communities. Electronic Commerce Research and Applications, 11 (2012): 75-84.

② Emily Collins, Jonathan Freeman. Do problematic and non-problematic video game players differ in extraversion, trait empathy, social capital and prosocial tendencies? Computers in Human Behavior, 29 (2013): 1933-1940.

③ Zhi-Jin Zhong. The effects of collective MMORPG (Massively Multiplayer Online Role-Playing Games) play on gamers' online and offline social capital. Computers in Human Behavior, 27 (2011): 2352-2363.

④ Despoina Xanthopoulou, Savvas Papagiannidis. Play online, work better? Examining the spillover of active learning and transformational leadership. Technological Forecasting & Social Change, 79 (2012): 1328-1339.

讨在线游戏体验与游戏领导力。结果表明游戏中的领导经验与离线领导经验呈现显著正相关关系。人们能够在游戏中增长领导技巧并将之转化到现实世界。①

总体来说，在过去的对网络游戏资本的研究中，文化资本问题几乎未被学者所关注。学者们大多聚焦于游戏玩家在完成由现实社会往虚拟游戏世界转换的过程中，如何建构起新的社会联系。因此，社会资本获得与累积的问题成了首要的研究问题。当然也有少数学者在关注网络游戏玩家社会资本问题的过程中发现了情感的重要性，比如张玉佩。但这种发现对于揭示青少年网络游戏中的互动本质是不够的，也很难解释青少年网络游戏的根本驱动力以及与其他要素之间的关系。回到本选题和青少年网络游戏的实践本身，我们发现文化资本恰恰是学者们忽略的重要话题。文化资本或者文化资源的获得、积累与转换可以内在地决定青少年玩家的情感互动经验，对网际权力的获得、支配、运作以及自我认同的实现也有着重大的影响作用。因此，网络游戏中的青少年玩家文化资本的积累必须得到充分的重视。

第五节　网络游戏情感与权力研究

青少年玩家在网络游戏的世界中与其他玩家、公会、战队成员、游戏机制等要素进行频繁互动，从事打怪、升级、获取积分、打副、完善道具、续写故事等活动。在这些游戏互动行为中，会遇到权力或社会结构问题。在网络游戏社会结构变化、重塑以及权力获得、转换过程中，会伴随情感的唤醒与知觉。相应地，情感作为一种结构性和权力性资源也会反作用于网络游戏中权力的调度、分配，甚至重构微观社会结构。

网络游戏中的权力问题引起了少量学者的关注。玩家在游戏中首先感受到基于技术中心的权力平等愿望的实现。"网络游戏技术的发展以及互联网天生的虚拟性，使得网络游戏轻而易举地将更多的权力赋予了玩家，而这种颠覆则是彻底的社会身份再造。网络游戏不设障碍地为玩家提供了

---

① YeiBeech Jang and SeoungHo Ryu. Exploring game experiences and game leadership in massively multiplayer online role-playing games. British Journal of Educational Technology, Vol. 42, No. 4, 2011: 616-623.

一个过滤现实身份的净化网，玩家们有足够的自由度创造编码进行崭新的自我赋值和需要满足。"① 网络游戏对玩家的这种赋权还体现在游戏叙事主体的转换方面，玩家成为游戏叙事的主动者。热内特（Genette）把这样的行为称为"共时叙事"，他认为，不同于"过去时态的叙事"，共时叙事是与动作同时发生的。他以体育赛事的实况直播为例，认为这是共时叙事最好的例子。② 网络游戏的叙事更加接近于"共时叙事"，因为玩家通过自觉的游戏行为主导了游戏进程。不过也有学者认为，玩家并非具有主导情节的绝对权力，所有的行动与发生的事件都是在一定的游戏语境中形成的，由游戏的物质属性和规则所决定。③

除了叙事的研究体现了玩家在网络游戏中获得赋权的可能以及进行"共同叙事"的实践之外，玩家之间的阶层地位差异以及经济关系都与权力运行产生关联。MMORPG 游戏营造了一个微观的经济环境，游戏玩家通过劳动生产虚拟商品并与其他玩家进行交易，在线游戏也因此为经济学理论提供了一个理想的检验场地。研究者就游戏玩家之间的交易、虚拟商品的现实货币价值、玩家之间的经济权力关系等问题展开讨论。

马龙（Malone, 2009）从微观角度考察了《魔兽世界》游戏中玩家之间的经济权力关系。他发现，游戏中的突袭公会中有层级分明的政治结构，游戏领袖必须将自己的地位合法化。在这种政治结构和个人欲望的共生关系中，公会必须保证自身的发展，同时游戏玩家也能分享到战利品。为了做到这一点，突袭公会通常采用"屠龙积分"（Dragon Kill Points）制度来解决可能出现的"僧多粥少"的问题。"屠龙积分"制度平衡了游戏玩家之间贡献与回报的关系，增进了公会内部的团结。④ 苏萨等人（2009）应用 Runescape 游戏通过实验检验了禀赋效应（endowment effect）

---

① 范彦彬、廖宏建、李贤：《论网络游戏中的自我实现》，《淮阴师范学院学报》2006 年第 1 期。

② Genette, Gerard. Narrative Discourse: An Essay in Method, trans. By Jane E. Lewin, Cornell University Press, 1983, p. 217.

③ Diane Carr. Games and Narrative. Diane Carr. Etc., Computer Games: Text, Narrative and Play, Polity Press, p. 39.

④ Krista-Lee Malone, Dragon Kill Points. The Economics of Power Gamers. Games and Culture, Volume 4, Number 3, July 2009: 296-316.

在虚拟情境中的合法性。他们发现，经验丰富的玩家更有可能交易而不是保留自己的装备。① 这与现实交易中的禀赋效应是有一定出入的。王（Wang）等人（2013）选取"魔兽世界"等 24 款 MMORPG 游戏，应用经济学"需求—供给"理论探讨了虚拟商品的现实货币价值问题。通过实验方法与横向时间序列数据分析，发现更紧密的社交网络和水平的社会分层结构导致了 MMORPG 游戏中虚拟商品的货币价值较低；但是，随着活跃玩家的增加，潜在的虚拟商品需求会逐渐增加，其货币价值也会相应提升；日益加剧的玩家间社会分层结构也会强化这一效果；这表明，社交网络和分层结构是影响游戏研发者和政策设定者处置虚拟商品现金交易最重要的两个影响因素。② 传统的消费价值理论（TCV，Theory of Consumption Value）包含五种类型的消费价值：功能价值、社交价值、情感价值、条件价值以及认知价值。帕克（2011）对此进行修正，提出了 MTCV（modified theory of consumption values），包括角色能力价值、愉悦价值、视觉权威价值和货币价值。在对 327 份有效问卷分析的基础上讨论了 MTCV 在 MMORPG、第一人称射击游戏、休闲游戏等三大类游戏中的有效性。发现 MMORPG 游戏玩家比其他类游戏玩家更注重视觉权威价值和货币价值；年轻玩家对视觉权威更感兴趣，年长玩家对角色能力价值更感兴趣。③

另外，布鲁克（Brookey）等人（2009）以《第二人生》为例批判性地检视了虚拟网络中的性别实践。他们认为，性和性别规范在网络空间中遭遇到了抵抗，这些规范以倒逆的方式再生产出来，性别权力与性别霸权在虚拟空间依然存在。④

---

① Yannick Ferreira De Sousa, Alistair Munro. Truck, barter and exchange versus the endowment effect: Virtual field experiments in an online game environment. Journal of Economic Psychology, 33: 482-493.

② Qiu-Hong Wang, Viktor Mayer-Schönberger & Xue Yang. The determinants of monetary value of virtual goods: An empirical study for a cross-section of MMORPGs. Inf Syst Front, (2013) 15: 481-495.

③ Bong-Won Park, Kun Chang Lee. An Empirical Analysis of Online Gamers' Perceptions of Game Items: Modified Theory of Consumption Values Approach. Cyberpsychology, Behavior, and Social Networking. Volume 14, Number 7-8, 2011.

④ Robert Alan Brookey & Kristopher L. Cannon (2009) Sex Lives in Second Life, Critical Studies in Media Communication, 26: 2, 145-164.

林宇玲（2007，2008）使用民族志方法对偏远地区的小学生的游戏行为进行研究，尝试将游戏行为与性别实践、集体实践与权力抗争结合起来探讨。张玉佩（2013）的研究发现，游戏行为的社会意义，不仅是个人主观意识选择下的自我满足行为。实际上，青少年选择线上游戏作为休闲行为，是社会权力机制在有限的时间与空间资源竞争后的协商结果。①

侯志凯（2008）对网络游戏中的权力问题关注最为集中。他运用乔丹的网际权力模型，对网络游戏玩家在网络游戏中的权力运作进行了探讨。他发现，玩家在游戏中日渐受到权力运作的影响。从乔丹的网际权力来看，在个人的层次上，网际权力能够让玩家在网际空间里得到增权（赋权），让玩家获得在离线世界里所无法拥有的权力；在社会的层次上，科技权力精英所拥有的权力仍是与玩家的权力有着不对等的关系，成为一种具有科技技术的精英才是能够使用的权力；在想象的层次上，玩家对于社群的认同是根基于线上与离线世界的人际关系，遵守社群的想象与集体规范，对于个人与团体都是有好处的。网际权力的确是会在玩家的个人层次、社会层次与想象层次里产生权力的交互作用，因而产生各种对于玩家的权力建构、解构和重构的过程。②

需要指出的是，关于游戏中玩家在与其他玩家、游戏机制、公会等互动中的权力行为和现象的研究比较零散，分布在包括游戏叙事主体、游戏交易、游戏性别文化以及游戏资本的主题研究中，缺乏与情感问题的结合。如前文所述，情感与权力的关系问题在情感社会学的研究中已经被置于突出的位置。因此，关注游戏玩家在网络游戏中的权力实践与情感感受之间的关系具有重要的价值。

第六节　网络游戏玩家动机及游戏类别研究

青少年网络游戏玩家是网络游戏中的主体，也是网络游戏中情感互动

---

① 张玉佩：《穿梭虚拟世界的游戏少年：他/她们的社会资本之累积与转换》，《中华传播学刊》2013年（总）第23期。
② 侯志凯：《网路线上游戏网际权力分析：以〈魔兽世界〉为例》，硕士学位论文，"国立"台湾师范大学，2008年。

的主体。网络游戏中的青少年既体现了媒介受众研究中的个人差异论的特征,亦即不同的玩家之间游戏的类型、喜欢、互动方式、情感感受等千差万别。但在对青少年玩家的情感互动研究之前对他们进行游戏特征分类有助于我们更好地探讨青少年网络游戏玩家的情感互动。

青少年网络游戏玩家的游戏动机研究是游戏行为研究的前提。穿梭于虚拟世界的玩家动机研究历来是网络游戏研究的重要领域,多位研究者采用心理实验、量表法、深度访谈、田野观察等实证方法对网络游戏的动机进行了研究。成就感、社交、沉浸、愉悦、放松、逃避、组队竞赛、增加虚拟财富等动机得到进一步验证和确认。

多里亚等人(Dauriat,2011)在线调查了696名玩家,讨论了五种游戏动机,即成就感、社交、沉浸、放松、逃避的分类及其影响。[①] 林等人(Lin,2011)考察了MMORPG游戏玩家价值目标、游戏特征和游戏结果之间的关系。他们采用了市场营销学中的"方法目的链"(MECs)模型作为理论基础,同时采用"柔性抽丝法"、内容分析法作为深度访谈工具。研究发现角色扮演、界面互动、多人游戏、独立游戏、虚拟宠物是游戏玩家注重的游戏特征。而增加互动、获得愉悦、提高效率、虚幻满足、获得胜利、新奇保证、增加财富、减轻压力则是玩家追求的游戏目的。游戏玩家追求的价值目标包括愉悦、成就感、与他人的温暖关系、归属感、安全感。[②] 玩家所追求的游戏目的实际上也成为玩家游戏的重要动机。贝拉克鲁斯(Beranuy)等人(2012)采用扎根理论对9名治疗中的在线游戏玩家进行了质性访谈。研究结果表明,玩家最初的游戏动机包括:(1)寻求愉悦;(2)逃避现实;(3)虚拟交友。[③] 贝拉克鲁斯等人(2013)招募690个《魔兽世界》游戏玩家并对他们的游戏角色进行了长达8个月的监测,采用游戏玩家自我报告方式并调用游戏官方数据库相结合的方

[①] Francesca Zanetta Dauriat, Ariane Zermatten, Joël Billieux, Gabriel Thorens, Guido Bondolfi, Daniele Zullino, Yasser Khazaal. Motivations to Play Specifically Predict Excessive Involvement in Massively Multiplayer Online Role-Playing Games: Evidence from an Online Survey. European Addiction Research, 2011, 17: 185-189.

[②] Yu-Ling Lin, Hong-Wen Lin. A study on the goal value for massively multiplayer online role-playing games players. Computers in Human Behavior, 27 (2011): 2153-2160.

[③] Marta Beranuy, Xavier Carbonell, Mark D. Griffiths. A Qualitative Analysis of Online Gaming Addicts in Treatment. Int J Ment Health Addiction, (2013) 11: 149-161.

法，对在线游戏行为的动机进行了考察。研究结果表明以组队和竞赛为目标的动机是最为精确的游戏动机变量。① 游戏动机的研究通常不是孤立进行的。格拉汉姆（Graham）等人（2013）以《魔兽世界》为例也考察了游戏玩家的人格五大特征（外向性、亲和性、责任感、神经质、开放性）与五大游戏动机（社交动机、成就动机、沉浸动机、领导动机、独立动机）之间的关系。他们采用里克特量表法对1413名玩家进行测量，结果表明每一种游戏的动机跟不同的人格组合有一定的关联，比如，以社交作为动机的玩家性格更加外向、亲和、神经质和开放；而试图获得成就感的玩家也是倾向外向、神经质，但是亲和性和责任感较低。② 斯诺德格拉斯（Snodgrass）等人（2013）借助心理人类学的工具重构了伊提出的三个动机理论，即成就感、社交目的、沉浸。他们采用结构化的在线问卷调查和半结构访谈相结合的研究方法探讨文化因素对在线问题玩家的影响。研究发现：（1）就成就感方面来说，对成功的规范化理解，也即"文化调和"（cultural consonance）建构了问题游戏的形式；（2）从社交层面来说，与离线互动中相隔绝并被高估的虚拟关系进一步加剧了不良游戏行为；（3）就游戏沉浸而言，现实与虚拟身份边界的模糊也导致了不良游戏行为。他们认为相对于伊的纯粹心理动机的视角，文化敏感测量能更好地预测游戏的问题形式。③

　　鲍曼（Bowman）等人认为角色依附理论（CA）能帮助我们理解游戏中的亲社会动机和反社会动机。他们发现，亲社会动机的玩家对游戏角色有很好的控制感，而反社会动机的玩家则表现对游戏环境的不信任，对虚拟行为不负责任。亲社会行为多发生在资格玩家身上，而年轻男性玩家游

---

① Joël Billieux, Martial Vander Linden, Sophia Achab, Yasser Khazaal, Laura Paraskevopoulos, Daniele Zullino, Gabriel Thorens. Why do you play World of Warcraft? An in-depth exploration of self-reportedmotivations to play online and in-game behaviours in the virtual world of Azeroth. Computers in Human Behavior, 29（2013）：103-109.

② Lindsay T. Graham and Samuel D. Gosling. Personality Profiles Associated with Different Motivations for Playing World of Warcraft. CYBERPSYCHOLOGY, BEHAVIOR, AND SOCIAL NETWORKING, Volume 16, Number 3, 2013：189-193.

③ Jeffrey G. Snodgrass, H. J. Francois Dengah II, Michael G. Lacy and Jesse Fagan. A formal anthropological view of motivation models of problematic MMO play: Achievement, social, and immersion factors in the context of culture. Transcultural Psychiatry, 50（2）：235-262.

戏角色则受反社会归因动机的影响。①

黄少华（2008）从马斯洛的需求层次理论出发，探讨了青少年网络游戏玩家参与游戏的动机，他认为青少年网络游戏的动机主要包括：休闲娱乐、忘掉学习压力、消磨时间、结交朋友、获得社交经验与技巧、寻找精神寄托、满足自我实现的愿望、成为游戏高手受到别人尊重、发泄过剩的经历、追赶时尚、逃避现实、出售虚拟物品或高级别 ID 挣钱等。黄少华进一步探讨了青少年玩家在网络游戏中具体的游戏行为，包括：通过练级提高自己在游戏中的等级、与朋友一起打装备、在游戏过程中和玩友聊天、加入或组建游戏团队、不断地尝试游戏的各种新玩法、送给团队中的其他玩友游戏币或装备、为获得好装备而 PK、和所属团队中结识的朋友见面、为所属团队的利益牺牲自己、用欺骗或暴力对付游戏中的仇家、频繁更换所属团队、同时加入敌对双方的组织、和异性角色产生感情、盗取别人的 ID 或装备达到升级的目的。②

尤尔（2003）认为游戏中的玩家有两个自我：一个是游戏中的自我，另一个是真实世界中的自我，这一二元性反应在游戏时间中，就是游戏时间和事件时间的二元性，前者是玩家花在游戏上的时间，后者是游戏世界中所花费的时间。③ 玩家在游戏中渴望在虚拟空间中寻求自身的解放，并且这种身份的二元性可以持续使玩家黏附于游戏，渴望沉浸体验。从追求战斗胜利、排行榜领先、赚取积分、杀死 BOSS，到建立新的社交联系，玩家的游戏动机纷繁复杂，变化万千。玩家的游戏行为受到内在动机的影响。伊通过分析游戏使用者的人口统计资料、使用方式和动机，运用定量和定性方法研究在这些环境中的关系形成、角色探索、技巧转换和不良使用等问题。他发现玩家沉浸于游戏的动机有很多，诸如与其他人沟通、可以通过游戏与家人进行很好的互动娱乐、可以借助游戏促进个人的进步以及在虚拟世界中实践现实世界的诸多理论等。最终得出有关游戏动机的五

---

① Nicholas David Bowman, Daniel Schultheiss, and Christina Schumann. "I'm Attached, and I'm a Good Guy/Gal!": How CharacterAttachment Influences Pro- and Anti-Social Motivations to Play Massively Multiplayer Online Role-Playing Games. CYBERPSYCHOLOGY, BEHAVIOR, AND SOCIAL NETWORKING, Volume 15, Number 3, 2012：169-174.

② 黄少华：《青少年网络游戏行为研究》，《淮阴师范学院学报》2008 年第 1 期。

③ Jesper Juul. Introduction to Game Time / Time to Play-An examination of game temporality, http://www.jesperjuul.net/timetopaly/。

个因子，包括关系（Relationship）、操纵（Manipulation）、沉浸（Immersion）、逃避（Escapism）和成就（Aehievement）。伊发现，在成就和操纵两个因子上，男性玩家比女性玩家的分数要高得多，而女性玩家则在关系、沉浸和逃避上得分比男性高。也就是说，男性玩家更喜欢在既定环境内获得外在目标，而女性则更喜欢在游戏中发展与他人的关系，并沉浸在一种"白日梦"的世界中。① 这一研究结果表明，游戏玩家游戏动机各异，不同的网络游戏能够在不同的方面满足玩家的需要，这也是不同类型玩家都能沉浸于游戏的重要原因。按照这两大类玩家的游戏行为和游戏目的，加扎德（Gazzard）粗略地将玩家的游戏行为分为"目的型游戏"（purposeful play）和"占用型游戏"（appropriated play），相对应的就有"目的型游戏玩家"（purposeful player）和"占用型游戏玩家"（appropriated player）。

"目的型游戏玩家"在游戏中不断寻求游戏等级上的超越，完成游戏目标、获得更高的游戏积分并控制他面前的游戏世界，他们试图通过游戏行为的操作学习理解游戏的"运算法则"（algorithlns），即游戏规则。

"占用型游戏玩家"的游戏动机包括：对偶然的发现做出反应；无聊/焦虑（包括规则太简单/太复杂；规则太荒诞/随意）；攻击游戏系统（规则）；"提升"游戏行为状态（增大乐趣/奖励）；在同侪团体内展示创造性/原创性（通过黑客/改装行为）；探索游戏系统内可能存在的各种演变。② 凯卢瓦（Caillois）玩家游戏行为的分类则更合理一些，他认为，一个完整的游戏世界包括玩家的四种行为模式，包括竞争（agon）、机会（alea）、角色扮演（mimicry）和沉浸（ilinx），构成了游戏世界的四维模型。③ 在此基础上，游戏设计师巴特曼和布恩对玩家进行人口统计学的调查和分类，按照玩家的个性特征和游戏偏好将玩家分为四类：

---

① Yee, N. (2006). The Psychology of MMORPGs: Emotional Investment, Motivations, Relationship Formation, and Problematic Usage. In R, Schroeder & A. Axelsson (Eds.), Avatars at Work and Play: Collaboration and Interaction in Shared Virtual Environments, pp. 187-207.

② Alison Gazzard (2008). Grand Theft Algorithm: Purposeful Play, Appropriated Play and Aberrant Players, Proceedings of the 12th international conference on Entertainment and media in the ubiquitous era, http://portal.acm.org/.

③ Roger Caillois (1961), Man, Play and Games. Free Press of Glencoe.

征服者（Conqueror）、管理者（Manager）、参与者（Participant）与流浪者（Wanderer）。① 征服者：具有极强的竞争性，不惜一切代价取得胜利，这类玩家行为是目标导向的，享受游戏或与游戏相关的社交圈内的主导优势。管理者：从逻辑上来说这类玩家是掌握发展的，是过程导向型玩家。如果他们使用新的技能可以在游戏更深层次细节中发现新奇，那么他们会重复玩同一款游戏。参与者：这类玩家喜欢社交型游戏，可以完全沉浸在相互交替的关系网中。流浪者：这类玩家喜欢新的和有趣的体验，其挑战性要小于其他类型玩家，主要在游戏中寻求持续不断又比较容易获得的乐趣。②

相比之下，巴特尔（Bartle）的研究对我们更具有借鉴意义，他早在 90 年代就通过分析 MUD 游戏玩家的不同游戏方式，总结出四种玩家类型，并对其具体的行为模式进行了研究。他将玩家喜爱游戏的原因总结为四类：第一，获得成就（Achievement within game context）。玩家会给他们自己设定一些游戏相关的目标，并且精力充沛地完成。这通常意味着积累大量的高价值宝物，或者从各种可移动物体的身上取得某件宝箱并打开而出尽风头（例如虚拟世界中的怪物）。第二，探索游戏（Exploration of the game）。玩家尝试在虚拟世界中寻找一切他们所能找到的东西。尽管最初是尝试构建世界的拓扑图（比如，探索 MUD 的广度），接着再进一步试验其物理性（探索 MUD 的深度）。第三，交往玩家（Socializing with others）：玩家使用游戏中的通信工具，运用角色扮演的特性，结识（或者说交互）其他玩家并与之交往。第四，强迫他人（Imposition upon others）。玩家使用游戏中提供的工具使他人感到痛苦，单纯为了游戏乐趣对其他玩家采取攻击行为。对这四种游戏动机进行再抽象，从而得到四种玩家类型：成就型玩家（Achievers）、探索型玩家（Explorers）、社交型玩家（Socializers）和杀手型玩家（Killers）。③

---

① Bateman. C, Boon. R (2005). 21st Century Game Design. Charles River Media, London.

② 转引自关萍萍《互动媒介论——电子游戏多重互动与叙事模式》，博士学位论文，浙江大学，2010 年。

③ Richard Bartle (1990a). Who Plays MUAs? Comms Plus!, October/Novermber, pp. 18-19.

在"玩家/世界"与"行动/互动"两个维度基础上,巴特尔对玩家进行更细致的划分,从而得到了 8 种玩家类型,原有的横轴和竖轴基础上增加了隐(implicit)/显(explicit)轴线,形成一个立体的四方体,八个角就是 8 种玩家,即专门激怒他人者(griefers)、政治家(politician)、策划者(planners)、投机取巧者(opportunists)、朋友(friends)、联络者(networkers)、科学家(scientists)和黑客(hackers)。[1]

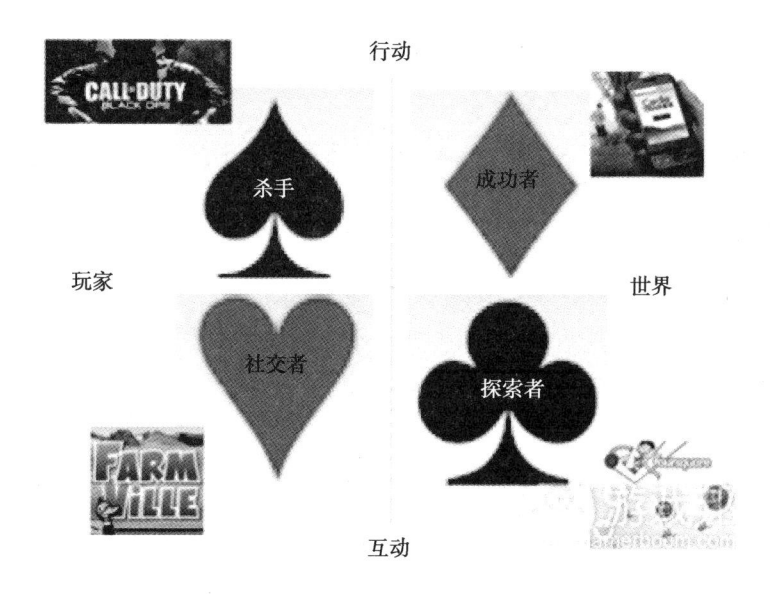

图 2.3　游戏玩家类型与区域划分(Bartle,1990)[2]

安杰伊·马尔切夫斯基(Andrzej Marczewski,2013)认为,"玩家"是自成一体的类型。他根据 Bartle 的八种类型的提示,引入了 4 种内在激励和 4 种外部激励概念,创新了八种用户类型。组合在一起,形成了新的八种游戏玩家的 3D 模型。

慈善家:通过系统寻找一种意义感(游戏邦注:例如在 Quora 上回答问题)。

成就者:通过系统获得学习的充实感(例如,在学习系统中成为最擅

---

[1]　Richard Bartle(2003). A Self of Sense. SELFWARE. Games, June 20th.
[2]　转引自关萍萍《互动媒介论——电子游戏多重互动与叙事模式》,博士学位论文,浙江大学,2010 年。

长完成任务的人）。

社交家：追求与他人的互动和关联（例如，与社交媒介用户进行互动）。

自由者：追求系统中的自主权、探索和创意（例如，环竟、虚拟形象和旅程的定制化服务）。

自我追求者：追求与他人互动而获得的回报（例如，为获得点数而回答问题，数量胜于质量）。

顾客：追求以较少的互动而从系统中获得奖励（例如，忠诚奖励计划）。

人脉者：通过与他人建议联系而增加自己的机会，以期获得将来的回报。

利用者：通过使用系统获得奖励（例如，"赞"Facebook 页面而赢得奖励，找到有助于自己获胜的漏洞。①

相比较而言，马尔切夫斯基的新 3D 游戏玩家模型更强调游戏互动性，并且很好地将游戏动机与玩家自主形成的类型很好地结合起来。

网络游戏中的社交互动是本研究的核心命题，玩家类型与游戏互动关系的研究近来也获得了学者的关注。为了衡量社交互动，必须先定义多人搭配游戏中的不同互动类型。维欧达（Voida）、瞳本达（Carpendale）和格林伯格（Greenberg）分析了玩家在《吉他英雄》《马里奥派对》以及《马里奥赛车》等多人社交游戏中的行为。通过观察并记录玩家在这些游戏中的不同行为，他们将互动性分为六大类型。阿克曼（Ackermann）同样也展开了一项研究，即通过观察并分析 LAN party 中玩家的互动形式，并记录下一些相似的互动分类。史蒂夫·布罗姆利（Steve Bromley）等人将以上研究与"无情"软件公司早前关于可用性测试所得的数据结合起来，得到了以下关于互动性的分类：②

---

① Andrzej Marczewski, Marczewski's Gamification User Types 2.0, http://www.gamasutra.com/blogs/AndrzejMarczewski/20131129/205957/Marczewskis_ Gamification_ User_ Types_ 20.php. 转引自《游戏邦》：从游戏化角度解析 8 种用户类型及其意义，http://gamerboom.com/archives/69136. 2014-08-08。

② Graham McAllister, Steve Bromley, Pejman Mirza-Babaei, Jonathan Napier, Playing to Win? Measuring Social Interaction in Games, http://www.gamasutra.com/view/feature/134982/playing_ to_ win_ measuring_ social_ .php. 2014-07-08。

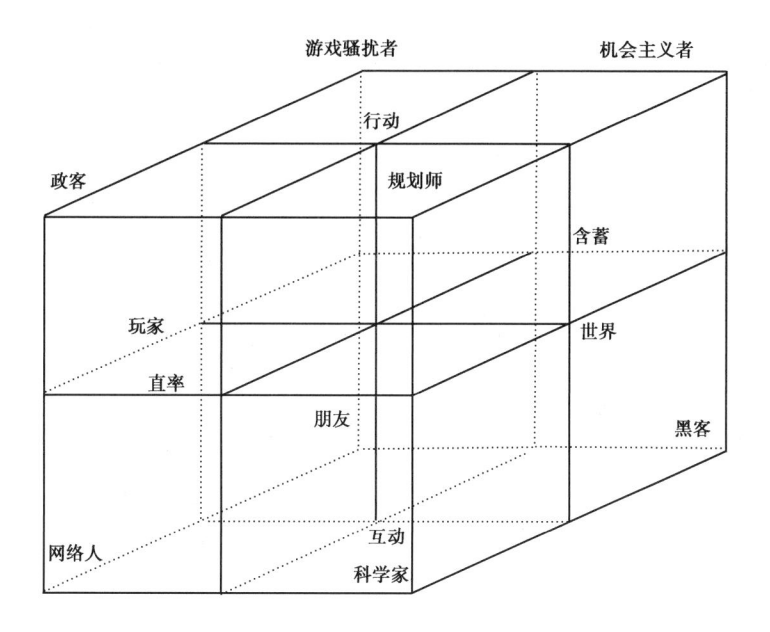

第二章 失落的情感：网络游戏研究综述

图 2.4　巴特尔八种游戏玩家类型 3D 模型①

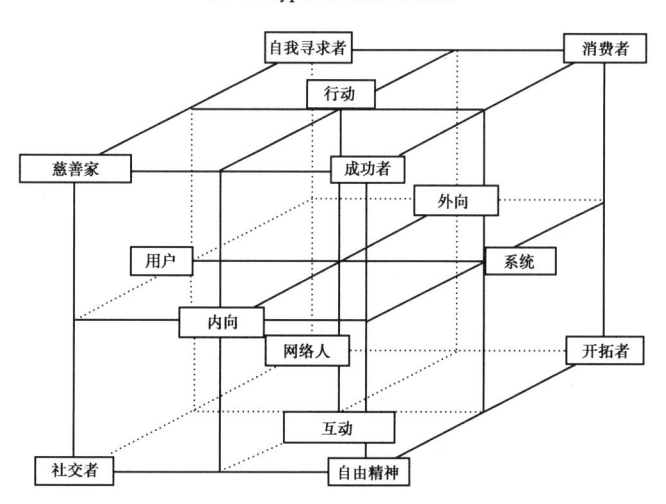

8 User Types of Gamification

图 2.5　马尔切夫斯基（2013）八种游戏玩家类型 3D 模型

---

① 转引自关萍萍《互动媒介论——电子游戏多重互动与叙事模式》，博士学位论文，浙江大学，2010 年。

表 2.2　　　　　　　　网络游戏中社交互动的分类

维欧达等人最初的分类	改革的社交互动分类	描述
构建共享意识	共享意识	共享意识包括创造游戏状态的共享意识,以及协作规则,给予提示,或者让其他玩家知道游戏中的某些内容,如游戏机制或者"该怎么做",同时还包括让其他玩家知道你在游戏中执行了哪些活动等。 "我的命值很低,给我一个健康包。"
	请求信息	请求信息包括询问游戏中发生了什么,游戏如何发展以及如何达到游戏目标等。同时还包括询问其他玩家的游戏状态等。这个过程结合了部分的共享意识。 "我要如何解开这个谜题?"
强化共享历史	共享历史	共享历史包括讨论游戏早期或者之前游戏阶段发生了什么,有时候还会连接到其他游戏或者已经离开游戏的其他玩家。 "还记得我们是什么时候打败 boss 的吗?"
分享成功与失败	分享成就	分享成功包括庆祝集体的成功或者祝贺其他玩家的成功。同时还包括竞争环境下的集体庆功。 "干得好,这可不是件易事!"
	共担失败	共担失败包括整个团体共同担当起任务失败的责任,并安慰团体中的每名成员,或者任何一名任务失败的玩家。在这个过程中不会出现谴责玩家的行为。 "这不是你的错,因为这真的是一个非常困难的问题!"
玩家间相互依赖并敢于自我牺牲	团体优化	团队优化包括讨论集体的动态,或者共商个人对于团队的贡献,包括评估其他玩家的能力,讨论谁有能力担当团队领导者等。除此之外还将判断任何一名玩家是否有资格加入团队。 "让我做这个,我数学不错!"
讲废话	讲废话	讲废话包括庆祝自己打败其他玩家或者嘲笑别人的失败,这种类型经常出现在竞争或者协作类游戏中,也会牵涉到镇压和辱骂等元素。 "你烂透了!"
由计算机控制主导权	自我放纵	自我放纵包括不愿牺牲自己娱乐其他玩家,创造只属于自己的元游戏,或者不愿全身心投入游戏中,并破坏整体游戏的进行,同时还包括反复采用相同的行动。 "我的角色现在要小睡一会。"
N/A	离题	离题包括讨论与游戏主题不相干的互动性内容。 "天气真不错!"

除了将游戏动机、游戏互动与游戏玩家分类进行结合探讨外,还有学者将情感因素融入游戏玩家分类当中。他们依据巴特尔最基本的四个游戏玩家分类,把情感简单地分为积极情感、消极情感以及混合情感,将游戏

设计中的内容、环境、叙事、界面、玩家奖励等要素结合起来,多维度分析玩家类型。这对我们研究青少年网络游戏中的情感互动有很大启发。情感不仅与互动有关,而且不同类型的玩家会产生不同的情感体验,这样的分析将会更加具有针对性。

第三章

自我认同与情感互动

> 自我是一个意义匮乏的地方。
>
> ——马丁·塞利格曼（Martin Seligman）

寻求并形成自我认同是青少年成长过程中最为紧迫的任务，自我认同也是青少年研究中的焦点议题。青少年在各种社会互动中不断地尝试自我认同的各种路径。穿梭于网络空间的青少年以"身体缺场"的方式借助网络媒介的沟通（computer-mediated communication）与网络情境以及其他网络用户进行信息交流、社会互动。人们在网络空间中的人际互动，可以避免身体的实际接触，无须像在现实交往中那样担心"惩戒性权力"（disciplinary power）对身体造成的伤害。[①] 受到网络空间的匿名性保护，人们能够以一种更为开发、更为大胆的姿态介入到虚拟社区中去，不会像现实交往中那样因为身体在场而产生羞涩心理，从而使人们可以从现实中彻底解脱出来，根据自己的兴趣、爱好或动机，在网络空间中通过展示甚至重塑部分的自己来完成个人的自我塑造。[②] 需要指出的是，身体缺场并不意味着人们在网络空间的社会互动是虚幻的或者不可捕捉的。虚拟空间中的社会互动是网络用户基于个体需求现实地调动情感、动机所进行的全新互动。虚拟往往意味着另一种真实的自我展示，也因而可能重新选择和塑造自己的身份认同。按照福柯的说法，人的自我是被发明出来的。正如特克尔所言，线上游戏提供玩家变换身份的机会，身份的变更没有地域的

[①] 林斌：《虚拟中的身体与现实》，参见《网络传播与社会发展》，北京广播学院出版社2001年版，第223页。

[②] 黄少华、陈文江：《重塑自我的游戏——网络空间的人际交往》，兰州大学出版社2002年版，第105页。

限制，当个人开启了新的视窗，新的身份就随之展开，而人们也随之给予新的认同。青少年网络游戏玩家通过在线游戏选择与不同的玩家进行互动，通过长期的情感交流，达成自我认同的目标。

黄厚铭（2002）认为，网络网际空间容许个人以前所未有的自由度来扮演各式各样的角色。一方面，个人借着网络的隔离功能，隐匿部分或全部真实世界的身份在网络上塑造一个或多个自我，并在其间切换、摸索与试探。另一方面，由于自我认同必须在与他人的关系中逐渐建立，而网络正使得人们可以跨越时间、地域与生理上的限制，与他人共同投入探索自我认同的游戏。进而，在幻想的交互感应之下，人们可以强化这个过程的效果与对个人心理的影响。[①] 林雅容（2009）进一步考察了网络游戏对青少年自我认同的影响。她的研究发现，青少年的自我认同是源自真实自我与虚拟自我。家人与同侪的想法对青少年投入线上游戏具有相当程度的影响力。在认同的形塑过程中，"规范""约束"无须刻意营造，对于青少年玩家来说，他们有足够的敏感度以观察、因应重要他人的态度，以及伴随而来的压力。青少年玩家的自我认同是透过"环境""需要"与"动机"三项要素予以显现。环境着重的是虚拟世界与现实生活二者的认定；需要指出的是受访者了解自身所具备条件的不足，以及追寻、达成自己的目标；动机即是促进受访者投入线上游戏的内外在因素。[②] 因此，穿梭于网络游戏空间的青少年玩家借由游戏行为及其情感互动以达成自我实现的结果。

本章将借助自我认同实现的理论框架，通过分析青少年玩家在网络游戏中的情感互动实践，具体分析其建构自我认同的四种不同方式，即通过角色认同、个人认同、群体认同、社会认同四种不同但又相互影响的情感互动类型来发现青少年玩家自我认同建构的动力和结构。

第一节　角色认同与情感

全世界是一个舞台，

[①] 黄厚铭：《网路上探索自我认同的游戏》，《教育与社会研究》2002年第3期。
[②] 林雅容：《自我认同形塑之初探：青少年、角色扮演与线上游戏》，《资讯社会研究》2009年第1期。

> 所有的男女都是演员。
> 他们有各自的进口与出口，
> 一个人在一生中扮演许多角色。
>
> ——莎士比亚（Shakespeare）

角色、角色扮演是社会个体达成自我认同的出发点。角色有不同的定义。戈夫曼在探讨日常生活中的自我呈现时，将社会角色定义为系于特定身份上的权利与责任的规定，一个社会角色总是包含一个或一个以上的剧中角色，这些不同角色中的每一个角色都可由表演者在一系列场合向各种同类观众或相同的观众呈现。① 他还援引帕克对社会交往角色本质的论述来探讨角色与自我认同的关系。"人这个词，最初的含意是一种面具，这也许并不是历史的偶然，而是对下述事实的供认：每个人总是处处或多或少地在扮演一种角色……正是在这些角色中，我们相互认识；正是在这些角色中，我们认识了我们自己。在某种意义上，并就这种面具体现了我们对我们自己所形成的观念——我们不断努力奉行的角色——来说，这种面具是我们更真实的自我，我们想要成为的自我。最终，我们对我们自己的角色的观念成了第二天性，成为我们人格中的主要部分。"② 米德在谈到自我与"泛化的他人"的关系时认为，社会个体只有清楚自己所担任的角色，对他所属的社会群体所参加的社会性活动采取该群体所持的态度，他才实际发展出一个完全的自我即获得他所发展的完全的自我的品质。③ 他甚至讨论了儿童所参与的实体游戏中所体现的角色规则。网络游戏具备一般游戏的所有特征，游戏玩家在游戏中所扮演的角色是实现自我认同建构的重要介质。而通过角色扮演、参与游戏叙事以及与游戏机制进行互动是产生自我认同必不可缺的环节。

本节所探讨的角色概念有别于米德、戈夫曼等人所讨论的社会个体在不同的社会情境中所扮演的社会角色，这里所指的是网络游戏中非常具体

---

① ［美］欧文·戈夫曼：《日常生活中的自我呈现》，黄爱华、冯钢译，浙江人民出版社1989年版，第15页。

② ［美］罗伯特·E.帕克，转引自欧文·戈夫曼《日常生活中的自我呈现》，黄爱华、冯钢译，浙江人民出版社1989年版，第19页。

③ ［美］乔治·H.米德：《心灵、自我与社会》，赵月瑟译，上海译文出版社1992年版，第138页。

的角色,特别是大型角色扮演游戏中青少年玩家所选择的游戏角色(avatars)。我们认为,青少年玩家通过与自己所扮演的角色、游戏故事、游戏机制进行互动,会产生大量的情感和心理体验,特别是其中积极的情感和心理互动成分会有助于青少年玩家的自我认同建构。

一 角色扮演与认同

以弗洛伊德为代表的心理分析学派认为游戏在个体情绪的发展中扮演着重要的角色。游戏者可以借由游戏来实现满足其内在的一些生物性与本能性的冲动。[①] 青少年网络游戏玩家往往依据自身的个性选择自己喜欢的游戏角色,游戏角色是游戏玩家借以沟通现实和虚拟世界的界面。角色创制的过程包括很多的选择行为,包括视觉表征的选择和赋予替身个性特点。青少年玩家借助角色扮演,能够替代性地体验和想象游戏中的角色,从而能更好地理解角色在游戏场景中的环境,体验不同的角色情感,同时反馈、表露自身深藏的个人情感。正如陈俞霖所观察的,青少年自前人的社会经验和道德价值观,建立他们的自我形象,同时自身所扮演的社会角色对自我认同有莫大的影响,青少年借由网络游戏中的角色扮演创造另一个属于他们的世界,不再只是依照父母的形象重塑一个自己,他们要和过去不同、和父母不同,这样才能形成真正的自我。

绝大多数网络游戏,特别是大型多人在线角色扮演游戏(MMORPG)均设有丰富的角色供玩家选择,这些角色显示不同的角色特征,能够调动玩家与角色之间的情感互动,凸显玩家与角色之间的协调对应关系。

比如在《英雄联盟》中,游戏系统提供 100 多个"英雄"角色给玩家自由选择。玩家可以在任何战斗中选择任意玩家。

表 3.1　　　　　　　　　《英雄联盟》"英雄"角色简表

序号	英雄称号	英雄名字	点券	金币	加入时间	其他昵称
15	亡灵勇士	赛恩	2000	1350	2009 年 4 月 10 日	
14	麦林炮手	崔丝塔娜	2000	1350	2009 年 4 月 10 日	炮娘、小炮
13	嗜血猎手	沃里克	2500	3150	2009 年 4 月 10 日	狼人
12	无极剑圣	易	1000	450	2009 年 4 月 10 日	

[①] 刘春艳:《网络游戏三维角色造型研究》,硕士学位论文,西南交通大学,2008 年。

续表

序号	英雄称号	英雄名字	点券	金币	加入时间	其他昵称
11	流浪法师	瑞兹	1000	450	2009年4月10日	光头
10	众星之子	索拉卡	1000	450	2009年4月10日	星妈、奶妈
9	雪人骑士	努努	1000	450	2009年4月10日	雪人
8	末日使者	费德提克	2000	1350	2009年4月10日	稻草人
7	审判天使	凯尔	1000	450	2009年4月10日	天使
6	迅捷斥候	提莫	2500	6300	2009年4月10日	提百万、大队长
5	战争女神	希维尔	1000	450	2009年4月10日	轮子妈、主母
4	卡牌大师	崔斯特	2000	4800	2009年4月10日	
3	年头酋长	阿利斯塔	2000	1350	2009年4月10日	老牛
2	寒冰射手	艾希	1000	450	2009年4月10日	
1	黑暗之女	安妮	2000	4800	2009年4月10日	火女

限于篇幅，此处部分列出《英雄联盟》中的游戏角色。

游戏玩家在不断的角色切换中体会角色的魅力。在几乎所有的网络游戏，特别是大型多人在线角色扮演游戏都对游戏角色进行人格化的技术处理，每个角色被赋予一定的个性。玩家在选择角色的时候会仔细了解角色的优势劣势，也会考虑自己对角色的喜好程度，凭直觉判断来选择。玩家通常会把游戏的时空当成"第二空间"，比如有的玩家会说，

> 每天学习，还被老妈骂，很烦。在这个（《炉石传说》）里面打打牌，我的角色是猎人德鲁伊，技能蛮牛的，收集卡牌和技术，多好玩。我觉得吧，我妈管我太多，你说打打这种卡牌游戏又没什么，而且我这个玩得很厉害了。再说，玩这个也能提高智商啊。（M2）

> 在游戏里面最重要的是自由，你想打谁打谁，看谁不顺眼就单挑。在现实中不可能呀，我们班我个子算小的，而且也算比较内向，别人喷你，弄你一下，你不太会还手的，还手也算挨K（挨揍）。在游戏里就不一样了，我技能厉害了，谁都不怕。所以说游戏里面多自由啊！（M1）

> 我爸对我可凶了，成绩不好骂我，跟同学出去玩也管这管那，反正看到他就烦。但是在游戏里面就没人管你啊，你想去哪儿就去哪儿，还能创造自己的世界，你看我在里面多漂亮，很多人追。这就好

比跟"男神"出去玩,有面子,而且自由。我爸他们不懂游戏,只知道批评。如果他年轻时候玩过游戏,他就会理解我为什么喜欢游戏了。所以啊,没共同语言。(F1)

我在游戏(《全球反恐精英》)里面无所谓扮演啥角色,很随便的,有时候是土匪,有时候是警察,没有固定角色。但是吧,有一种"第二人生"的感觉,也算是一种梦想吧,希望自己不那么普通,过不一样的生活。(M22)

借助角色进入游戏空间,是许多青少年玩家取向比较一致的选择。通过借助角色来获取身体上的自由是玩家们想要达到的效果。但是我们发现不同年龄段和不同性别的玩家对这种自由的获得在动机和理解上是不同的。年龄较小的玩家,特别是初中生,往往是单纯地为了摆脱家长的管束或者是同侪的排挤而借助角色进入游戏。M2 是一个初三的男生,他的妈妈是一家公立教育机构的负责人。在与他妈妈接触的过程中,发现她对儿子的要求比较高,成绩一旦下降就会主动找儿子的班主任交流。第一次的面访中,M2 反复强调自己其实并没有网络上瘾。但他的妈妈马上就会向我澄清,昨天他玩了一整天,催他几次(催他下线做作业)都没用。在后来的在线访谈中,M2 跟我说,"其实如果不是妈妈整天催我催我,我觉得自己会控制上网时间的。有时候催的烦了,我就去同学那儿,关掉手机和 QQ,让她找不到我。我玩游戏一方面是觉得游戏有意思,另一方面就是觉得无拘无束,不用想作业,不用面对老妈。我知道她关心我,可是他并不了解我。"F1 在老师们的眼里是个"问题女孩",学习不好,与社会青年交往密切,甚至会带坏班级同学。这一点在我与她的面访中可以明显地看出来。F1 坐在我的对面,不停地玩着手机,我问她在玩什么,是刷屏吗?她心不在焉地回答,"没什么,随便看看。"后来在与学校心理老师的交流中,我得知她父亲可能对她施与家暴。而在访谈中,谈及父母对她玩游戏的态度,除了说爸爸"很凶"外不想多说什么。问到怎么看待学习时,她说:"我才不要做作业,学习好有屁用,我们学校的大部分都是要读职高的,没意思的。"关于游戏角色选择的问题,她说,"我无所谓什么角色,好玩就行,还有'男神'喜欢,我就喜欢。""男神"就是她喜欢的社会男青年。她多次向我强调她不喜欢同班或同龄的男生。"那些男生长得'猥琐',一点都不帅,而且太幼稚"。但实际上,她也向我透露了她在玩游戏的时候如果有"好看的角色",当然也会选。

M22是一名大四的学生,他对角色的看法能够代表这个年龄段很多玩家。在访谈中,很多这个年龄段的玩家都愿意从"更高的层次"谈对游戏角色的看法。他们普遍认为,年龄较大的玩家或者玩一个游戏很多年的玩家都注重对角色的理解。借助游戏角色体验"第二人生"的精彩是很多玩家的选择。同时年龄较大的玩家在玩竞技类和角色扮演类游戏的时候选择角色往往注重角色的技能、外观以及可操控性,因为技能高的角色能够帮助他/她们完成更好的成绩,带来更好的游戏体验和情感感受。比如,

> 我在英雄联盟里面玩老鼠("瘟疫之源")和蛇女("毒蛇之佣")比较多,瘟疫之源是我用的第一个,蛇女是用得比较熟练的法师类英雄,其他的也都玩,但是有的用得不是很好。我玩得多的基本都是动物类型的。纯属巧合,碰巧都是动物,大概玩起来舒服吧,人物模型看起来也舒服。不过,有的英雄很强但模型太丑就很少有人玩。老鼠的造型以前很丑,后来游戏公司重做了,变得好看多了。我接触很多玩家,很多人选择角色会"以貌取人"。太难看了,人家会觉得你审美有问题。(M20)

> 虽然DOTA2里面的角色是可以任意选的,但我还是喜欢能力比较强的。每局开局都选英雄,选一个能力强的当然就要发挥自身优势带好比赛节奏,带着自己的队伍走向胜利,感觉这样才能展示自己是领导者的感觉。所以啊,你说角色重要吗?每个人都希望在游戏中发挥自己的能力。(M11)

> 我是一个"捏脸控""风景党",我喜欢给我的角色捏脸,天天去打扮她,觉得自己做得特别漂亮的就把它收藏起来,慢慢欣赏。我还喜欢逛里面的地图,跟其他好友一起看风景。我一定要让我的角色在游戏里面是最美的。(F8)

在竞技类或大型角色扮演游戏中玩家对角色的选择看起来多少有些技术理性,这些玩家往往都依据角色的技能水平和特点进行选择,较少关注角色外观等容易引起玩家情绪体验的特征。但是我们看到,在玩家与角色的互动中,角色在游戏中的表现往往能引起玩家的情感共鸣。M11是DOTA的资深玩家,而且几乎从未玩过其他游戏,表现出对单款游戏极高

图 3.1　《英雄联盟》中的"瘟疫之源"角色造型

图 3.2　玩家 F8 在游戏《剑侠情缘 3》中的造型

的忠诚度。他将角色在游戏中取得的成绩与自己的操作能力和成就感等同起来。角色的表现给他带来强烈的自我认同感。与他相似，大部分声称"不在乎什么角色"的玩家都会从角色在游戏的表现中体验愉悦、成就或逃避等情感。因此，角色只是一种替代，是玩家所谓"第二人生"体验的中介。F8 对游戏角色的喜爱在很多女性青少年玩家那里得到很多认同。女性玩家喜欢上一个游戏很多是因为这个角色很"萌"，"造型非常唯美"。

在《天天酷跑》里面，我一直选的角色是"猫小萌"，她是初级玩家的挚爱，不仅长得可爱，还拥有三连跳的属性，因而得到大家喜欢。而后期高水平玩家如果攒够了足够多的金币就可以购买更好的角色。我更喜欢活泼、正面、积极、色彩鲜亮的角色，而不是那种阴暗、暴戾的感觉。我觉得挺像我的，而且自己也跟着活泼了。还有比如好斗勇猛的人会选择近距离攻击的战士，而文静一些的人就比较喜欢远程攻击的法师等职业，有爱心的人就会选择辅助职业比如医生等。(F8)

图 3.3 玩家 F8 在游戏《天天酷跑》中的角色形象

　　F8 将自己的愉悦情感，甚至自己的性格特质投射到自己精心挑选的角色身上。萌文化是近年来借助网络传播形成并流传开来的一种都市亚文化形态，最早来源于日本，特别指的是青少年动漫爱好者对动漫作品中的美少女角色非常钟爱的一种精神状态。大部分女性玩家、低龄男、女青年玩家普遍偏好游戏中的可爱形象。这些玩家会沉浸在对角色的长期欣赏中，并多数伴有收藏、展示、炫耀的行为。不过有意思的是，也有少部分玩家并不遵循常规的角色选择，展现了一定的逆向性。特别是在角色性别中，有的玩家喜欢选择与自己性别相反的角色进行游戏。

　　女生在游戏里面容易受欺负，我不会选女生。虽然有些女角色也

很厉害，但是对方认为我是女的啊，要么不跟我玩，要么就直接攻击我，完了还说脏话。男生比女生在游戏里自由多了。（F16）

女生的装扮比较丰富、好看，很吸引人啊，我喜欢女生角色。而且，你实际上是男的，别人以为是女的，会轻视你。这样，你就可以出其不意攻击他了，一般你都会赢。（M13）

F16、M13 都是英雄联盟的玩家，他们的这种性别异位扮演在玩家中不是很常见，但也有一定的数量存在。陈淑惠（2000）、林雅容（2009）的研究也有相似的结论。陈淑惠指出，虚拟世界对于不同性别使用者的态度大为不同，对于女性而言，是一个较受敌视的环境，女性会在此环境中感受到伤害。女性玩家为取得虚拟世界的认同，而偏好"男性"角色，使自己能自由地投入其中；男性玩家则运用虚拟世界对女性敌视、轻视的特征，企图降低他人对自己的攻击、累积经验值。①

除了玩家通过角色获得其他玩家或游戏情境的认同从而获得自我认同之外，玩家与角色之间会产生深刻的情感互动。主要表现为玩家对角色的留恋、同情的不舍之情。

我的号上的人物，我都说"我家小女儿"，我真的爱死他们了。包括我的《永恒之塔》，当时我不玩了，永恒之塔还有很多土豪买号，有人出一万二，还不包括里面的道具……那个号里有所有职业，1个号有6个满级满装备的角色，所以很值钱。我什么都没动，就这样不上了。哭死了，当时1万多对高中生来说很多钱啊！觉得每个人物都是自己练大的，有回忆啊！还有就是，一般卖号都要删除游戏好友，我当时是想买（卖）的。但是想到删好友，然后以后这个人物就再也跟我没关系了，我哭了一会，最终还是没卖。（F14）

F14 是一家大型游戏网站的客服，玩过多款经典网络游戏，是典型的资深玩家。F14 经常跟我讲"题外话"，也就是她的读书与游戏的经历。"我初中开始玩游戏，'玩得很疯'，但是成绩还是好。中考的时候以全班

---

① 林雅容：《自我认同形塑之初探：青少年、角色扮演与线上游戏》，《资讯社会研究》2009 年第 1 期。

第一的成绩进了重点高中,当上了班长。进了高中以后把高考的目标定为考取香港大学。高中时候觉得还可以玩,又当了班长,天天给自己批请假条去网吧玩游戏。最夸张的一次是一周内玩了四个通宵,白天睡觉,感觉人都要猝死了。高二的时候成绩就很差了,高三还考过倒数。我妈很疼我的,为了这事生气,她现在说回想起来要再经历一次不如死了算了。然后呢,高考失败,三本都没上。然后我妈离家出走了,我一个月只吃一顿,还是没想通。什么学校都没得读,然后到另外一个复读学校报名。复读的前一天,我妈跟我说,那个学校可以复读,你去不去,我不勉强你,反正我也没办法,你自己看着办。我到报名当天早上醒来,突然想通了。我想,我才18岁,我现在就比别人差这么多,我以后怎么比别人好。我想过的要比别人好,所以不能这样。所以,我就去复读了,第二年高考超过二本28分,我被复读的学校拿去做成报纸宣传了。虽然其实我还是有遗憾的,但当时我也算尽力了。哈哈,但问题是,到现在回想起来其实不后悔玩游戏,因为我觉得年轻就该那样,犯错。不过事实是我目前还是经常拿我玩游戏没考好大学在家里聚时被骂,哈哈!"

F14 的读书和游戏的故事并不是孤例。在访谈参与者中,年龄较长的青少年玩家都有类似的丰富故事。这些故事大多都围绕游戏、学业成绩、家庭管束、个人反思的主题来展开。F14 对游戏角色的认同充满情感要素,从她的描述中可以看出充满了自豪、爱怜、羞愧的混合情感体验。羞愧的情感体验集中体现在成长中的反思,这看似与游戏无关,但为后来继续玩游戏"不后悔"埋下伏笔。她对自己曾经玩过的角色的深深的依恋和爱怜使她做出了"非理性"的抉择——拒绝出售价值不菲的游戏角色,甚至会为自己的角色哭泣。而这种依恋和爱怜的情感实际上也完成了自豪情感的体验,这在描述自己角色的优异之处时清晰可见。通过与角色的综合性的情感互动,玩家(F14)完成了情感性的认同,这种情感性的自我认同作为一种动力主导了她对游戏的积极性体验。

我们在这里所说的情感互动很多情况下体现的是玩家对角色的心理感受层面。尽管所有的游戏都有互动机制,但玩家与角色之间,更多的是玩家通过操弄角色来创制情境、完成叙事或执行任务来实现情感互动和自我认同。玩家借助角色进入游戏互动情境、玩家获得自由游戏空间、玩家创制喜欢的角色、玩家进行性别异位扮演、玩家收藏角色及场景等行为使得玩家实现"异度空间"中的自我认同。情感互动和角色层面的自我认同融为一体，也为其他形式的情感互动与自我认同做出了铺垫。

二 游戏叙事与认同

罗宾斯和吉登斯把自我认同定义为"有关个人的过去、现在与未来的叙事"。张玉佩（2011）探讨了游戏中叙事给玩家带来的愉悦感。与普通的叙事不同，游戏叙事更加体现热内特（1983）所说的"共时叙事"的特征。亦即游戏玩家一定程度上主导或改变叙事进程，体现了充分的主体能动性。青少年玩家借助游戏角色在游戏中的行走、动作与任务完成游戏叙事。因此，作为过程性的自我认同和情感互动必然会体现在玩家的游戏叙事中。

随着网络技术的发展、游戏玩家人数的增多及其游戏水平的提高，为了提高网络游戏的吸引力和增进游戏体验，网络游戏越来越重视故事性和叙事设计。网络游戏的叙事性部分借鉴了传统文学叙事的特征，游戏故事中有人物、角色行动、故事情节及其发展阶段以及环境和时间的设置。但是游戏中的叙事性或故事性只是帮助游戏实现其他功能的一个途径，网络游戏的本质仍然是"游戏"，不同于传统文学、电影、电视剧等叙事体，游戏的叙事要服从娱乐性、互动性、目标性等要素展开的。比如埃斯彭·阿尔赛斯（Espen Aarseth, 1997）就认为："宣称游戏与叙事没有区别是忽视了这两类事物的本质属性，虽然其区别不是很清晰的，而且有很多重要的重叠之处。"[①]

不同类型的网络游戏叙事的方式、复杂性、人物情节设置等方面差异很大。有的网络游戏故事只是一种背景性的展示，玩家在游戏过程中基本上体验不到游戏故事的进程，比如竞技类的游戏网络有很好的故事渲染，但玩家进入游戏后就会把游戏故事抛到脑后，专注于在游戏中打怪、捡宝、升级。在所有的网络游戏类型中，角色扮演类游戏的叙事性最强。玩家所扮演的角色通常在一定的场景中进行各种游戏活动。关萍萍以网络游戏《博德之门》和《魔兽世界》为例，对游戏叙事进行了对比研究。她发现，玩家在不同游戏中所进行的活动有相似之处，探索新世界、寻找宝

[①] Espen Aarseth（1997）. Cybertext: Perspectives on Ergodic Literature, Baltimore: John Hopkins University Press, p. 4. 转引自关萍萍《互动媒介论——电子游戏多重互动与叙事模式》，博士学位论文，浙江大学，2010年。

藏和秘密、与非玩家角色或其他玩家组队战斗、打怪兽获得经验值，最后战胜敌人获得胜利。玩游戏的乐趣正是"结果不重要，重要的是过程"。①关萍萍进一步指出玩家视角选择的多重性、偶然性和个性化以及在游戏过程中建构的"小叙事"取代了传统媒体的"宏大叙事"，凸显了"去中心化"的后现代叙事特征。关萍萍把游戏中的叙事分为三大类：线性叙事、非线性叙事和共时叙事。线性叙事是游戏中最接近于传统叙事的情节部分，叙事中的情节是由角色的行动、抉择或状态所构成，是超出玩家操控性的由电脑控制的情节部分。非线性叙事是在传统线性叙事的基础上，由玩家开创的新的叙事历程，其主题和中心是不确定的，叙事时间和空间是跳跃性和不连贯的。而共时叙事揭示的则是故事进展与动作同时发生，玩家掌控游戏情节的发展进程和发生顺序，跨越了游戏行为和叙事之间的界限。②

角色扮演是玩家情感体验的重要方式，而角色扮演要在游戏故事中展开和实现。塔尼娅·肖特（Tanya Short）通过简单界定角色扮演的定义很好地解释了游戏故事中的角色扮演如何更好地完成了情感互动。他认为，所谓的角色扮演，就是玩家把自己操作的角色当作表演或电影中的角色，在游戏世界中说话做事就好像游戏世界就是真实的。在游戏中，角色扮演玩家通常不会说"我只有10点命值了"，而可能会说"啊，我都快挂了"。而最简单的解释就是，角色扮演是一种"假装"。在《魔兽世界》中，当玩家的兽人角色高呼"为了部落！"时，他们就是在角色扮演。最极端的说法就是，角色扮演是一种合作即兴讲故事，有角色成长、剧情发展和故事高潮——一群玩家一起表演，当场记录，一次表演大概持续几个小时。③玩家的成就感、愉悦感、悲伤、内疚、羞愧、恐惧、愤怒等情感往往更好地在游戏故事中通过所扮演角色与游戏机制、情境和游戏结果进行互动而产生。而这些情感互动、情感体验能够帮助玩家进行自我实现和

---

① 关萍萍：《互动媒介论——电子游戏多重互动与叙事模式》，博士学位论文，浙江大学，2010年。

② 同上。

③ Tanya Short. Design Principles for Building Your Roleplay Community. http://www.gamasutra.com/blogs/TanyaShort/20130422/190170/Design_ Principles_ for_ Building_ Your_ Roleplay_ Community.php, 2014.08.07. 转引自《游戏邦》：阐述建设角色扮演类玩家社区的原则，http://gamerboom.com/archives/70872。

认同。

尽管网络游戏设计越来越注重游戏的故事性，玩家在谈论游戏的时候也会对游戏故事品头论足。但实际上，在访谈的过程中我们发现，玩家对游戏叙事或故事性的关注程度、沉浸程度以及参与游戏叙事的程度并不相同。同样，在网络游戏中，玩家在游戏故事中的情感体验和互动以及自我实现的程度也是有着较为明显的差异。就游戏类型而言，本研究所界定的五大类网络游戏，即角色扮演类、即时战略类、模拟经营类、休闲类、社交类中角色扮演类游戏最能引起玩家的故事性体验。就玩家类型而言，以巴特尔简单的四种玩家类型为例，即成就型玩家、探索型玩家、社交型玩家和杀手型玩家，探索型玩家更多关注游戏故事，也能获得相对更多的情感互动和体验。

根据我们的调查，为了便于讨论青少年玩家在网络游戏叙事中的情感互动和自我实现的行为和体验，我们把游戏叙事中的情感互动分为两大类，第一类是情境性情感互动体验，第二类是故事本体性情感互动体验。需要简单说明的是，情境性情感互动体验指的是，在游戏过程中玩家并不注重游戏故事本身，而是将大部分精力投入游戏任务、目标的达成，但是作为游戏背景出现的故事描述能帮助这类玩家沉浸游戏之中，更好地理解自己的角色，从而获得一定的自我认同。故事本体性情感互动体验指的是，在游戏过程中玩家花费很大精力追逐游戏故事，游戏行为贯穿于游戏叙事设计之中，体验游戏叙事的魅力，获得更多的情感体验和自我认同。

访谈中，我们发现多数竞技类游戏的玩家往往只把游戏故事当作进入游戏的文本引导，在游戏中基本将游戏故事当作背景性材料，很少顾及。但游戏故事脚本往往能加深他们对游戏的理解和自我感知。大部分这类玩家都对"你关注游戏故事及其进程吗？"这样的问题作出否定回答，多以"我不太看游戏情节的""我一般绕过故事，直接开黑（对战）"，但这部分玩家的游戏体验也会受到故事对游戏和个人体验的影响。

马克·菲利波维奇（Mark Filipowich）对游戏叙事有比较独到的看法，他认为电子（网络）游戏故事的核心是情境而非情节。在电子游戏叙述中，游戏情境（而非情节）才是真正的基础。叙述是情节、世界、角色、场景、环境、设置、对话交流以及任何能够影响玩家感觉或想法的机制系统的总和。游戏中的情节之所以不是很重要是因为在玩家影响情节前它并不存在。但是情境就不同了，它一直都存在于游戏中，并且在最优秀的游戏中，情节始终都保持着乐趣。大多数玩家之所以不能完成游戏并不是因为游戏太过复杂或者他们对游戏感到了厌烦,而是游戏呈现出了冗长且让人厌烦的情境,从而失去了对玩家的影响。问题在于游戏在最后只留下少量未经探索的场景,少量长期目标,以及少量无决断力的角色。角色所迈出的步伐越大,游戏情境就变得越发紧缩。① 很多玩家在回答游戏故事与情感体验之间关系的问题上,也有类似的表述。

  游戏都是有背景的。像英雄联盟是发生在一个虚拟的国度,瓦罗兰大陆。根据这个大陆发生了很多的事情。出现了很多事,才有了这个游戏的任务、这个游戏的角色。感觉很真实,就像自己发生过一样,有一张(种)归属感。(但是)进入游戏就变了,那些故事没在游戏里体现出来。什么都没有,连介绍都少得可怜,只是游戏了。(M13)

  我玩游戏(《剑灵》等)不注重故事,我只知道世界观,就是整个背景架构。比如剑灵是围绕秦义绝,一个女剑士的东方故事,我觉得人物挺震撼的,但我就知道秦义绝而已。还有《永恒之塔》,天族、魔族、龙族的历史纠纷。玩家都是那个种族的优秀展示,天降神力能打败其他种族。但我角色这类故事超浅。不过确实有一类人是疯狂迷恋故事背景的,我以前玩过永恒之塔,遇到一个变态,连随便一个NPC②,门口侍卫的故事他都知道。他就是故事党,为了看游戏背景,把所有的大小任务全部做完。一般玩家只做主线任务,或者比较重要的支线任务,很少有人全扫,因为奖励太少,只有真正的故事党会全部做掉。我真的不是个注重游戏背景故事的人,我唯一在意的是,背景故事会影响画面画风。(F14)

  地下城(《勇士与地下城》)基本上是属于打怪升级做任务的游戏,像打怪时从等级低的时候到等级高的时候,基本上有一个游戏背景流程。因为好多任务是强制有情节的,所以我会看看,不太走心,但总有些感受。有朋友挺关注剧情的,会听他们说起,然后,哦,原来是这么回事。(M10)

---

  ① Mark Filipowich(2013),转引自《游戏邦》《电子游戏故事的核心是情境而非情节》,http://gamerboom.com/archives/67475,2014-08-07。

  ② non-playable character,泛指一切游戏中不受玩家控制的角色。

游戏叙事中的情境性互动体验描述在访谈中经常能够遇到,这种体验能够给玩家带来潜意识层面的情感体验。比如M13在《英雄联盟》中所感受到的归属感是在读了游戏的介绍性文字并在游戏过程中体验而来。玩家F14尽管不是她自己所说的"故事党",但也能感受到游戏角色的震撼精神。而她所说的游戏中的"世界观"体验实际上是由游戏叙事支撑起来的。根据很多其他玩家的描述,网络游戏中的叙事是作为一种"强制性"的环节存在,即使不喜欢仔细阅读或体验游戏叙事的玩家也很难完全绕开游戏叙事。所以对于这类玩家来说,游戏叙事也不是可有可无的存在,而是作为游戏背景性材料,加深玩家对游戏所带来的情感互动的感受,而类似"归属感""世界观""震撼"的描述则揭示了游戏叙事给这些玩家带来的自我认同感,表明玩家借助这些情感体验沉浸到游戏的世界之中。另外,比较有意思的是,很多玩家(比如这里的F14、M10)在自我描述中往往会言及他们所接触到的其他玩家,认为其他人比自己更重视对网络游戏故事的体验。这种"第三人效果"能否证明实际上大部分玩家还是比较关注游戏中的叙事带给他们的体验?而那些沉浸于游戏叙事的玩家又有怎样的深刻体验?

TGRSTAFF游戏小组在谈论好游戏如何激发玩家的情感共鸣时以日本游戏Lost Odyssey(《失落的奥德赛》)为例,探讨了好游戏的叙事魅力。"Lost Odyssey的第一幕非常戏剧化,即游戏主角在那时经历了从冷漠到痛苦的情感变化。而随着他的记忆一点一点被揭露出来,我便开始慢慢同情起这个可怜的角色。在整个游戏过程中,我对主人公的态度发生了从不喜欢到理解的转变,这也正是我与这款游戏产生情感联系的原因所在。这款游戏仅是通过简单的文本叙述,便能让我真切地感受到主人公的悲惨命运,并因此而泪流满面。尽管在游戏这种视觉印象唱主角的媒介中,它使用的叙事方法多少有点落伍,但因为它让我真正受到了情感洗礼,所以我也无法再挑剔其他的瑕疵了。"[①]

玩家M21是一名大四男生,《九阴真经》的资深玩家,在多次访谈中表示"《九阴真经》带给我很多东西"。他基本上只玩这一款游戏,通过游戏认识了很多朋友,在游戏中举办了虚拟婚礼(下文详述)。因此他对

---

① TGRStaff(2009),转引自《游戏邦》《好游戏如何激发玩家的情感共鸣?》,http://gamerboom.com/archives/29969,2014-08-09。

《九阴真经》的游戏叙事带给他的情感体验、情感互动相当深刻。如同所有的大型网络游戏一样,《九阴真经》非常重视对游戏故事的描述和渲染。

《九阴真经》的故事背景取明朝初年,中原政权稳定,这个时期的江湖,不再仅仅是军队作战的附庸,武学得到空前崇尚,各门派林立、广招弟子,一个自由、鼎盛的江湖逐渐形成。

与江湖繁荣形成鲜明对比的是皇权的集中,帝王势力逐渐达到顶峰,东厂、锦衣卫设立,成为有别于旧江湖实力的新兴力量。明太祖朱元璋性格多疑,登基后正两兴大狱,诛杀功臣,为控制日益兴盛的江湖势力,暗自布下众多锦衣卫隐入江湖,搜集天下武学编撰《武定籍》。

随着太祖去世和朱棣夺位,《九阴真经》等武学秘籍因此流落江湖,一时间,江湖风波暗涌,各势力纷纷觊觎无上武学,一阵新的血雨腥风无可避免。与此同时不仅是传统武学发生了演变而为之精进,还涌现出了以专克中原武学的西域武学,及逆修任督的燕门密宗等诸多势力,自此绚烂多彩的明朝武林展开序幕。①

作为一款以中国武侠文化为背景的大型 MMORPG 网络游戏,《九阴真经》纳入了中国武侠的核心元素:"内外兼修的神奇武功、秀美壮观的古代山河、有情有义的江湖外传、正邪英雄的武林争霸。"《九阴真经》以其出色的叙事性吸引了众多青少年网络游戏玩家的关注。

《九阴真经》和小说一样,一个主线故事把整个游戏撑起来。相对小说,游戏更加人性化,这个故事挺棒的。玩这个游戏有种神圣感,或者说代入感、江湖感更贴切。因为这款游戏是以"真武侠"来做宣传的。每个人都会有一个武侠梦,然后参与这样的一个故事背景会给玩家一种身处江湖纷争中的感觉,把自己代入到这个武侠世界中。江湖,本来就是纷纷扰扰的,这样的游戏比较有趣味。我有一个

---

① 《九阴真经》论坛:《九阴真经游戏背景故事介绍》,http://9yin.tgbus.com/ziliao/14166.shtml,2014-08-10。

印象特别深刻的经历，那个剧情概括起来说是外敌入侵中原，八大门派联手御敌，因为八大门派分为正、邪、中立三个派系的，平时也是有纷争，但是这次外敌的入侵让八大门派联合起来，一起对抗外敌。这就有点像小说中什么金人入侵中原这样的情节了，记得当时做这个大剧情的时候，许多不玩的玩家都回归了，几百几千个人一起做一个任务，满屏幕都是人，大家都很激动。而且感觉那个剧情，官方做得很用心，之后的一些剧情，因为流失了大量玩家，大家做得热情都不高，也就没那么强的故事性。故事性强对玩家的忠诚度影响极其大。内外兼修的神奇武功、秀美壮观的古代山河、有情有义的江湖外传、正邪英雄的武林争霸……（M21）

图 3.4 《九阴真经》中的镇派事件

玩家 F2 是《剑侠情缘 3》的忠实拥趸，她对游戏叙事也有深刻的体验。

跟着游戏故事走是真的，但玩家不可能改变故事进程，游戏故事都是按照策划的剧情来的。虽然你可以跳跃一下，但万变不离其宗。说实话，在游戏里各种感受都有。里面的故事有喜有悲，碰到喜事或者打赢了，当然高兴，但也有难过的时候。我总觉得，当你打开地图之后，总感觉到自己只是一个普通人，没办法改变很多东西。比如，在看了安史之乱资料之后，我感受深刻，就是一种深深的无力感。我也不知道怎么说，或者说，人在历史事件中太渺小了，历史场面太宏大了，感觉不舒服。（F2）

玩家 M27 是有着两年工作经历的资深玩家，他对游戏叙事的认识和反思代表了成熟玩家的看法。

> 游戏的魅力就在于，里面的故事其实都是设计好的，但是可以给你一种亲身经历的错觉。我相信很多玩家都会在意《魔兽世界》的这种独特叙事。游戏更像是电影的进化形式，它的叙事结构啊、镜头风格什么的还是要参考成熟的电影工业。《魔兽世界》的代入感很强。里面有很多小角色，就普通人，身上的故事很动人。比如有个叫爱与家庭的任务，你会在一个非常危险的地方遇见一位隐居的老人，一步步完成他给的任务之后就会发现他的真实身份其实是白银之手骑士团的英雄，世界上最早的一批圣骑士，接着他会请求你去一个地方拿一件东西，你会发现那是他年轻时的全家福。接着你会去拯救他误入歧途的孩子，他却为了守护自己的信仰战死了。而老人本身也有传奇的经历，他隐居的原因也是为了不迷信权威，为了维护公平和自由。所以，史诗感很强吧？（M27）
>
> 我玩过一个小的网络游戏，冒险的。我扮演一个小人，从黑暗的隧道里面走过去，前面的都是未知的（世界），会碰到很多让人恐怖的东西，就像鬼屋一样，而且没有色彩，就黑白色。玩着玩着都不敢走下去了，但后来想想，一定要战胜恐惧，完成任务。后来好不容易走完了。虽然出了一身冷汗，但还是蛮佩服自己的。（F4）

《九阴真经》《剑侠情缘 3》等游戏非常注重故事情节设计，而游戏的故事性恰恰是构成游戏魅力的重要要素之一。F2、F4 都是年龄较小的女性玩家，游戏叙事可以帮助她们沉浸游戏之中，体验不同的情感。比如 F2 面对历史大叙事所体验到的无力感，F4 所体验到的恐惧感以及最终战胜恐惧的自我认同感。M21、M27 是成熟的男性玩家，善于总结个人游戏经历以及对游戏的深层认知。M21 对《九阴真经》中的侠义精神体会深刻，特别是他对亲身参与"镇派事件"的细节描写让人难忘。显而易见，他已经完全融入宏大的历史叙事之中，从中体验崇高情感。M27 详细描述了《魔兽世界》中"爱与家庭"的故事，游戏中的角色为信仰和自由而战，带给他深深的触动。

无论是情境性情感互动体验还是故事本体性情感互动体验，网络游戏叙事往往能够成为吸引并且帮助玩家完成游戏沉浸体验的重要要素。更重要的是，类似愉悦感、恐惧感、崇高感、神圣感的情感体验可以帮助玩家完成自我反省和自我认同。

三　游戏机制与认同

尤尔（2005）在给出游戏定义的时候，特别强调了游戏是一个"规则系统"，玩家追求游戏结果带来的价值，并因此产生情绪上的影响。玩家进入游戏，操作游戏的各种物理要素，包括游戏的画面设计、音效系统等。同时，游戏机制还包括游戏规则、游戏系统等，也增加了玩家情感互动和情感体验的机会。不管是角色扮演游戏还是一般网络游戏，包含所有游戏要素的游戏机制会对玩家的游戏体验产生影响。为了便于讨论，我们将游戏机制定义为游戏中的物理和规则要素。物理要素包括画面、音效、文字、影像等在内的数字系统；规则要素包括游戏的玩法、互动、奖惩、防作弊等等一系列游戏后台所制定的规则。玩家在游戏机制所设定的空间和框架内进行游玩，体会、遵循、违反或挑战游戏的机制，获得情感互动和自我认同的可能。

在访谈的参与者中，许多低年龄段的玩家，特别是初中生，喜欢在游戏中"刷"游戏，以装扮角色、练习动作、捡拾宝物、杀戮等活动为主，较少体会整体性体会游戏策略层面的内容。玩家在细碎的游戏行为中体验情感、追寻价值、获取认同感。

> 玩游戏就要爽，有时候就是为了发泄，游戏里的枪声、爆炸、凯旋时候的音乐都能给你刺激。每一局都不一样，打得好，就会给一个很炫的图标，然后捡到好武器，还有水晶、金币啥的，拿去购买新的武器。我会在游戏里欣赏自己的武器、获得超级武器的奖励是最爽的啦！比如因为打得好获得了一个大狙（狙击枪），真的会高兴一阵

子，就好像觉得自己真的有这样一把枪，去干掉恐怖分子一样。升级当然也很爽，看到排名高就觉得挺了不起的。而且最最牛叉的是，我拿自己不厉害的武器干掉很多恐怖分子。（M1）

我就喜欢玩简单的游戏，最好不要怎么练习就能上手。作业那么多，哪有时间练？在游戏地图里面东逛西逛，看看风景，拣点宝物。每局很短，想不玩了也容易出来，不会上瘾。我以前玩过《魔兽争霸》，刚开始被宣传片和故事吸引了，玩了几下，觉得随便打打怪，也挺刺激。但后来就不行了，真正打起来太复杂了，又没人带我练，后来就放弃了。（M3）

这个游戏（《天天酷跑》）挺蠢哒，嘻嘻，就是一直跑一直跑，避免死亡。每个人都怕死啊，为了避免死亡，我就会一直尝试一直尝试，游戏完了有奖励，然后可以升级角色。里面新出了一个挺帅的角色就特别想去做任务积累钻石啥的去买它……嘿嘿嘿（F6）

年龄较小的青少年玩家往往特别注重游戏细节元素带来的感受，具体的游戏操作，游戏中的小物品往往也能引起他们的关注，简单操作游戏或者获得物品就能让他们心满意足，获得强烈的愉悦感和成就感。年龄较长的玩家更多注重对游戏整体技术参数和性能的体验，这种情感互动和自我认同更加强烈。

《魔兽世界》里面的音效特别好，一听到我就热血沸腾。它里面有主题音乐、背景音乐、主城音乐、环境音乐、片段音乐，还有其他很多。它的人物、地图、风景做得都很棒。我其实就是个风景党、剧情党，在里面欣赏风景，做做任务，走走剧情。我觉得好游戏就像一个大熔炉，有最好的音乐、地图、场景。这个魔幻世界经过整整10年的构建，已经是实现了优雅和粗犷的和谐共存了。世界主体就是两大阵营：部落和联盟，部落的领地大部分是很野性的，联盟的看上去就"文明"一点。在玩游戏的同时，你会感受到游戏的魅力，虽然你只是玩、欣赏，但总觉得自己就在那个世界，甚至参与创造了那个世界。（M15）

"剑三"（《剑侠情缘3》）最吸引我的地方是风景，里面的场景很美，有各种各样的景点可以逛，有些好友玩家也会拉我去看风景聊聊天，我加入的是一个叫"七秀"的门派，现在已经90满级了。而且自己可以做场景，我觉得这太了不起了，可以捏脸，可以打扮自己，完全有自己打拼的感觉。我收藏了很多自己做过的场景还有角色脸谱，这算是给未来自己留的一个纪念吧。玩这个游戏不仅仅是玩，还能学会欣赏，欣赏风景，自己的作品，同时觉得自己审美还行，也欣赏自己啦！(F8)

图 3.5 玩家 F8 收藏的游戏场景

M15 有八年的《魔兽世界》游玩经历，他在游戏的过程中逐渐学会了体味游戏中的音乐、地图、场景等游戏物理机制带来的愉悦感和神圣感，并且陶醉其中。作为已经游戏满级的玩家，F8 依然没有离开她喜欢的游戏，而是把游戏物理机制作为审美和精神栖息的空间。

不同年龄和性别的玩家都在一定程度上表露了他们对游戏物理机制的关注，并且都能从日常的琐碎游戏任务或者刻意为之的收藏等喜好中获取更多的乐趣。愉悦感、成就感以及审美活动等积极性的情感能够带来玩家对游戏更强的黏性和更深入的沉浸感。与游戏物理机制的互动能帮助玩家认识到自己的价值和能力，从而获得更多的自我认同。

网络游戏是多人参与的游戏，种类繁多的规则则是网络游戏核心机制所在。规则既是对玩家的约束，也是确定游戏平等精神的保障。不同类型的规则相互勾连共同为网络游戏的仿真性提供了内在逻辑。青少年玩家在游戏过程中时时、处处受到网络游戏规则的制约,体验规则的影响力,同时也依据规则展开与互动。

从本质上来说,游戏规则是基于契约和理性精神制定的,但玩家对规则的具体理解千差万别。规则与游戏行为的碰撞会带来不同的情感体验。角色扮演机制、社交机制、互动机制、难度机制、玩法机制、竞争机制、团队机制、帮助机制、馈赠机制等等在不同的层面有不同的游戏机制,这些规则性机制是让整体内容运行起来的游戏玩法和系统。游戏设计师 Danc 以《三重小镇》(Triple Town)游戏为例来探讨游戏基本情感及诱发条件。他发现,当玩家创造出美丽城市、截屏并吹嘘能带来强烈的自豪感。玩家想要知道下个道具是什么样子,因此去努力获得城堡,这个过程会产生强烈的好奇心。当玩家开始对远程传送的忍者表示不耐烦会产生厌恶的情感。即使它们没有攻击玩家,但会阻碍玩家的计划。首次杀死小熊时玩家会感到轻微的悲伤,然后玩家会开始学习如何抑制这种情绪,这也导致悲伤和同情心的产生。因为运气不好,玩家在错误的时间被分配了错误的道具,这时候玩家就会表现出愤怒的情感。当玩家发现他的好友比自己表现突出,这个玩家会产生嫉妒心理,同时增强竞争的欲望。当在游戏中已经耗尽时间,拖了队友后腿会产生绝望和内疚的情感。当板块开始填满,玩家的一个神奇移动,令版图出现新的细长地带,让你能够重新进行操作,会让玩家产生一丝宽慰和重生的勇气。一般来说,任何一款游戏都能激起这些基本的情感。唐克(Danc)认为 Triple Town 游戏的核心机制能给玩家带来自豪感和成就感。① 无处不在、难以计数的规则性机制为玩家的游戏行为带来情感体验和互动。一种玩法会创造一定的情感体验。唐克所做的描绘性研究从普遍意义上勾勒了玩家在游戏中与游戏机制互动所产生的基本情感体验。他从设计师的角度审视了游戏机制作为情感互动产生的关键性诱发作用。

网络游戏最重要的是你可以在里面随意选你喜欢的角色,很多人喜欢做主攻,我就喜欢打辅助。辅助也很重要啊,也可以做出贡献。

---

① Danc(2011),转引自《游戏邦》《以〈Triple Town〉论述游戏基本情感及其诱发条件》,http://gamerboom.com/archives/39972,2014-08-10。

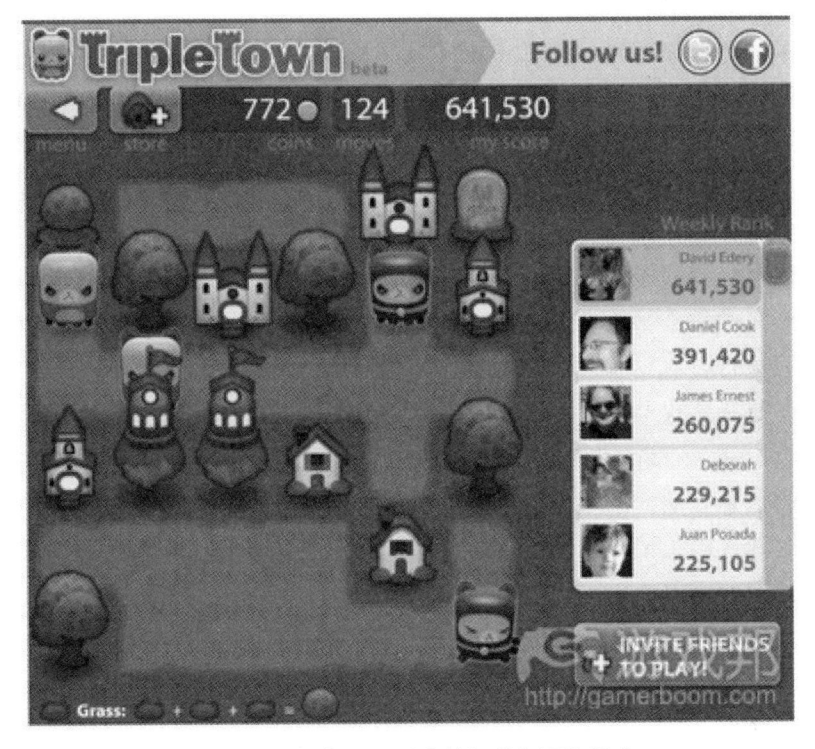

图 3.6　网页版《三重小镇》益智网络游戏

好几次赢我都起到蛮关键的作用。(M3)

　　游戏跟现实相比，它能帮你实现你想要的东西。比如交朋友啦，取得高分啦。你成绩考不过同学，可是你游戏比他玩得好。游戏里很好玩的就是你很自由，随便扮演什么角色，随便"开黑"，随便找谁单挑或者组队。看不顺眼，还可以"坑队友"。当然你也可能被人家"坑"，那就郁闷了。在游戏里面你就得守规矩，否则服务器会踢你，别人也会骂你，不跟你玩。我有一次被人盗号，火死了。后来去申诉，居然找回来了，失而复得太幸福了！真感谢后台服务啊。(M10)

　　我特别不喜欢那些嘚瑟的土豪，有几个臭钱有啥了不起，就知道花钱购买装备，有本事自己打出来啊！其实他们这样也是中了游戏开发商的计，你买得越多人家越开心啊。我都是遵守规矩，一步步打装备，我觉得这样才算自己的本事，我才不拼爹呢。(F5)

　　遵守网络游戏中的规则机制往往能给玩家带来积极的情感体验，比如玩家 F5 所强调的"真本事""不拼爹",带给她深刻的自豪感和成就感。M10 描述了网络游戏中角色扮演自由、互动自由带来的自我释放的感觉以及利用游戏规则去坑害看不顺眼的其他玩家,获得短暂的报复感。M3 在游戏中甘做配角也能实现自己的价值。

规则性游戏机制与物理机制一起构成了网络游戏的基本框架,玩家游戏行为都在这一大的框架中进行。玩家的积极情感自豪感、成就感、愉悦感等以及一些愤怒、报复、羞愧等消极情感都在与这一框架的互动碰撞中产生。其中积极情感有助于建立自我意识和自我认同;而消极情感也有助于玩家进行自我反省,建立重塑自我认同的可能性。

本节从游戏角色、游戏叙事、游戏机制三个方面探讨了青少年玩家通过角色扮演,解读游戏故事,处理游戏机制行为完成个体与游戏整体符号系统的情感互动,产生积极或消极的情感体验。积极的情感体验帮助玩家获得自我认同,消极的情感互动有助于玩家进行自我反省,从而寻求重塑自我认同的可能。

第二节 个人认同

"个人认同"是陈坤虎(2005)结合埃里克森(Erikson, E.H.)界定自我认同概念的取向更精确地提出自我认同所包含的三个部分的第一个方面。他认为,个人认同是反映个体内在的心理倾向,比如价值体系、生涯目标等。Chickering 和 Reisser(1993)在研究大学阶段的青少年自我认同的问题时,提出了七个向度来进行讨论。其中包括情绪处理、目标设定两个方面。情绪处理指的是从情绪与行为不一致发展为适当的表达及整合感受与行动;目标设定指的是厘清个人兴趣、对家人有承诺等。[①] 林雅容(2009)在讨论青少年晚期者(18—22 岁)自我认同时也发现了玩家目标任务设定以及情绪处理对青少年自我认同产生影响的证据。本节参考埃里克森、吉克林和赖塞尔、陈坤虎、林雅容等人的研究从玩家任务目标设定、情绪处理两方面探讨情感互动与自我认同的关系。

[①] 林雅容:《自我认同形塑之初探:青少年、角色扮演与线上游戏》,《资讯社会研究》2009 年第 1 期。

一 任务目标与个人认同

所有游戏都有四个决定性特征：目标、规则、反馈系统和自愿参与。目标指的是玩家努力达成的具体结果，游戏目标吸引了玩家的注意力，不断调整他们的参与度，为玩家提供了目的感（sense of purpose）。① 游戏设计以及游戏机制为玩家设定了一些目标，同时玩家自身选择某一个游戏也有一定的目标性。林等人（2011）考察了MMORPG游戏玩家价值目标、游戏特征和游戏结果之间的关系。他们采用了市场营销学中的"方法目的链"（MECs）模型作为理论基础，同时采用"柔性抽丝法"、内容分析法作为深度访谈工具。研究发现角色扮演、界面互动、多人游戏、独立游戏、虚拟宠物是游戏玩家注重的游戏特征。而增加互动、获得愉悦、提高效率、虚幻满足、获得胜利、新奇保证、增加财富、减轻压力则是玩家追求的游戏目的。游戏玩家追求的价值目标包括愉悦、成就感、与他人的温暖关系、归属感、安全感。② 林所列出的价值目标较为复杂，包括我们在后文探讨的基于社会认同和群体认同层面的目标。在这里我们先简单讨论青少年玩家在网络游戏中所面对、规划和实现的一般游戏目标。

> 会给自己设定一些目标，完成不了就会觉得少了点什么，心里一直会记得这件事件。完成就会很开心，很满足。（M6）
>
> 肯定会有目标的，不能一直都在游戏里当菜鸟吧，不能永远只停留在一个阶段，都想往高分打，高手才会受人尊敬。（M9）
>
> 我在游戏中是有规划的。比如我和我女朋友一起玩《神武》，我们前两天的目标就是要买一套房子。然后呢，就去进行一项叫"捉鬼"的活动，因为这个活动会有几率获得高价值的古董，结果我抓了10轮（10只鬼一轮）都没有获得古董，那么我就要很久才可以攒下钱买房子，我就伐（不）开心。也很期待早日抓够鬼。（M15）
>
> 会设定目标啊，每天完成多少任务，完成了目标就比较舒心。没

---

① ［美］简·麦格尼格尔：《游戏改变世界：游戏如何让现实变得更美好》，闾佳译，浙江人民出版社2012年版，第21页。

② Yu-Ling Lin, Hong-Wen Lin. A study on the goal value for massively multiplayer online role-playing games players. Computers in Human Behavior, 27（2011）：2153-2160.

完成也没办法，娱乐嘛。(F13)

访谈中大部分玩家都表示网络游戏中会设定一定的目标，完成目标会有强烈的愉悦感和满足感。但是也有一些玩家表示游戏就是简单地娱乐，没有刻意设定具体的目标。

没什么概念，有个大致的方向是要去打本的，但我最近发现我智商和网速都不够，就放弃了。决定做做日常任务就差不多了。没有什么开不开心，当作消遣了。(F10)

初期玩游戏时，基本都会给自己目标，也不算目标，就是想排名更前点，装备好点，满足下自己的虚荣心吧。要是看冲分无望，自己会有点不开心，然后重新换号。要是还是不行，就继续换号。现在的话，基本就是娱乐，分数也不太看重，就是玩的一个开心。(M27)

有时候会定（目标），有时候不一定会。比如 LOL（《英雄联盟》）每个赛季前希望达到什么段位会努力去打分数，达不到会不开心。有时候输了就想再打一定要赢一局。有时候也没什么要求，只是随便玩玩。(M20)

目标或者目标感在不同年龄段和不同性别的玩家身上总体体现较为模糊。年龄、性别、游戏类型对玩家的游戏目标设定影响并不大。在有明确目标设定的玩家中，M15 最为典型，他的游戏愉悦感和对自己的肯定多数集中于完成游戏目标这一点上。这也凸显了在着重设定和实现游戏目标的玩家群体中，游戏目标价值成为推动游戏行为重要的动力来源，也是自我认同的途径之一。即使在没有固定游戏目标的 M20、M27 身上也能看出游戏目标对他们游戏行为和自我认同的影响。特别是有些玩家（比如 M27）在对比早期和现在的游戏经验时也体现游戏目标设定变动不居的特征。因此，在不同的性别、年龄段的玩家身上我们大多能看到他们游戏目标设定的自我要求以及完成游戏目标的内在动力。同时，显而易见地呈现出愉悦感、成就感对游戏目标的影响。最为明显的是 M9 渴望通过自己的努力获得更高的积分、排位，摆脱"菜鸟"的身份，成为受人尊敬的"高手"。这种成名的想象往往会成为青少年玩家沉浸游戏或者游戏上瘾的重要原因。而目标的实现就意味着自我价值和认同的实现。

二 情绪[①]处理与个人认同

生理和心理成长中的青少年玩家情感和情绪总体上处于复杂、变动、成长的动态过程中。对情绪的处理显然在青少年对自我的接纳和认同中占据重要的位置。在网络游戏开放、互动、身体缺场的情境中,玩家得以更真实地体验和表达情绪,不用过多顾忌现实中他人的感受。玩家在有游戏情境、游戏自身、其他玩家以及社区、团队的互动过程中,会产生短暂的个体化的情绪体验,处理情绪的意识、能力与结果也会发射到玩家主体,产生对自我的正面性或负面性评价。玩家可以将这种情绪处理的经验纳入对自我的认知和认同。

游戏心理学家布莱恩·萨顿史密斯(Brian Sutton Smith)就说过:"玩的对立面不是工作,而是抑郁。"游戏让玩家开心,因为它是玩家主动选择要从事的艰苦工作。根据临床定义,当我们情绪低落时,缺乏信心的悲观感和缺乏活动力的沮丧都在折磨着我们。在游戏中,我们积极乐观地做着一件自己擅长并享受的事情。在玩精彩游戏的时候,我们主动朝着情感频谱的积极一端前进。我们紧张地投入其中,而这恰恰是产生各类积极情绪和体验的正确心态和身体状况。玩游戏充分激活了与快乐相关的所有神经系统和生理系统——我们的注意力系统、激励中心、动机系统以及情绪和记忆中心。[②] 正如麦格尼格尔所乐观期待的,青少年玩家在游戏中大多都能体验到正面的情绪。

---

① 情绪与情感是一对边界较为模糊的概念。有些学者认为情绪是情感的延伸,另一方则认为情绪不从属于情感。在国内出版的一些译著中翻译也较为混乱,emotion 一词有的被译成情感,有的被译成情绪。甚至在《心理学大辞典》中没有对"情感"词条的解释,这对一些研究造成了一定的困惑。有观点认为,情感是指对行为目标目的的生理评价反应,而情绪是指对行为过程的生理评价反应。实际上,仅就网络游戏中的青少年玩家而言,以这种方法区分情绪和情感也是无法搞清楚问题本质。因此本研究淡化处理两个概念之间的差异,采取较为模糊的手法来探讨青少年玩家在游戏中的具体情绪。

② [美]简·麦格尼格尔:《游戏改变世界:游戏如何让现实变得更美好》,闾佳译,浙江人民出版社 2012 年版,第 28—29 页。

（玩）游戏图得就是爽，（如果）你在现实里面被父母管，被同学看不起，你爽吗？我在游戏里面可以把最厉害的对手爆头！至少这时候我是最厉害的。而且爆头完了，觉得有发泄的感觉。有人不服的话有种来单挑。而且游戏里面比较爽的是可以骂人，随便怎么骂。当然我一般不轻易骂人，除非太过分。（M1）

干掉 BOSS 的时候，我觉得整个人很亢奋。你知道吗？那种浑身起鸡皮疙瘩的感觉。好像整个世界都是我的。通道里面有人给你撒花、鼓掌，甚至还夸张地说要嫁给你，谁知道 ta 是男的还是女的，哈哈。就是觉得自己特有魅力。（M3）

特别是低龄青少年玩家在被问到游戏时的情绪体验时，他们普遍感受到游戏给个体带来的身体亢奋、激情以及久久不能平静的激动心情。成就感、自豪感帮助他们树立信心，找回自信。

但实际上，就情绪处理问题而言，对于青少年玩家的个人认同层面的自我认同帮助最大的还是对负面情绪的处理。因为正面情绪并不需要太多的个人处置，就能产生积极的心理和情感体验，获得更多的积极评价，容易上升为直接的个人自我认同。而消极情绪，比如悲伤、失落感、沮丧、焦虑、内疚、羞愧等负面情绪、情感往往会带来自我反省。失败的反省往往造成消极情绪的叠加，影响个人层面的自我认同的建构。

说实话，我觉得自己还是有点情绪化的，现实生活中是这样，因为自己成绩不算好嘛，老妈整天唠叨。在游戏里面，总想跟别人去争东西，我有时候会偷袭别人，虽然觉得不那么光彩，但能胜利也是一种安慰。所以，我觉得我情绪调整得不算好。（M2）

虽然在网上玩游戏，但我还是喜欢一个人玩，我不太喜欢去猜别人的心思，我自己觉得玩得开心就行，要是一味迎合别人多累啊。（F12）

我觉得自己玩游戏容易暴躁，游戏里面遇上事情很容易影响现实情绪，蔓延到现实生活。而且游戏玩多了，比较没耐心。有时候吧，暴躁起来会觉得自己很蠢，为了虚拟的东西影响生活，值得吗？不玩游戏一段时间就会好起来，平静下来。（F14）

某一局输了是很郁闷，太郁闷就删游戏，过阵子心情好了可能会重装起来。刚开始可能太纠结结果,往后就当是消遣什么都无所谓了。平时有时心情不好玩玩游戏也能让心情稍微好点的。有时候游戏里可能模拟一些现实场景,对控制情绪还是有帮助的。有一次我被盗了很多游戏金币,一开始很郁闷。后来想,反正钱丢了都能挣回来,安慰自己,后来就淡定了。(M20)

在游戏里遇到比较坑的队友,就会特别无语。然后因为他坑,就会骂他。但发现身边这些人就很淡定,就发现自己还算暴躁的。(F9)

我跟别人打本,自己智商不够有被团长嫌弃,有点不好意思。不过退了队就好了,找别的玩。我挺那啥的,没有什么好胜心,感觉做不到就算了。(F10)

有时候队友不给力输了,就会责骂队友之类的。会生气,沮丧的。不过也就一阵子,也许这盘输了,说不打了,过一段时间就当没发生过,继续玩。主要是看自己心态,游戏厉害的,反而会看的重,会自己去琢磨,反思。我们差点的,就无所谓了,娱乐而已。(M27)

游戏里的情绪很容易发泄,比如被人揍了,心里不舒服,那就找个更弱的虐,然后心里就平衡了,再不济,关了游戏回到现实中,就不会这么容易被游戏的情绪化影响到现实了。(M21)

不好的情绪我一般都是通过和他人的对比产生的,像YSY(玩家的女朋友)抓一轮鬼都会有两个古董,而我呢……就……不过我的情绪比较轻啦,只是吐槽而已。玩一些高强度,有竞技色彩的,那就情绪很暴烈了,会喷一起游戏的对手,甚至波及无辜的旁人。我以前打单机游戏的时候,我女朋友打个电话来我都觉得她烦的,真实惭愧啊!(M15)

玩家普遍都坦陈自己在游戏中将不好的情绪发泄出来。M2在受到现实和虚拟沮丧情绪的双重夹击时表现出较为焦虑的情感。而他试图通过在游戏中获得好的表现,哪怕是不择手段而获得一定的自我安慰。F12作为比较大龄的女玩家则看清了游戏的愉悦本质,重在强调自我感受,不曲意迎合其他玩家,表现出相当的独立性和自我认同。F9、F14也充分表达了类似的情感,特别是对自己"暴躁"倾向的揭露,展示了一定的情绪反思能力。说到反思意愿和能力,M15的经历最为典型。他对过往对女朋友无意中打扰自己玩游戏而不耐烦的心态做了深刻反省，表达深深的愧疚。这种愧疚感往往有助于其反思自己的情绪、心态和行为。M20、M27均是大龄的男性青少年玩家，经过数年的游戏经历和情感体验，对于因游戏得失而带来的情绪变化有了更成熟的处理方式，变得更加"淡定"，能从游戏的娱乐本质出发获取更多的积极情绪体验，寻找快乐，探求自我。

网络游戏中的情绪往往是短暂的、情境的，有着较高的烈度。大部分玩家能在网络游戏带来的激情渲染下加深游戏沉浸感，获得沉浸感、自豪感、愉悦感等正面情感，直接强化个体层面的自我认同。但也有不少玩家表示他们会以喷垃圾话、摔打键盘、删除游戏、拉黑队友等行为来发泄消极情绪，这些处理方式多发生在年龄较小的男性玩家身上。而一些女性青少年玩家和大龄男性青少年玩家通过长期的自我反思，往往能够较好地处理和化解负面情绪，以争取获得更多的积极情绪体验。他们通过不断地敦促自己在网络游戏中寻求更多的积极情绪体验以及尽可能减少或消除消极情绪体验来更全面地通过情绪、情感认识自我，塑造个体层面的自我认同。

青少年玩家作为能动的主体（agent），借由个体设定游戏中的价值目标以及情绪在游戏中的自由散发，主我（I）对客我（me）进行情感性反思消除身份焦虑的边缘状态，以期找到适合的想象和预期的自我定位。大部分玩家都在一定程度上通过目标的实现接受自己，即使在目标未达成或情绪控制一时失当，也能通过长时间的反省和调整来矫正和接纳自己。

实际上，即便是在个人认同的层面，玩家也是借由作为客体的目标实现和情绪处理这样主我与客我的互动来实现。其中，目标实现会伴生大量的情感体验，而情绪处理则直接与情感互动有关。

第三节　集体认同与情感

在今天，互联网早已不仅仅是一个通信工具，而更是一个充满温情的社会空间。随便进入一个网站，在虚拟社区中，人们都能遇到大量的基于共同兴趣和爱好的社会群体和组织。网络空间的群体和组织以"趣缘"为基础聚集着有相同兴趣的网络族。[①] 网络游戏的本质和功能就在虚拟空

---

① 黄少华、陈文江：《重塑自我的游戏：网络空间的人际交往》，兰州大学出版社2002年版，第291页。

间构造了无数这样的群体和组织。网络游戏是许多玩家一起行动的活动，游戏的复杂性要求越来越多不同类型的玩家一起执行某种任务，达成某个目标。游戏玩家除了自己花时间玩游戏，还要花费一些精力参加一些与游戏相关的活动，比如传统的网络游戏中玩家要研究地下城、计算数值、召集队友、开小会，甚至提供零食。现在的一些玩家要熟知关卡、牢记地图、练装备、研究行动模式、精通系统武器属性，可能还有更为繁重的经营公会或战队的任务。网络游戏强调协力合作，为群体做出贡献。当玩家在复杂任务中承担起个人的职责，或是在合作游戏中保护朋友性命的时候，玩家总是倍感满足，因为他们知道要在集体行动中发挥独特而重要的作用。[1]

青少年玩家从开始网络游戏的那一刻起，出于各种主客观原因都或多或少在寻求集体的归属和认同。我们将从归属感、胜任感、整合感三个方面来讨论三种情感给青少年玩家带来的集体认同。

一 归属感与集体认同

现实世界中的社会个体在社会化的过程中往往会在家庭、邻里、社区、同侪等初级群体中寻求认同和归属感，以便使得个人的社会性成长获得一种根基感和情感支持。反过来，这些初级群体也能从情感互动的角度为社会个体提供情感支持和集体认同。实际上，网络社区也具有这样的功能。研究表明，不管是强联系还是弱联系中的社会个体都能获得在线支持。大量案例表明，虚拟社区最被期待的结果之一就是在必要时利用在线联系获得情感和社会支持。在线社会支持会衍生出专属它自己的社区和环境，其目的就是为人们提供同情、建议和帮助。[2] 虚拟社区网络空间搭建了一个新的群体性归属地，为网民提供精神和情感归属的家园。

归属是马斯洛需求层次理论中较为高级的需求层次。关于归属，马斯洛也没有给出具体的定义。他只是描述性地告诉我们，归属是一个常见的主体。工业化社会引起的频繁迁徙，漫无目标、流动性过大给儿童身心带

---

[1] [美] 简·麦格尼格尔：《游戏改变世界：游戏如何让现实变得更美好》，闾佳译，浙江人民出版社2012年版，第31页。

[2] [英] 亚当·乔伊森：《网络行为心理学：虚拟世界与真实生活》，任衍具、魏玲译，中国商务出版社2010年版，第150—151页。

来的严重损害。儿童们变得没有根基或蔑视自己的根基，蔑视自己的出身、自己所在的团体。我们还低估了邻里、乡土、族系、同类、同阶层、同伙、熟人同事等种种关系所具有的深刻意义。我们根深蒂固地要成群结队、要入伙，要有所归属的动物本能。① 很显然，归属不仅是社会个体的一种本能性需要，归属和归属群体能给他们带来更具体的集体认同，而这种集体认同经过社会个体的自我反射能形成真实富有情感互动的自我认同。

网络游戏中加入公会、战队的行为往往给青少年玩家提供了寻求集体归属的可能和机会。游戏专家 Mike Rose（2012）以自己的《反恐精英》游戏体验探讨了游戏公会这种玩家组织帮助玩家建立情感联系的重要性。

> 我之所以开始玩这款游戏，是想融入室友的社交圈中。我的两名大学室友隔天晚上都要打 CS，我可以听到他们的谈话，知道他们玩得很开心。而我却错失了什么，我想加入他们。在这段时间内，玩家们可以互相交谈，可以是文本的也可以是语音的。你可能会以为大家会趁机骂脏话、乱发邮件和发脾气，但真实情况恰恰相反。CS 圈中的默认文化使绝大多数玩家彼此交流的方式——我敢说，是非常友好的，无论是竞技的对话，还是善意的玩笑。
>
> 在我的大学时代，我和一个朋友打算建立一个 CSS 的"家族"，给我们的名字穿上统一"马甲"，好将我们自己与其他人区别开来。正是在公会中，CS 的社交活动热闹起来。许多玩家会搜索他们的服务器列表，一个接一个地试服务器，直到找到适合他们的。当你成为公会的一分子，你就很难放弃那种联系了。所有人都"认识"其他人。因为在游戏会公告"玩家×××加入本服"时，文字聊天就开始出现玩家期待他们了解的竞争者加入这样的信息。当有人占据食物链的最顶端，一个公会传说就诞生了。在其他玩家的眼中，你确实有可能成某类英雄。之后你开始看到，当公会成员挂掉后，他们就开始讨论自己的现实生活。大家开始真正地关心彼此，谁谁谁来自哪里、靠什么谋生等等。
>
> 公会最伟大的一方面是文化多样性——你很难相信来自世界各地

---

① [美] A. H. 马斯洛：《动机与人格》，许金声等译，华夏出版社 1987 年版，第 50 页。

的人可以如此轻松地欢声笑语、相互陪伴。我的家族中有英国人、德国人、波兰人、荷兰人和许多欧洲国家的人。所有人都讲英语，所有人都尊重各自的文化、差异和习惯。用感人一点的词来说就是，我们是一家人。我们知道谁能做什么，我们尊重每个人的能力。

在我和队友一起游戏的日子里，我学到了人生中重要的两课。第一课是，我们组成了一个公会，我们成了他人要打败的对象，以及能够共度美好时光的玩伴。我喜欢这么想，正是因为和这些人一起游戏，我在现实生活中才变得更加友好，才学到了真正的社交技能。从玩 CS 的日子中我学到的另一课，也是让我感到自豪的是，我成了一个能让别人生活得更好的人。①

罗斯以虚拟民族志的方式白描他加入 CS 网络游戏的动机和过程以及在自创的 CS 公会中的集体交往、情感互动及集体认同体验。罗斯以明确的集体交往动机加入游戏群体，认知集体内同侪互动方式，体验情感互动。借由情感互动发现了游戏空间中玩家群体中默认的文化形式，这种文化形式带给他单向认同的意愿，他渴望加入这样的积极情感互动的集体。在这样的情感内驱力的引导下，罗斯发起建立了游戏公会，游戏公会帮助加入者实现频繁互动的同时寻找本公会和其他公会玩家的区别，达到初步自我认同的目的。在公会的日常互动中，每位公会成员开始结成友好的关系，开始互相关心，增强公会的凝聚力。公会的虚拟生活让其中的每个玩家都在愉快的氛围中体验到不同文化的差异并相互尊重。在公会的日常任务中，玩家结成了团队，共同对付其他公会或团队，度过美好时光并清晰地划出"我们"与"他们"的界限。更让罗斯感到自豪的是，在团队中他成为一个对别人有用的人（在下一节我们将讨论玩家个体借助"胜任感"来实现集体认同）。罗斯对游戏公会内部互动和情感互动的白描展示了玩家如何通过积极的行动来获取个体对集体的归属。从渴望加入同侪（室友）的圈子，初步领略游戏集体沉默文化的魅力，到主动建立公会扩

---

① Mike Rose. Opinion：Counter Strike：A true social game, http://www.gamasutra.com/view/news/175540/Opinion_ Counter_ Strike_ _ A_ true_ social_ game.php. 转引自《游戏邦》，《建立玩家情感联系，〈反恐精英〉更具社交性》，http://gamerboom.com/archives/58434, 2014-08-15。

大交往范围，到收获人生愉悦体验，类似罗斯这样的普通玩家通过情感性互动逐渐找到"我""他人""我们""他们"之间的相同或相异点。

实际上，我们前面所讲的游戏玩家与游戏角色、游戏叙事、游戏机制等的情感性互动更多的是玩家单向的情感体验，角色、叙事、机制等游戏要素是情感互动的客体，是一种背景性存在，玩家通过能动性的阅读、观察、使用等行为来获得情感体验。这种情感互动是一种较为初级的情感互动。而游戏玩家与玩家、玩家与集体（公会、战队）之间的互动往往真正进入情感互动的情境。诺尔曼·丹森将情感互动分为六大范畴，特别是前五大范畴，即共同性、伙伴感、感染性、同一性、共享性表明情感主体在情感互动中对情感的共享、移情、同情等较为直接的联系。玩家在公会这样的集体组织中完全能够实现丹森较为狭义上的情感互动事实。以上五大范畴在游戏组织集体内的体现较为明显。玩家在公会等组织中可以寻求友谊、爱与被爱、伙伴情感支持，更可能达到情感感染、情感同一、情感共享。这种情感的互动互赖可以以一种温和的方式来帮助身处其中的玩家体验积极情感，进而实现对集体的归属和认同。

> 我一般都会选择加入一个公会。如果我对那个游戏很有激情，那我也会活跃，就有归属感，觉得自己就是其中的一分子。如果只是时不时上去随便玩玩，那我可能基本不会跟公会里的人互动，就谈不上归属感。(M12)

> 以前玩《九阴真经》的时候，那里面叫作帮会吧？刚进入的时候等级很低，也没什么装备，而且，游戏中有个PVP（玩家对玩家）的成分，那时候的技术也不太好，帮会的帮战啊什么也没什么存在感。后来有了一定实力之后在团队中就很有参与感了。(M16)

> 我一开始就加入帮会的。九阴（《九阴真经》）中有很多大大小小的帮会，帮户之间也会有纷争，小帮会如果惹上麻烦就很难生存。这就会有两个帮会联盟的情况，但成员比较属于不同的帮会，仍然有诸多不便，所以会谈到帮会合并。但两边人都不愿意离开自己帮会去另一个帮会，即使两边人都非常熟悉。最后一般都是不了了之。或者重建一个帮会，两边人一起进帮会，但是这样的情况还是比较少，一般会在自己公会待的久了就会非常有归属感，就算一个帮会只剩下最后一个在线的人也不会走。(M21)

我们帮会里有一个人从来没参与过帮会的活动,从来没有和我们有过交流,他就一个人默默地玩游戏,但是他从来没有退出帮会。我们大家都很清楚有这么一个人的存在,同时有新成员加入,我们也一样会把他介绍出去,他的沉默也是另外一种特色的性格。有一次他说了一句话,然后我们震惊了,每个人都叽叽喳喳跟他说东西,这种感觉就像是认识了很久,但是有一段时间没见面的朋友。我们都很吃惊,沉默王子居然还会说话,第一次看到他说话唉。(M25)

我们公会有很多沟通方式,除了游戏里面的,还有QQ群、微信群。我们经常在群里聊技法、攻略,当然了还有八卦,真的像一个大家庭。即使你现实中碰到不开心的事也能说出来,大家一起帮你出主意。因为很多玩家都在一个城市,我们偶尔也会出来吃吃饭、唱唱歌啥的。有一次一个玩家生病了没来,我们还去看她呢。感动吧?(F17)

图 3.7　玩家 M21 加入的《九阴真经》游戏帮会

玩家一旦加入公会,归属感就可能会随之而来,并形成长久的情感联系。M12、M16将自己对游戏社区的归属感与自己的游戏激情及游戏水平结合起来,展示了归属感一定的随机性和个体性。成就感、身份和地位会带来对集体归属的主动性。这也是一种积极情感与归属感的对接方式。M21描述了帮会合并带给双方阵营的困惑和艰难抉择,实际上也折射了玩家对己方公会的情感依存。M25描写了一个看似非常特殊的案例——公会里一个从来不与其他人交流的玩家。但公会并没有切断与他的联系，甚至在各种仪式化的行为中频频展示他的存在。而"沉默王子"的突然开口一时间打破了公会的宁静。很显然，"沉默王子"并不是普特南所说的尽量避免参与集体行动而独自打保龄的人。这似乎与罗斯所描绘的网络游戏中的沉默文化有着关联。由于性格、性别等因素，一些平时不爱言谈的玩家往往在嘈杂的公会环境中保持沉默，但却一直关注公会的活动。比如F14也谈到，"同城的玩家搞过几次聚会，邀请我都被我拒绝了，我也不知道为什么。但是他们的活动我都知道，有时候可能是放不开吧。"F17的经历表明，在网络游戏社区中，友谊、同情、感激等情感往往更能聚拢人心，使得每个处于其中的玩家都能发展出纯粹的友谊、互爱的亲情以及对整个集体的向心力。

青少年玩家渴望得到集体的认同，网络游戏突破了时空界限构造了许多虚拟的社区。在社区中玩家通过参加集体行动彼此互动，将个人身份依附于游戏社区。在社区互动中寻找伙伴感和集体感，达到情感的同情、同感、同一，形成虚拟的情感共同体。被共同体接纳的玩家个体在集体中同感情感互动实现集体认同。

二 胜任感与集体认同

归属感的确立往往是玩家对所在游戏集体产生情感依附和游戏沉浸的重要环节。归属感帮助玩家在游戏社区中寻找到根基感和相应的确定位置。而网络游戏中的胜任感则是在遂行日常任务中按照集体角色分配机制，在完成或没有完成某些任务后的自我感受。胜任感是自我价值的实现，能够进一步强化玩家与游戏公会或战队的情感互动，提升玩家在集体中的自我认同。

马斯洛强调在自我实现中，人的自我实现就是最大限度发挥自己的潜能，根据自身能力力所能及地实现奋斗目标。前文已经讨论过，在网络游戏中通常都有一定的目标感，完成游戏任务，实现奋斗目标会带来自豪感、成就感等积极情感。同时，身处公会、帮会、战队等集体情境中的玩家往往根据角色不同，被分配不同的目标、任务。网络游戏的魅力就在于设置游戏规则使玩家在互动合作中完成游戏任务。玩家渴望在游戏中赢得挑战、获得奖励，参与到更宏大的目标中去。同时更重要的是能够帮助自己的团队，建立更强的群体联系，获得集体的认同。因此，成就感不仅来自个人目标的实现,更重要的是获得集体的认可。集体的认同对于网络游戏的成就者来说是极其关键的,很多玩家游戏的重要动力来源就是能够胜任自己在集体行动中的角色,取得好的表现,体验胜任感和所在团队的强烈认同。

绝大部分被访谈玩家都表示"在团队合作的游戏中一般都能胜任团队分配的任务,自己也是选择有把握的任务,不会轻易做一些不容易完成的任务","尽量完美地完成任务"。玩家M14经历了从"战队菜鸟"到"带队打本"的丰富的游戏成长过程,他的自我描述向我们呈现了胜任感在通过集体认同实现自我实现的重要性。

> CF(《穿越火线》)刚公测我就开始玩了,6年多了。那时候小啊,反应慢,刚进去就被虐。这还不要紧,最难过的就是不小心坑队友。被大家一起骂,抬不起头来,难过死了。其实跟其他菜鸟聊聊,他们也都觉得拖后腿不好意思。后来好在一个玩家特别热心,就是我师父了,我就问他一些打法,我真的好感激好感激他。慢慢地水平就提高了,别人就带着玩玩了,到后来我就可以教别人了。大概三年前,我就开始创建游戏公会。开始只是创建和同学玩玩,于是拉了一些发小还有同学进来一起玩。发小又在学校里面帮我宣传,于是找来了很多学生,人就越拉越多,几百人啊!又在网上找了些人进来,任命几个副队长还有几个小管理,平时的事情特别多。然后招股东,还有战队人在外面素质不好,有人过来投诉,好多事要处理。还有人过来惹事,我都到最后看处理不了,才去看一下。我的战队在××省里面排在70多位。那时候觉得自己不可替代。中间我出去玩了一阵子,我不在的时候战队根本没人敢做主,那两个副队长二三十岁了,就知道自顾自玩游戏。后来联盟战队的管理员上面出事了,他们的管理员带人跳槽了。再后来副队长也跟着跳槽,把战队里的核心都带走了,只剩下一些同学、朋友。我火死了!玩到初三,就把战队解散了。股东一个月上万的投进来,只想让我把战队搞大,结果人被带走了。说句题外话,如果我这战队用来盈利的话,一个月万把块应该不是问题,而且很稳定的,但以前没想过赚钱。带队的时候大家都尊重我的,后来有个叛逃的家伙还主动联系我,说我们那时候多牛啊,想起来多美啊。唉,当年勇,当年勇……(M14)

"菜鸟"时期的 M14 在游戏中指出由于不能胜任战队分配的任务,经常对自己糟糕的表现充满内疚感。但战队的团队氛围给了他与其他队友情感交流的机会,这种内疚感的相互交流也帮助他走出情感的困境。特别是遇到"师父",让他的技能提升很快,并帮助他更好地融入游戏战队,打赢分配的任务。"师父"的出手相助让他心存感激。创建、经营战队是他游戏生涯的新篇章,接受股东的委托、处理日常事、解决棘手问题使他在战队中获得权威的地位。最能显示胜任感的是通过一次偶然的休假,他知道自己是这个战队中不可或缺的领袖人物。访谈中 M14 多次谦虚地称"当年勇"实际上也是一种自信的表现。

M14 游戏成长过程中的经历,从胜任感的失落到踌躇满志,再到不可或缺,使他在这个过程中充分地实现了自我,展示了一个成功游戏玩家在集体行动中的奋斗价值。借助这种较为完整的自我实现,玩家也在最终意义上实现了情感的自我认同。

三 整合感与集体认同

吉登斯在探讨自我认同的本体的安全和存在性焦虑问题时关注自我整合。拥有合理稳定的自我认同感的个人,会感受到能反思性地掌握的其个人经历的连续性,并且能在某种意义上与他人沟通。导致个人无法获得自我认同的一个重要原因是个人不能在自我完整(self-integrity)中发展或维持信任。通过信任关系,个体能建立保护带,以在日常生活的实际行动中"过滤"掉许多普遍威胁到自我完整性的东西。个体能够把自我完整性作为有价值的事务接受下来。① 而从社会个体一般性的成长历程来看,个人成长依从于对情感障碍和紧张的征服,因为这些情感障碍和紧张防止我们真正地了解我们自身。②

胜任感的考察在网络游戏行为中是较为容易,并且显而易见的。整合感是个相对模糊的概念,根据吉克林和赖塞尔(1993)对青少年自我认同的讨论,我们将整合感界定为价值感的确立以及情感、价值与行动的统一。

---

① [英]安东尼·吉登斯:《现代性与自我认同:现代晚期的自我与社会》,赵旭东、方文译,生活·读书·新知三联书店,第59—60页。

② 同上书,第89页。

网络游戏的情感体验对于青少年玩家来说,并不都是积极情感的互动,也会体验到消极情感,比如愤怒、羞愧、恐惧、厌恶等。公会、帮会、战队中的集体活动可能也会将玩家个体置于情感困境。玩家如何在情感困境中保持价值与行动的一致也是检验集体中个体自我认同的重要因素。大部分青少年玩家能够在有一定冲突性的互动中采取保留个人立场,确保自身价值与行动一致。不过,在我们的考察中也发现,不同年龄段、不同性别的青少年玩家对整合感的把握存在较大的差异。

> 其实游戏里面跟现实社会一样,也不完全太平的。大多数玩 LOL 的玩家都有这种心理。我是核心战斗力,输了都是队友的错。这就容易产生矛盾,经常游戏玩一半就不怎么玩了,生气啊!我舍友经常一边玩一边在宿舍爆粗口骂人,不过嘴上骂,电脑里队友也听不到。然后越骂越气,输了还想赢,再打再怪队友,然后再骂,恶性循环。他就是这脾气,玩什么游戏都骂队友。如果能赢两局或者自己杀得比较爽就不骂。(M20)
>
> 喷人、爆粗口是常有的啦,比如辅助不买眼(看不顺眼),后期大哥有时候就会喷人,然后两个人对喷,想法不统一就会发火。(M8)
>
> 游戏中可能意见不好协调,有些人仍然一意孤行,让人很无语,难免会生气,甚至彼此怄气。当然如果是自己的原因,也会很不好意思。(M11)

游戏团队中的成员来自四面八方,在集体行动中难免会有各种各样的矛盾和冲突,这已经成为玩家共识。M20 的室友展示了一个情绪化、自我刺激非常突出的玩家性格和行为特征。一方面对团队的成绩好坏非常在意,另一方面又容易将过错迁于队友,凸显了较低的个人整合感。不过,大量的玩家都表示在集体行动中他们往往能在保有个人价值与行动一致的前提下保持团队关系融洽。

> 我比较爱憎分明的。我们那个团队其实也都是一起玩的朋友,一起玩的时候难免有冲突的,但我们都直接说出来。我不喜欢藏着掖着,也不喜欢迁就别人。我们几个在这方面蛮像的,所以我们合作一

直很好，成绩也很棒哦！尽管有分歧，但总体和谐，合作愉快。（F13）

我觉得还是跟性格有关吧，如果对方说的确实有道理，我确实会迁就对方，或者对方从"大局"考虑，那我可能也是会迁就的。我不容易发火，但有时会觉得不好意思。比如说给别人添了麻烦，在一次团队行动中，因为自己的失误导致活动出了纰漏，那就肯定不好意思，或者是因为需要别人等自己，迁就自己，那就不好意思了。但我会调整的，一方面会打得更专注、更好。同时也会安慰自己，这只是游戏，做好自己该做的就行了，不必过于内疚。（M21）

事实上（游戏团队中的冲突）会比现实人际交往中更明显，就像再斯文的人开车时也会变得很暴躁一样。在团队合作中，很多时候其中一个人犯错就会导致几十个人数小时的努力白费，而且这是常态，大家总是在一次又一次的失败中慢慢磨合最终达成目标的。但很奇怪的是，有些时候我会很愿意配合大家，假如是别人犯错，我们会耐心地帮助他，告诉他正确的打法或者如何提高自己的技术，假如自己犯错则会花费更多的时间去网上查找攻略或者是自己练习，同时努力克服自己的挫败感。有些时候我也会非常不耐烦，会忍不住发火，指责别人，或是要求犯错的人离开队伍，但这种情况很少。其实在团队中不满或不愉快的情绪是会感染的，我觉得成熟的团队会把不成熟的玩家也能带得更成熟。（M27）

访谈中我们发现大部分玩家在组建或加入战队时，都倾向于选择熟悉的老同学、老朋友、舍友、同侪表亲等作为一起游戏的伙伴。因为这样做，玩家间比较"默契""容易上手""方便协调"。F13心直口快，在处理团队中的冲突时能直言相告，既保留了自己的意见，又不致破坏团队氛围。M21强调个人性格对个人自我价值保全和团队氛围保持关系的影响。在他看来，收敛起个人观点和立场取决于团队其他成员的总体利益，要从"大局"出发，展现了一些非情感的特质。但是因为自己的失误导致团队失败会让他陷入内疚的情感旋涡。为了摆脱这种消极情感的困境，他采取了苦练技术和自我安慰的策略以获得自我整合的可能。M27作为团队的领袖之一，对队友表现出极大的耐心，帮助队友解决困难。更重要的是他在面临挫败感的时候，同M21类似会积极从自身寻求解决问题的方式。他对团队能够提高成员成熟度的社会功能把握得比较准确，这也是他坚定自己管理团队理念的重要体现。

归属感、胜任感、整合感三个维度的情感体验与互动帮助玩家感受和认知集体的现实存在。通过在公会、帮会、战队等虚拟空间或情境中的情感互动，玩家完成了集体认同。通过集体认同，自我认同也在这一过程中得以直接或反射性的建构。

第四节　社会认同

个体认同、集体认同在较为具体而确定的情境中帮助社会个体通过反身性思考来获得自我认同。但是社会个体的活动空间以及交往对象并不仅仅局限于个体与客观对象物以及在特定集体中，而是往往游走于自由的时空，更多样化的接触社会环境和其他社会个体，显示充分而广泛的社会性。特别是随着网络社会的崛起，社会个体交往在时间和空间尺度上都有了前所未有的突破。吉登斯曾主张，自我认同是经由自我探索和他人的亲密关系的联结过程而协商出来的，认同必须建立在与他人或物互动的基础之上，在最为广阔和不确定的社会空间进行社会互动，取得社会认同是反思性自我认同重要的途径之一。陈坤虎将自我认同视角下的社会认同简单定义为个人与环境互动后所形塑出的认同，并且简单列举了个人名誉、受欢迎程度等粗略的指标（陈坤虎，2005）。实际上，在更广阔的背景上搞清自我认同与社会认同的异同与联系会让我们更容易理解社会认同对自我认同实现的重要性。

社会认同的研究在 20 世纪 60 年代之前主要是围绕个体的自我认同来展开的，真正从社会层面开展的认同研究起源于 20 世纪 70 年代初。费斯廷格、泰弗尔和莫斯科维奇等人因应贝尔提出的后工业社会理论，在社会心理学领域对认同的研究进行反思，将认同的研究边界由个人层面转向群体认同论和社会认同论。随着网络技术的日益完善，社会个体不断地涌入网络社会。个体与社会的碰撞使得自我认同的概念必须与社会层面的认同勾连起来。网络社会中，自我认同被裹挟进更广阔的社会认同过程之中，个体的自我认同参照对象被无限地放大和复杂化。有学者甚至指出，在网络化时代个体认同与群体认同都不能成为真正意义上的社会认同，因为个体和群体不过是社会的构成要素，它们只有超越自身的边界，实现没有边界限制的社会联系，才能形成真正意义上的社会认同。社会认同的主体是社会，而不是个体和群体。在缺场的网络空间中，认同主要是超越了个体和群体边界的社会认同；在在场的网络社会中，认同主要是从个体和群体认同向社会认同提升的过程。①

我们必须承认认同研究在社会心理学、社会学等学科的知识进化中的确经历了从个体到群体再到社会的转变，这种转变既是呼应了社会结构和社会行动变化的事实，也延展了认同研究的空间和对象范围。不过回到我们讨论的命题，即社会个体的自我认同，也很容易发现，这种被不断扩展的认同实践和讨论范畴依然对自我认同的讨论和确定具有效果。自我认同首先是个体反思性的社会行动，这就决定了群体（集体）认同和社会认同的结果都会并且都必须接受社会个体反思性的社会心理活动，才能作用于个体。

因此，就本研究来说，我们主要是借助去边界化的社会认同来捕捉青少年玩家参与不确定的网络社会互动所获得的社会认同，进而作用于自我反思来确定自我与他人和社会的边界。更进一步来说，就是从玩家的情感互动和情感体验中发现基于社会认同的自我认同实现的可能。

青少年游戏玩家在网络游戏中的目标和动机往往非常单纯并且带有情感化的倾向。对他们来说，社会认同并具有强烈的自我意识。他们往往简单地从追求快乐、刺激、荣誉等基本情感和明确的需要出发，特别是荣誉感往往能给他们带来更高层次的享受。这是因为相对于个人满足感来说，荣誉感更多的是由游戏机制、其他玩家乃至自己的敌方给予的，体现了充分的社会认同。玩家也会在游戏中追求与他人的亲密联系，比如友谊、恋爱关系等浪漫情感。尽管浪漫情感只是一个"极致性"体验，在玩家中并不是普遍的现象和感受，但在访谈中我们发现，大部分玩家都乐于谈及这种极致性互动体验。因此，我们打算从玩家荣誉感实践和浪漫情感经历来分析社会认同。

一 荣誉感与社会认同

成长中的青少年往往渴望被关注，愿意展现个人取得的成绩，以期获得他人的赞扬。或者在社会活动中，受到他人的邀约融入某个临时性的群

---

① 刘少杰：《网络化时代社会认同的深刻变迁》，《中国人民大学学报》2014年第5期。

体。青少年网络游戏玩家通过炫耀性展示或者吹嘘个人取得的游戏成绩来获得别人的表扬或羡慕。与别人分享游戏中取得的成绩或者高超的游戏技巧也能使玩家获得充分的荣誉感。荣誉感是强化玩家对游戏的黏性和游戏沉浸的重要因素。

我一开始的时候基本上都是一个人闷闷地玩，不怎么跟人交流。水平嘛在提高，但是比较慢。有一次一个陌生的玩家加我为好友，我吓一跳，以为是骗子。但他很诚恳地邀请我跟他们一起打，并教会我一些技巧。我才发现他原来是那个圈子里的大咖啊！有点受宠若惊的赶脚儿（感觉）。我现在水平还可以吧，有时候也会邀请其他人，他们都很感激我，心里当然美了。（M7）

我还算比较大方，有啥通关秘诀都会毫无保留地告诉兄弟们。很绝的。有一次我打赢了对手后，把秘诀也告诉对方了呢，当然后来就不跟他玩了，师傅得有所保留啊哈哈。他很感激我的，还在群里说这事呢！（M10）

我不会经常晒，偶尔（晒）吧。一方面怕人说幼稚，另一方面在不懂的面前晒也会尴尬，对牛弹琴啊，对方不识货。有几个同学一起会讨论下，我想他们更多的是羡慕吧！（M2）

我玩过《九阴真经》的武侠游戏，那个号是买的，所以装备不错。加上操作还行，就是帮里的护法，帮战都会叫上我。因为那个号不是我自己练的，花钱买的而已，所以觉得没什么好炫耀的。还有一次是炉石传说达到全国1227名，这游戏全国百万玩家吧。我邀请好几位伙伴一起玩的，所以在微信朋友圈贴图的，还是很有面子的。我们也会交流这种感觉。这个游戏有一个陌生是竞技场模式，玩法就是随机给你三张牌，三选一，总共三十轮，然后和其他玩家对战，输了三场就滚出，或者拿到最高荣誉12乘，这个很难的，我们会分享这个荣誉，说是分享，其实是炫耀了哈哈。这个游戏网上有很多职业或半职业玩家在线直播的，很多玩这个的都会聚集吐槽或者讨论的。它是网易运营的，官方会制造很多荣誉，让玩家去获取。（M15）

我经常发神经，会把一些费了很大劲取得的成绩截图发微信圈，或者说说里面，算是炫耀吧，鄙视一下一起玩的那些人，呵呵。我知道这样不好，但还是想获得那种炫耀的快感，算是荣誉吗？（F6）

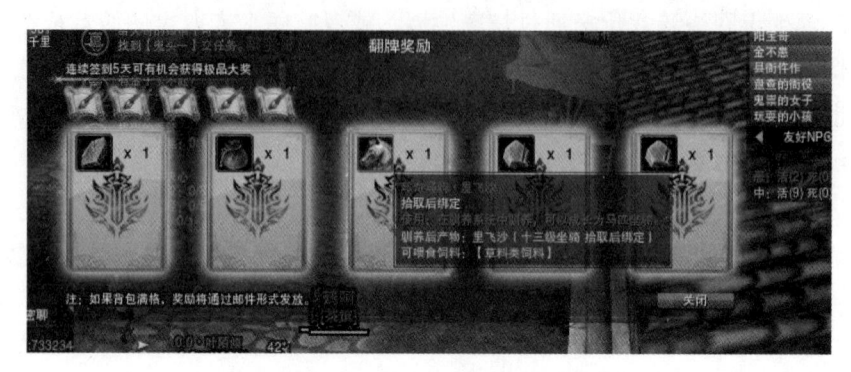

图 3.8　玩家 F6 晒出游戏中取得的成绩

荣誉感是在网络游戏互动中玩家所能获得的典型的社会认同感之一。玩家通过接受其他玩家的邀请加入某个游戏或战队行动会给他们带来较为强烈的荣誉感，这种荣誉感来自其他玩家个体或群体较为真实、深刻的认同。M7 通过接受对方的邀请来获得这种情感体验，尤其重要的是对方的身份给予他充分肯定自己的机会。这种偶然性的荣誉感往往也表现在给予对方适当的帮助，而获得荣誉感的情感互动。M10 有过在游戏中做师傅的经历，在他施以援手的玩家表示感激后他真切地感受到一种职责感和被尊重的感觉。M15 向我们充分展示了网络游戏中共处的玩家之间分享荣誉感的情感互动情景。即使是所谓的"炫耀"也能凸显荣誉感给玩家带来的深刻情感体验，这种情感互动加深了彼此的认同，促进了团队的有机团结。M15 对网络游戏机制的扩展性描述也很好地印证了网络游戏在机制上生产荣誉感的可能。网络游戏开发商利用技术手段，比如建立游戏社区、开辟聊天通道、创建展示平台等，来鼓励游戏玩家积极参与情感性讨论。F6 是网络社交游戏玩家，刷积分、攒金币、提高排名是她的日常游戏操作。她往往花很多时间努力将自己的排名维持在好友圈比较靠前的位置，甚至以此"鄙视"其他玩家。这种既友好相处又充满竞争的互动方式也能带给她短暂的快感。访谈中发现，女性玩家、男性年长玩家往往不会选择高调地展示个人游戏成绩。"对于我这种水平低的，没什么荣誉感，也不会去晒成绩，男士喜欢晒，一般晒晒段位什么的。"（F9）这样的回答在女性玩家中有相当的数量。还有一些大龄的男性玩家也是选择所谓"低调"的做法。"我个人不喜欢晒这些东西，因为跟真正的大神比起来还差得远，但是经常会有一些比较厉害的人晒这些成绩，交流感受什么的。对我来说，荣誉应该是隐形的一些东西。因为在公会里我拥有比较高的话语权，因为我在各方面懂得都比较多，所以他们碰到一些事情喜欢第一时间问我。此外，因为指挥副本不是一件简单的事，所以会指挥副本这个事情我还是比较自豪的。关于 PK，它是有个战斗力排行的，获得相应的排行会有对应的称号，我的战斗力虽然不是非常强，但是在一般人看了已经算是不错的水平了，至少自己公会的人还没有人能打赢我。"（M21）M21 作为资深玩家，能在与其他玩家互动中清晰地定位自己的角色，并且非常恰当地将荣誉感内化为一种自信的信念，在游戏操作中往往能赢得更多的社会认同。

荣誉感作为一种极致的情感互动体验在游戏玩家获得社会认同中起到重要的动力作用，而这种荣誉感更容易转化为一种对自我的肯定，建构起深刻的自我认同体验。

二 浪漫情感与社会认同

包括友谊在内的浪漫情感是青少年社会化过程中不可或缺的重要元素。友谊、爱情这些情感往往成为青少年情感和社会关系成熟的显性指标。友谊通常也与友好、归属感、认同产生一定的联系。尽管在网络游戏中我们无法找到任何一款专门为发展友谊而设计的游戏，但大部分玩家投入到游戏中都带有一定的交友目的。游戏玩家在不同的友谊方式中获得相互的情感认同。而在浪漫情感中，最为典型的就是不同性别的青少年玩家突破常规的友谊边界发展成最为亲密的恋爱关系。

学者黄厚铭以其在 MUD 的个体游戏经验，素描了他在游戏中建立友谊的经历。

> 虽然我投入（MUD）的时间并不长，但也在助人与求助的过程中，结识了一些朋友，只是还没有机会与这些网友们建立私下涉及真实身份的联系。我和这些网友们可以说是典型的线上关系，而我在 MUD 里的身份认同，也是典型的网路人格。也有人会说，这样的关系最虚幻不过了。但实际上，所有的身份认同，不管是什么，都一样是身份认同，这些身份认同都是形塑于与他人的长期互动中。在全力投入的期间，我一天可以花四五个小时待在 MUD 里，这在 MUD 玩家当中并不算特别长。后来，我的 MUD 生涯中断于一次意外中。那是因为我对规则不熟悉而不小心犯规，必须接受惩罚——得在两个角色之中选择自杀一个。当时是因为一位朋友在脱离 MUD 时把他的角色

送给我，如同从前与他一起结伴杀怪兽一样，我很自然地转变为同时操作两个角色到处杀怪兽，但却忽略了这是违规的行为。MUD 里的管理者——大神便给我这样的惩罚。我自己原有的角色是其中等级较低的那个，从单纯功能性的观点来看，我应该放弃这个角色，而留下朋友送我的另一个等级较高者。虽然在抉择的当时我就意识到放弃自己原有的角色就是放弃环绕着这个角色的人际关系，然而，我当时却尚未意会到放弃这些人际关系，还等同于放弃我在这些关系里所建立起对这个角色乃至对这里的认同。我原以为可以使用那个等级较高的角色继续玩下去。直到后来才发现，一个空有权限、装备而没有人际关系的角色，是个没有历史、没有记忆，也因而没有身份认同的角色。这样根本是无法在 MUD 里生活下去的。①

黄厚铭在以普通玩家进行网络游戏的过程中，体验了以游戏角色扮演带来的身份认同，这种身份认同是典型网络人格特质的，但又是真实的。长期的玩家之间的互动塑造了这种身份认同。意外失误造成的角色与玩家对应关系的断裂使他坠入对基于游戏互动而建立的友谊的一种深深的遗憾。角色关系的断裂实际上是一种记忆、身份的丧失。网络游戏中延展现实社会中的友谊或建立新的友谊是诸多青少年玩家在游戏中追求的目标之一。芒思（Munn，2012）认为类似 MMORPG 游戏所营造的沉浸式虚拟世界能够使得虚拟互动更贴近真实世界的互动。从某种意义上说共享活动是友谊形成的核心要素。不过，早期的网络互动有助于维持真实世界或沉浸式虚拟世界所形成的友谊。我们不必再对真实世界和虚拟世界的互动做出绝然的区分。② 格拉博夫斯基（Grabowski）等人早在 2007 年利用网络大数据对 3 万名 MMORPG 游戏玩家进行虚拟社会中的社交网络结构和人类动力研究，他们发现虚拟社会中的友谊网络与不同社交网络的结构非常类似，同时，虚拟世界中熟人圈的结构与真实世界中的也非常相似。③ 网络

---

① 黄厚铭：《网路上探索自我认同的游戏》，《教育与社会研究》2002 年第 3 期。
② Nicholas John Munn. The reality of friendship within immersive virtual worlds. Ethics Inf Technol, (2012) 14: 1-10.
③ Andrzej Grabowski, Natalia Kruszewska. Experimental Study of the Structure of a Social Network and Human Dynamics in a Virtual Society. International Journal of Modern Physics C, Vol. 18, No. 10, (2007): 1527-1535.

游戏是高度社交化的情境，能创造牢固的友谊和情感联系。

> 和朋友打游戏就像三五好友一起打球一样，都是高中同学，很铁了。高中同学（高考后）各奔东西，很难见到，约到一起开一局游戏，听到声音也感觉很好。这样就可以把老朋友的友谊续起来了，感觉很美好。我们成员都很固定，放假在家的时候我们会去网吧一起打游戏，不需要打电话给谁，直接去网吧就能见到他，已经习惯了，很默契。（M9）

> 像 LOL 这种游戏，因为两个人比较默契然后加好友、双排的例子几乎每个玩家都有。一开始自己一个人匹配的话遇到的队友和对手基本都是陌生人，但是感觉配合默契的话很多人就加好友然后以后都一起打了。我玩 DNF 有一次和公会里的一个朋友在动漫展上见过一面。有的游戏里认识后成为好朋友甚至谈恋爱的也有。（M20）

> 我在现实世界里朋友真的不算多，也可能是刚入学吧，还没认识很多。高中的嘛都不在一起了，再说那时候朋友也不算多，朋友跟同学是不一样的。同学就是跟你一起上课而已，朋友可以谈心啊，吹牛啊。所以我在网络游戏里面真的交了几个，大家很放松，不见面，这样很好啊，没那么累。（F11）

玩家 M9 愿意与熟人一起游戏，在他看来一方面配合好，另一方面可以保持跟老同学的联系。现实社会联系的纽带被自然而然地移植到网络世界，更带给他一种稳定的信赖关系和社会认同。M20 在日常社会交往中看起来更加偏内向和腼腆一些，很少主动跟家人、亲密同侪之外的陌生人交往。但在网络空间，他却保持更为开放的心态，较为积极地与陌生玩家建立更紧密的互动，甚至将这种友谊发展到线下关系。网络社会的匿名性、开放度以及趣缘性使得这种反日常生活的社会交往得以成为可能。他看起来已经摆脱了那种羞涩大男孩的刻板印象，积极寻找基于自身需求的社会交往和认同网络。F11 是典型的社交型玩家，与 M20 类似，她倾向于沉浸在虚拟社会中的友谊搭建，追求简单的交往关系。正如玩家 M20 所见证的，网络游戏中也可能发展出更为浪漫的恋爱关系。M21 在网络游戏中结识了现在的女友，并且成功地在游戏中举行了盛大的婚礼。

我跟我女朋友也不完全是玩游戏认识的。我们俩都玩《九阴真经》，但没在一起打过，算是基于游戏交朋友的。我打游戏的时候她有时候会陪着我，比较佩服我的能力吧，当然我也很照顾她。为什么在游戏里结婚？我觉得呢，虽然现在在一起，谁能保证以后呢？所以在游戏里结婚又好玩，又可以体验一下结婚的感觉。而且它是模仿中国古代的结婚模式。要说媒、拜天地等等，也挺好玩的。举办地是游戏时代的首都金陵城。作为新郎，我忙着各种事情。我同班同学C马上也要在游戏里结婚了，不过他就是为了体验乐趣，在公会里找的一个女生结婚。结婚的时候是YY语音同步的，邀请好友还有其他一些人来参加婚礼。我的比较正式了，还邀请了帮会的帮主做证婚人，还要表白、唱歌什么的。两个人结婚要准备很多东西，不是想结婚就能结的，包括发喜帖。这个游戏结婚很麻烦的，准备了一个礼拜，然后婚礼进行了2个小时。结婚的花费也不是一个小数目，花了很多游戏币，折合成人民币五千元左右，这是我从游戏中赚来的，呵呵。婚礼很成功，受到很多人关注。（M21）

图 3.9　玩家 M21 在《九阴真经》中的婚礼模拟场景

M21的个案在青少年玩家总体的情感互动中当然不是普遍现象，甚至他的大部分同学和朋友都觉得这是不可思议的事情。但我们看到确实有男女青少年玩家通过游戏发展出爱情这一浪漫关系。甚至在一些游戏贴吧中出现了"奔现吧"板块，一些网友在贴吧晒出游戏网友见面、牵手的照片，并做了详细记录，许多其他玩家在评论中跟帖。浪漫关系折射了异性玩家之间的信任关系，走到一起似乎呼应了他们口中的"缘分"，但更多的是基于彼此长久浪漫关系的信任和期待。甚至许多玩家指出，"很多女生玩游戏，就是为了陪男朋友，这样有共同语言啊。"（F9）M21 花费大量的精力筹办"网络婚礼"既表明是对当下浪漫关系的承诺和珍惜，实际上也是对网络交往中社会认同的探索性追求，同时也是一种自我价值的充分展示以及自我认同的社会性实践。

友谊、爱情不仅为网络游戏增加了浪漫色彩，更重要的是帮助青少年玩家确立了更真实和确定的同性或异性社会认同。这种更广泛和不确定的社会认同经由自我反思进一步强化了身份自信和自我认同。友谊、爱情等浪漫情感以及荣誉感，是游戏中社会认同较为独特的情感互动实践，这些要素也呼应了 Chickering、Reisser 提出的青少年社会认同的几个向度，比如成熟的人际关系、互赖关系以及分享和交流的意识。

第四章

网际权力与情感互动

> 权力是无所不在的,随时随地都会产生,在任意两点的关系中都会产生权力,并非它包含一切,而是因为它来自一切方面。
>
> ——米歇尔·福柯

在社会史和学术史的任何阶段,权力作为核心行动概念,从未离开人们的社会实践和学术知识的生产。关于权力的讨论卷帙浩繁,不胜枚举,但特殊技术条件和社会情境下的权力概念又千差万别,不一而足。不仅权力本身居无定所,关于权力的讨论也是千差万别而具体化的。典型意义上来说,从韦伯到巴恩斯,再到福柯,权力的所指和边界都发生了重大而显著的变迁。从作为占有物(possession)的权力,到作为社会秩序(social order)的权力,再到支配(domination)的权力,这些对权力客体化的解释不仅是学术生产主体能动性、有机的理论生产的结果,也是分析权力现象视角多样化的展示。从社会事实出发,我们很容易发现这三种典型的关于权力的界定彼此是共存的,甚至在面对同一个社会问题的时候,都是有普遍解释力的。

网络社会的崛起,改变了人们生产和生活活动的空间。人们由地方空间(space of places)像网络世界的流动空间(space of flows)迁徙,在这个新的空间,新技术主导的社会结构逐渐形成,改变了权力塑造、运作的模式。虽然从肉身上讲,人们依然生活在地方,但是,由于社会的功能和权力是在流动空间里组织,其逻辑的结构性支配根本地改变了地方的意义和动态。这造成了意义与知识的逐步分离。① 流动的网络空间是一种全新

---

① [美] M. 卡斯特:《网络社会的崛起》,夏铸九等译,社会科学文献出版社 2003 年版,第 524 页。

的社会支配性权力和功能空间,以及社会分化和整合模式。① 网络空间中权力的运作模式呈现什么样的新面貌?传统的各种权力运作模式在网络空间存在什么样的关系?是杂糅并存,借以衍生出新的权力关系,还是互相排斥,甚至是颠覆性的权力再造?具体来说,从权力实践的角度看,权力的主体发生了什么变化?权力主体的能动性实践在情感维度带来什么样的新气象?

乔丹在对比韦伯、巴恩斯、福柯关于权力理论的基础上对网络网际空间的权力特征进行了详细的刻画。他认为,网际权力在网络空间以及互联网上建构文化与政治的权力形式,它包括三个相关的领域:个人的、社会的和想象的权力。个人的网际权力是由角色(avatars)、虚拟阶层及信息空间构成,其结果是产生网际政治。个人的网际权力是个体的占有物。社会的网际权力是由技术权力螺旋和信息流动空间建构而成,其结果是促成虚拟精英的形成。社会的网际权力是支配性(domination)的权力。想象的网际权力包括乌托邦和反乌托邦,其产生虚拟的想象。这里的权力是社会秩序的组成要素。这三个领域是描绘整体网际权力的必备要素,没有任何一个领域超越其他的领域。② 面对变化中的网络环境,乔丹并没有回答网络权力的本质是什么的问题。而且将各种权力的暂时性定义用于分析网络社会中的权力关系和权力运作。相对应的,所谓网络社会中个人的权力就是韦伯的权力观,社会的权力对应福柯的权力理念,想象的权力对应巴恩斯的权力社会秩序说。

青少年网络游戏玩家利用网络社会匿名性的特征,以角色(avatar)代替真实身份,将真实姓名、年龄、性别、职业等表征身份的信息隐匿,以身体缺场的方式参与网络游戏,展开游戏话题的讨论。网络空间的身份是流动的,玩家可以重新获得权力。乔丹认为,在网络网际空间,个人会被赋权(empower,台湾译为增权),个人在信息空间中由于网络的使用会导致阶层的改变,使得个人身份获得颠覆性的改变,获得现实生活中不易获取的权力。更重要的是,权力的获得、对权力的运用会给玩家带来心理上、意识上和情感上的体验,玩家与玩家之间的情感互动随之展开。本

---

① 黄少华:《论网络空间的社会特性》,《兰州大学学报》2003年第3期。
② Tim Jordan. Cyberpower – an introduction to the politics of cyberspace, London, Routledge, 1999, p. 208.

章我们将从个人权力与情感互动、社会权力与情感互动、想象的权力与情感互动三个方面展开,探讨玩家在网络游戏中的权力关系,因权力运作而产生的情感互动、情感体验。更具体来说,就是玩家在游戏过程中权力获得与否的情感体验、情感互动,玩家与游戏机制中的技术权力之间的权力规训与反抗及情感互动,以及玩家在游戏公会、团队中的权力关系与情感互动。

第一节 个人权力与情感互动

个人权力既是网际空间权力分析的起点,也是社会个体在网络游戏中权力获取、占有、运作、感受的出发点。乔丹把这种作为虚拟占有物的网际权力具体的运作分为三步,首先是强化将个人意图或意志强加于他人的能力,第二步是实现了对权力的抗拒,第三步将权力累积到支配的系统。这一过程由三个定向循环(constant circulation)的要素构成,即身份流动性、重建的阶层以及信息的空间组成。① 我们的访谈也发现,玩家借助虚拟身份获取各种作为占有物的权力,网络空间的信息化巩固了获取的权力,阶层等级关系的重建带给玩家更多的情感体验和互动。

一 流动的身份:个人权力与情感互动

青少年玩家借助虚拟的游戏角色进入游戏,建立一个临时性再定义的身份。他们可以任意地改变现实身份的要素,包括姓名、性别、年龄、自我介绍等等,甚至用随意的文字符号给自己命名。虚拟命名成了一种合法的行为,而具名角色则往往被视为异类。玩家的虚拟命名旨在为自己创建一个新的流动的身份,更为重要的是借助这一虚拟身份可以获得充分的自由,利用网络的赋权开展各种获取权力的行动。

赋权是网络空间的本质和核心功能之一。乔丹特别强调个体在网络空间获得的赋权。人们经由网络的连线来获得权力。同样地,玩家也是透过网络游戏的方式,在网络空间获得更多在日常生活里可能无法得到的东西,网络游戏提供了人们一个心理上的赋权空间,让玩家感觉到玩游戏能

---

① Tim Jordan. Cyberpower – an introduction to the politics of cyberspace, London, Routledge, 1999, p. 89.

比平常得到更多的东西。① 玩家通过虚拟角色获得的权力多种多样，其中以自由权、领导权、参与权等为最重要。

其实我玩游戏真的没上瘾，像这种卡牌游戏时间很短的了，哪里像她说的那样（上瘾）！我空的时候、烦心的时候才会去玩。比如说，她见面就唠叨我，烦死了。我其实就想清静清静，游戏里她管不着我了吧？（M2）

自由当然很重要了，"剑三"主要是玩家自己在玩，并不是国家一样有组织什么的在操控你的行为，一切你想要的，什么做散人还是热血玩家都是靠自己选择，所以没有人来压制你。自由就应该是玩法的多样性，可以选择专业的打本或者野外打架，我觉得这就是自由。（F8）

我的感觉是，在游戏里你可以展示你想展示的任何东西，可以选择跟任何人PK，可以争取到你想要的任何东西。因为在游戏中做什么举动人家都不好看待地太认真，所以心理压力也比较小。（F6）

一场游戏的胜利会让你自己获得满足感，这也是自由吧。自由还是道德和心理上的，毕竟在游戏里没有人会去约束你或者管你，谁也不认识谁，都可以想做什么就做什么。（M10）

在游戏里虐人很爽啊，被人虐就是很火大了。开始的时候经常被虐，我还跟人对骂过，结果大家都一肚子气。后来水平上来了，偶尔虐虐小号，也不错。在现实世界做不到吧。（F16）

在游戏里可以砍怪、聊天、恋爱。游戏里不是可以结婚生孩子吗？我以前玩《开心》的时候就跟一个玩家玩过，我们结为夫妻，根据双方的人物属性创造出一个人物，然后把它养大。现实世界可不能随便玩吧。（F7）

游戏里面会有冲突啊，如果有人惹了我，我会把ta拉黑，不再受到对方的消息，包括频道上的，也不能在组队，有人打广告，刷屏刷得太多分就拉黑一下，不过很少这样做，伤和气啊。（F15）

在游戏里面，我是主力，那么我就有权力要求队友来配合我，帮

---

① 侯志凯：《网路线上游戏网际权力分析：以〈魔兽世界〉为例》，硕士学位论文，"国立"台湾师范大学，2008年。

我做视野，帮我去驱赶敌人，好让我安心打钱。碰到团战，我也可以不过去。要是别的游戏，有公会的，公会老大还可以决定打出来的装备归谁所有等。有了权力，还好吧，不会去惩罚什么的，不过确实会有高人一等的感觉，会受人尊敬。（M26）

我觉得在游戏中肯定有权力，不过这点更像是一种领导力同时带有少许支配力。但它并不会增加人在现实社会的权力，仅仅是在虚拟世界里才有体现。因为人们在网络上寻求的是快乐，不会让它影响到现实生活中的地位与利益处境。就我个人而言不会用权力惩罚队友，不过这一现象我认为肯定是存在的。至于对手，当然一直都是利益冲突的两面，惩罚是很平常的。有了权力我觉得更多的是一种成就感——在我的领导下自己的团队在游戏活动中完成得令人满意。随之而来的是愉快感以及自发的责任感，当然队友的尊敬、信任也会慢慢增长。（M17）

游戏中肯定还是有权力存在的，因为游戏角色背后就是我们这些活生生的人。狭义的角度上说，比如强迫他人的权力，以魔兽世界为例，游戏的难度要求大家结成公会来共同活动，而如此一来自然就会形成一位领导人及他的派系，所谓的"亲友团"也应运而生，因为公会为了本身也有公平的分配机制，"付出=收获"，但会长可以无视规则强行给亲近的人不正当的获利，其实跟现实生活里一样啦。但游戏中的资源理论上是无穷无尽的，是凭空产生的，所以这时候大家基本上换一家公会就好了，那公会面临解散，会长的权力也就消失了。这么说起来游戏里的公会跟理想中的民主国家非常像啊，前提是资源是无穷无尽的。广义上来说，我们也有选择生活方式的自由，不一定是打怪练级，看风景钓鱼学烹饪都行，比现实生活自由太多了，因为游戏是建立在程序之上的，规则相当公平，只要付出就一定会有收获的。至于拥有权力的感觉，跟现实中拥有权力并没有太大区别吧，就像现实中的高官拥有权力后一定会腐败，游戏里大公会的会长往往也会在一段时间后因为滥用私权导致解散或者被弹劾。（M27）

从访谈参与者的权力和情感体验来看，实际上我们可以从多个角度来理解青少年借助流动的身份来获得和运作权力的机制。第一种是从玩家借助虚拟角色完成从现实到虚拟世界的权力转换和情感体验。在这种转换过程机制中，玩家的权力实现简单、明确，甚至带有逃避和暴力色彩。比如玩家 M2、M10 游戏的出发点就是为了摆脱现实的束缚，带有逃避现实的情感，这是一种试图逃离现实压力追求网络世界自由权力的行为。第二种是玩家借助流动的身份在游戏中追求包括自由权、参与权等在内的较为低层次的权力。F6、F7、F8 对自由的权力追求也比较简单，自由展示、自由选择、自由 PK、自由体验，这些率性而为的自由追求帮助他们减少心理压力，追求新奇感、愉悦感、成就感。尽管 F15、F16 对自由权的理解看起来带有一些暴力色彩，但在"虐人"与"被虐"的消极情感互动中，她也在不断修正自己的行为，以期体验正常和积极的情感。第三种是玩家基于对游戏中权力的深刻感受，发展出较为高级的权力观和情感体验。M17、M26 因为在游戏中的有利地位，客观上拥有行使领导权的各种机会，并因此获得充分的成就感。但他并未就此转化为一种惩罚的权力，因此而收获被尊重的心理感受。可以说，这是一种更高层次的自我认同。M27 对游戏中个人权力的理解清晰、深刻。他很好地阐释了玩家、角色、权力三者之间的互动关系，能够从狭义和广义的角度理解个人权力的获得与运作。将游戏中的权力与现实社会中的权力做隐喻式的对比揭示了权力在游戏中运作的本质，亦即赋权和罢权在游戏中是相伴相生的。而情感随着赋权和罢权也会在玩家的意识层面产生变化。当然，M27 的观点可能只是代表了少数资深玩家对网络游戏中个人权力、游戏赋权的深刻理解。

我们发现，较低龄的青少年玩家对网络游戏中赋权的个人权力（比如自由权、选择权）的关注较高，也比较看重这些权力的获取和占有，在游戏中可能容易展现出一定的逃避和暴力情感。较高年龄段的玩家，特别是男性成熟玩家，往往对游戏中的个人权力有深刻的情感体悟。并且，对个人权力的占有、调度和使用会帮助他们赢得更高层次的情感互动，容易获得自我认同。

二 信息的空间：个人权力与情感互动

社会互动的本质是信息或情感的交流，网络技术的崛起更强化了社会互动的这种本质。网络世界中的信息、知识不再是信息论概念中的信息那样抽象，而是具体地体现在虚拟空间的所有角落。网络社会中的个体、群体交往离不开信息。乔丹认为，在充满信息的网络虚拟世界里，人们的身份、阶层会因信息接触的差异而不同。他援引琼斯（1995）的论断，虚拟空间建立在知识和信息的基础之上,是从现实世界抽取出来的共同信仰和实践的社会。其中部分知识和信息帮助我们遨游于虚拟空间,虚拟空间的社会关系中最重要的要素就是分享信息。(琼斯,1995)分享信息使我们能够建构角色(avatars)、自我描述(self-descriptions)、鲜明特征(signatures)以及个人风格(styles)。虚拟世界中信息分享的不同方式以及获得专门知识的不同途径可以让我们重构现实世界中的阶层关系。① 显而易见,信息对虚拟世界的社会个体或群体具有赋权的作用。

戈夫曼在分析游戏行为的文章《游戏的乐趣》(*Fun in Games*)里关注了某些与《框架分析》相同的主题。他讨论了游戏玩家采用的各种方式使其能够置身非游戏信息之外且不直接产生影响,将这种"游戏器材的美学、感性和货币价值"称为"不相关规则"。他声称,游戏很快就为发生的事情组建起框架,这也决定了如何理解框架中包含的所有事情。最后,戈夫曼解释了如何将存在于框架外的任何"不相关"事务融入玩家关注的互动中。这些事务会使游戏玩家分心,但是其融入的方式却不会影响游戏参与者的玩乐。② 戈夫曼在这里关注的是信息组织框架功能,网络游戏的叙事机制、游戏规则、环境设置、游戏策略以及互动形态都会生成大量的信息,青少年玩家在游戏中获取、交换信息,并且经由信息的互动牵引出情感性的互动。从这个意义上说,网络游戏是一种偏向信息交流和情感互动的机制。青少年玩家在探索游戏世界的过程中,参与信息的探索、生产、交换,从而获取基于信息交流层面的情感互动体验,以获得网络赋权和自我认同。

在我们的访谈中,各个年龄段的男性玩家普遍都对网络游戏中的信息行为和信息价值以及可能带来的权力增加或自我认同的情感普遍反应强烈,而女性玩家普遍对网络游戏中的信息行为和价值产生的影响反应较为迟钝或者极少关注到权力的实现与运作。

> 信息在任何地方都重要。毕竟先得到某些信息的话可以优先获得

---

① Tim Jordan. Cyberpower - an introduction to the politics of cyberspace, London, Routledge, 1999, pp. 85-86.

② 游戏邦:《传统互动规则在网络角色扮演游戏中的应用》,http://gamerboom.com/archives/16837,原文出处:http://gamestudies.org/1001/articles/wanenchak,2014-08-15。

一些东西，这样你就可以掌握主动权。比如说在游戏里PK，两个同样装备的人，谁先打到另一个人，就可以享受很多好处。而且，有些副本，你知道哪里怎么刷，人家却不知道，你也可以享受很多好处。(M10)

游戏里每个人有不同的见解。但是现在的游戏环境基本上是"高手不说话，菜鸟说不停"，假如你懂游戏，玩得好，当然有成就感。把你知道的告诉给其他人，当然很自豪，对方也很感激你。至于权力嘛，我觉得还是在玩游戏厉害的人那里。(M13)

玩游戏就像解一道很难的数学题，里面有些部分很难通过。如果你知道解题方法，就是在游戏里经验丰富，就会比较让人尊重。每个人都想当"大神"，会有成就感吧。我室友刷DNF，就是为了一些贵族的服饰啊、头衔啊，得到之后就觉得很神奇啊，在同学面前可以吹。隔壁寝室的一个，玩游戏一定要"打穿"（顺利过关）好几遍，这样就能教别人打，当上领头羊。像我都是浅尝辄止。(M22)

我经常去斗鱼或者YY（二者都是游戏直播网站）看退役的职业玩家或者游戏大神打游戏，学习他们的出装或操作，对自己的技术提升很有帮助啊。然后也会把一些技巧告诉队友，大家一起分析克敌制胜的策略和技术。游戏当中一直是要交流的，一方面互相帮助共同提高，更重要的是分享彼此的成就和快乐，一起玩图的就是这个呗。我们都是平等的，我会听他的，或者他会听我的，都是自愿的。(M9)

我是属于喜欢自己摸索不怎么看攻略的，但是有时候不如看攻略来的效益好，像英雄联盟我都是自己来，但DNF这种加点什么的我都是看攻略。某些特殊副本需要一些特殊的技巧，了解这些技巧在队伍里就比较有主导地位。我也会教别人怎么做，不过现在带不会玩的陌生人组队，很多情况下都会拖累自己。我一般先带队友，大家相处融洽，也比较容易彼此相互认可。(M20)

网络游戏里面没有攻略基本上很多人是寸步难行的，就像我们做一个任务，不知道要如何做的时候就喜欢查攻略，在游戏里也很难问到的。我觉得也不能完全说信息就是权力，游戏给予玩家的权力都是一样的，只能说拥有信息，拥有"先手"，这就像敌不动我动、敌动我先动的感觉，有了足够的信息玩起来才更溜。你厉害了，别人可能会对你产生依赖感，也就可能会得到一个"大神"的称号，别人对

你的期望就越高,也会听你的。成就感、荣誉感马上就来了。(M21)

比如有些游戏技巧,可能是通过队友跟你说的,有些竞技策略,包括团队配合、个人意识等,都可以通过游戏中的信息交流来获得,都是为了更好地游戏,提升游戏的可玩性和用户体验。有时候,通过交流,确实会感觉茅塞顿开,受益匪浅。自己学习到东西,或者获得胜利,都会得到心情的愉悦,也就是成就感。你自己说的,别人采纳了,自己也会感到快乐。我玩的是竞技类游戏,权力感一般。不过境外一些RPG(角色扮演游戏)的,比如《魔兽世界》里有公会什么的,信息交流中,你可以发号施令,并且别人愿意听你的,那应该就是会有权力感吧。(M26)

总体来说,(信息与玩家权力)其实跟随网游的进化有关系,一直在改变,早期的网游像《无尽的任务》《网络创世纪》这种,游戏世界是开放且写实的,对于玩家来说整个世界都是全新的,那时候互联网也没现在这么发达,于是一切都靠自己探索,那时候有个好玩的笑话,说是出生地在一个小岛上的许多玩家在很长一段时间里都认为世界就一个小岛的大小,而玩家也只有他们那些人,直到另一个地方的玩家跨海来到岛上才幡然醒悟。那时候对世界有更多的了解,绝对能让你成为团体中的领导,拥有决策的权力。但是随着互联网的发展,玩家们开始自发组建各种兴趣小组和论坛,互相分享关于游戏的知识,到今天,像《魔兽世界》这种热门游戏,你可以在网上查到任何游戏内的内容,那建立于探索或知识的权力就大大降低了。当然基于经验的权力依然是存在的,越是完成过高难度的内容和挑战的玩家就越少,他们的知识就能带来更多权力和成就感。(M27)

男性青少年玩家在游戏中普遍都很重视游戏玩法、游戏攻略、游戏技能带给他们的影响。这些具体的知识和信息能够帮助他们获得在游戏中取胜的机会,信息由此可以转化为一定的权力,不过这些具体的权力在很多玩家看来来之不易,成为"大神"(高手)是很多青少年玩家的梦想,大神的身份会带来荣誉感和现实的影响力。玩家M10、M13、M21、M22都表达了对大神的羡慕,甚至一定程度上渴望成为有这样能力的角色。对于玩家个体来说,信息价值的第一个层面就是让自身拥有某种克敌制胜的能力,以期很快在游戏环境中取得地位上和心理上的优势,而这种优势可以顺利地转化为愉悦感、成就感、自豪感、荣誉感等积极情感,同时获得影响力和环境中的占位优势。第二个层面就是,通过将游戏资讯与队友或陌生人分享,会增加团队优势以及个人威望,进而增进友谊,增进玩家之间的积极情感互动。M21、M26在信息分享中享受了充分的积极情感。信息的公开分享可以获得多重的情感体验,既能直接与其他队友进行情感互动,比如慷慨相告可以赢得对方尊重甚至崇拜,而自身就收获成就感、自豪感。再进一步,基于情感互动和认同的权力往往能够较长久地维系和提升公会或战队的集体团结。M27从网络游戏技术和类型演变的历史谈了一个有趣的现象,他认为网络游戏技术信息的透明化使得每个玩家的知晓权都能得到满足,玩家基于信息探索或游戏知识的权力就会减小,但是经验性知识的权力会更加凸显出来。他的这种自身体验和观察或许有一定道理,但总体来说,玩家对游戏信息的追求、探索和分享会带来赋权效果和积极的情感互动体验。

不过,我们也发现,女性玩家基于信息的权力体验就相对缺乏。但她们展示了基于信息的情感互动的可能。

> 游戏信息可以提高游戏效率、节省时间精力,能使你尽快上手、少走弯路、提高团队效率。我经常告诉好友一些技巧啊攻略啊什么的,造福大众,很有成就感啊。我很不喜欢那种有点技术就嘚瑟的人,而且这些人喜欢与人对骂,想不通,没必要啊,就游戏嘛,开心就好。(F7)
>
> 完成任务和教给人家方法一样,都能带来成就感,但我不喜欢指挥别人,我比较习惯别人派任务,领导什么的太麻烦了。(F10)

其他女玩家也表达了"分享信息可以带来成就感"(F12)、"可以跟队友相处更好"(F14)等观点。网络游戏中青少年玩家的个人权力的赋权、调度运作因性别差异而有一定的不同。女性玩家普遍对个人权力比较淡漠,更多的是关注积极情感互动本身。而男性玩家对个人权力的获得、占有和运作呈现出一定的攻击性,这种特质给他们带来较为积极的交往姿态,积极互动、积极分享信息以获取更多的积极情感,增加个人权力和自我认同。

三 重建的阶层：个人权力与情感互动

如果说基于信息流动的个人权力和情感互动是虚拟空间的"原生物"，即网络空间的信息交流本质促成了虚拟空间中的个人权力。那么，阶层和阶层关系之所以能够"重建"则更多地依赖于现实世界与虚拟空间的情境对比。玩家借助网络匿名性、身体缺场以及身份的可流动，以不同游戏角色的身份获得网络技术的赋权，从而有可能实现虚拟身份的阶层重建甚至地位反超。乔丹指出，对于在线个体来说，在线生活的另外一个很重要的成分就是网络世界内在的反阶层性（anti-hierarchical）。网络技术导致了网络社会的去中心化以及信息流中心权威的缺位，这同样导致了权力的分散。[①] 现实社会普遍遵循科层制的运作机制，年龄、性别、家庭出身、学习成绩等种种指标往往在不同层面上建构了一个人的身份。网络社会去中心化的特质却有可能使这种固化的现实社会阶层体系土崩瓦解。网络社会中的个体也有机会借助流动的身份完成阶层的重组，改变自身在网络中的微政治环境。

穿梭于网络游戏世界的青少年玩家不仅从虚拟世界的信息流中获取信息，确认流动的身份，而且也可能致力于改善个体所处的微政治环境的地位。在访谈中，我们听到不少的玩家曾经或试图做出这样的努力。而虚拟世界中的地位重塑带给他们更多的积极情感互动。

> 游戏也是小社会，肯定有地位高低的。有些是游戏性质决定的，比如角色扮演游戏，地位高低就分得很清楚。我在 LOL 里面算中等偏上吧。有的人玩游戏很厉害，就有很多人崇拜，像斗鱼这种直播网站很多是玩得很厉害的人直播游戏，水平高有人称赞，挣的钱数不清，也有一堆人膜拜。解说得好，人气就会高，称赞的人更多。其实那些游戏主播很多都是属于那种"不务正业"的，在现实生活里可能就是个小痞子，游戏里可能就是万人迷，地位看起来很高啊。（M20）
>
> 网络游戏中会根据实力不同有地位高低之分，我的地位还是蛮不

[①] Tim Jordan. Cyberpower - an introduction to the politics of cyberspace, London, Routledge, 1999, p. 79.

错的，很重要的，哈哈。游戏没有现实生活中竞争压力大，再者玩游戏大多比工作来得更愉快，更能在短时间内带来一定成果，自然比现实生活更容易提高自己的地位了。很多人沉迷网游大抵也如此，在现实生活中过得不好，便想在网络游戏中争取好的位子，找到归属感和成就感。（M17）

　　在游戏中确实有地位高低。你玩得好，装备好等，都会能得到别人的尊重或者团队里的职务，别人都会争相来追随你，也就是说地位会有所提高。我自己玩的游戏还好，是团队类型的，不过有时玩得特别好，别人就会来加你好友，希望我能够带带他，给他一些帮助。跟自己的朋友一起玩，我的水平比他们高，他们也会对我有一定的尊敬，其实就是会稍微提高了自己的地位。游戏的主体是年轻人，年轻人在现实中可能由于家庭、工作等原因，社会地位都被压抑着。但是在游戏中，我可以随意放松，我玩得好，玩的比大多数人都好，那就会有满足感。可能现实中我是一个小公司的小员工，每天被上级管理着。但是在游戏中，可能我是一个几千人的工会的老大，大家都尊重我。跟朋友交流起来也会底气十足。就如高中时候，我成绩比某人差，但是都玩 DOTA，我游戏打得比他好，有时候他要我带他。平时碰到了，聊起游戏来，开玩笑都会说他菜。有时也会教他怎么去打。平时做朋友，在他面前总是不会感觉到自卑什么的。（M26）

　　玩家之间确实有高低之分，在某些程度上能影响游戏体验。我个人性格比较懒散，基本不参加团体活动。在游戏里要上位同样都要花费很多心力，但相对现实世界更公平。（M27）

较为大龄的青少年男性玩家都承认网络游戏同现实社会一样存在阶层的差异，有高低之分。游戏技术好、玩得好的玩家普遍能从游戏中体验到成就感、归属感、被人崇拜的情感。网络游戏往往能较为容易地帮助玩家实现努力目标，提高阶层地位，拥有更多的个人权力。M26 的细描帮我们刻画了一个从现实世界走进网络游戏空间的少年实现地位、权力和情感认同翻转的精彩故事。备受同侪、社会机制压制的青少年借助流动的游戏角色、能够赋权的游戏机制的帮助成功实现个人的虚拟地位和权力，成为主宰许多人行动的成功玩家。并且他还自然地将种种积极的心理和情感体验带回现实世界，加深了基于个人权力层面对同侪社会关系的解读。但也有玩家未必认同网络游戏能够完全颠覆、翻转这种阶层关系。有些玩家表达了较为悲观的想法。

> 我在游戏里地位一向很低，也不服从管理。不觉得游戏能改变现实，但能改变人际关系，游戏是促进关系的桥梁。即使你在游戏里能秒杀一切，但现实还是一样啊。这种反超并不能证明什么，到时候他起来了也可以秒杀我啊。游戏只能产生愉悦感、成就感、满足感，胜利会开心，输了会不爽。(M22)

> 我比较低调，游戏也提高不了什么地位吧，只是能多一些朋友而已。你以后成家总不能靠这个吧，我觉得有这种想法（提高地位）的人有点畸形，除非你能玩得特别好，能去打职业比赛。我以前打代练，按理说收入也可观，一个月坐电脑前打游戏几千块好赚的，可是有什么用呢？你得进入社会，你得和人交际。回到社会中，你什么也不是，打那么高有毛用？以前玩那个 DNF 的时候打得好，装备也好，有一堆人追随你，那高中时候觉得特气派。随便走在路上都有人叫你做他师傅。但总有人比你厉害的，这么想就不觉得自己多牛了。如果一个人需要靠这个来证明自己的价值，我觉得挺可悲的。(M19)

M22、M19 都表达了对在游戏中实现的地位重建无法移植到现实世界感到深深的遗憾。特别是 M19，尽管他曾经在游戏世界取得了了不起的成绩，但内心依然无法摆脱无法实现虚拟与现实过渡的焦虑感。他后来告诉我，希望我能帮他找个心理咨询师，因为他最近处于失恋的痛苦之中，无法从中摆脱。我很难判断这种状态或者他的某些心理特质使他即使在游戏世界取得成功的前提下依然抱持较为悲观的自我否定的心态。与 M19 的过度焦虑和悲观不同，M27 的自我描述更凸显成熟玩家对两个世界权力问题的较深层的看法。

> 虽然从理论上可以实现地位切换，但其实现实里很少出现这种情况，因为假如你们是现实里认识的人，我肯定不会跟我的老板或者老师一起玩游戏的，即使在一起玩也一定不会得罪他，因为他随时都可以在现实世界运用权力影响到我。那假如是不认识的人，他即使说自己是马云我也不会相信呀，那身份的反超也就没意义了。我虽然会沉

浸于游戏的剧情,但并不太会沉迷于权力里,因为它本身就相当虚无啊。当然还是有一部分年龄比较小的玩家相当沉迷于那种虚拟的地位的。但也从侧面说明了游戏里的规则比较公平,只要他投入足够的时间,就可以得到相当的地位了。(M27)

M27 较为理性地将现实世界的社会关系与虚拟世界流动的身份所规划的社会关系区分开来。他较为清晰地厘清了游戏剧情带给他的欢愉和沉浸感与虚拟权力的界限。M19、M22 的情感遭遇甚至是消极情感或许值得我们对游戏玩家在游戏中情感与理性碰撞的研究。当然,这已经超出本研究的范畴,不做进一步讨论。

与信息分享中体现的权力意识相类似,大部分女性青少年玩家都能清晰地体验到情感互动,很多玩家甚至表示"我还真没这么想过"(F13)或者"没那么复杂吧"(F18)。

青少年游戏玩家借助游戏角色进入网络游戏空间,通过流动性的身份与其他玩家进行互动,来探求、获取、分享有价值的游戏信息资源。在这些活动中,游戏技术本身可以使得玩家获得赋权。拥有个人权力的玩家在与其他玩家的互动中占据有利的空间和位置,甚至可以使得现实生活中无法实现的阶层和地位可以在更加自由、公平、互惠的网络游戏中得以实现,在虚拟世界中实现阶层的重建。实现这些目标的玩家在游戏互动中能够获得积极的情感,比如成就感、自豪感、荣耀感、愉悦感等情感互动。当然,访谈中我们也发现,并非所有性别和年龄段的玩家都能实现身份流动、信息获取、阶层重建的目标,这些玩家身上往往展现了较为悲观、沮丧、焦虑的消极情感。消极情感的互动体验反过来也会在心理层面产生权力的剥夺感,也有可能溢出虚拟社会,作用于玩家对现实生活和社会互动的体验。这提醒我们,来自现实世界的玩家在虚拟的游戏空间里,涉及个人权力的议题和自我反思中折射的却是真实的心理与意识。活动场域的转换只是一种形式上的挪移,主体的心理和情感是真实而确切的。

第二节 社会权力与情感互动

分析已经表明,玩家在网络游戏中的确受到微观权力运作的影响。在个人层面,网际权力能够让玩家得到更多的权力以及获得权力的机会,有着明显的赋权效果，改变了玩家在虚拟世界中的阶层地位和情感互动体验。个人权力体现了对权力的占有、运作，提升了个人自我认同和价值。那么社会层面的权力则可能会产生控制和规训的机制。Jordan认为，在网际权力的社会层面，技术权力精英（techpower elites）拥有先进、复杂的网络技术，可以凭借技术的优势把握权力掌控的形式，并且较为轻松地制定规则，实现对虚拟空间中社会个体的规训与惩罚。在网络游戏中，青少年玩家与游戏技术精英的互动是怎样展开的？从玩家一方来说，他们又有着怎样的被社会权力控制和规训的体验以及由此带来的情感感受？

一 技术权力精英：社会权力与情感互动

在网络游戏中，青少年玩家在操作游戏的过程中，难免会有对游戏的疑问，账号被盗、宝物丢失的烦恼，甚至也会遭遇网络游戏外挂等不公平对待，这些问题本身就是社会权力运作的后果。为了解决问题，他们往往通过游戏中的沟通系统与网络游戏管理员（Game Master，GM）进行咨询、求助、举报、投诉等。我们透过玩家与作为技术精英的游戏管理员之间的互动可以窥探玩家与宰制性技术权力的互动本质。

> 他们（游戏管理员）才是游戏中真正的爷，想让你闭嘴你就说不了话，说踢你就踢你，说封你就封你，很轻松地可以取消你的账号。你再厉害有毛用？当然他们好像也都有规矩，只要你不犯规。不是说什么无冕之王吗？他们才是真正的王，游戏里面最大的BOSS。说白了，游戏是那些牛人开发的，你斗得过吗？不可能的，否则游戏公司老早关门了。（M7）

> 每个网络游戏里都有巡查制度，管理学随时随地都能看到你在干什么，只不过很多人不知道而已。其实游戏里有个公开的秘密，就是那些网络管理员往往化装成小号，在游戏里巡逻，呵呵，就像《西游记》里面大王派去巡山的小妖怪。其貌不扬，但分分钟搞定你，你都不知道怎么死的。（M13）

许多玩家都表达了类似的看法，隐形的网络管理员拥有莫大的管理权限，任何规范的或者违规的玩家都会受到明确的游戏规则和隐形的网络管理员的监督与惩罚。这使得很多玩家有所忌惮，小心翼翼，以免好不容易打下的宝物、积分、装备、等级被剥夺。游戏管理者发明的这种机巧的机制类似福柯所说的具有关注和规训功能的"权力的眼睛",这是一种监视的目光,每一个人在这种目光的压力之下,都会逐渐自觉地变成自己的监视者,这样就可以实现自我监禁。权力可以如水银泻地般得到具体而微的实施,而又仅只需花费最小的代价。① 看似自由、平等、开放、包容的网络游戏空间似乎变成了一个"全景敞视"的监狱。一名巡视员出其不意地来到这个建筑的中心,一眼就能判断整个机构是如何运作的,任何情况都瞒不过他。② 这种残酷而精巧的技术机制和空间带给玩家或觉察或模糊的恐惧感。

而在玩家与游戏管理员的常规互动中,双方之间又有着怎样的权力互动和情感体验?大多数玩家在访谈中都抱怨网络游戏管理员服务质量低下,基本上都是没用的答案,让人非常失望。

> 那些网管(游戏管理员)太屌,爱答不理的,问一百遍都不理你,我现在都不怎么鸟他们,问他们还惹一肚子气呢。实在想不出(办法),我就问我表哥或者同学。(M3)
>
> 游戏管理员要么就是聋子和哑巴,纯粹是摆设。要么就是机器人,给你的都是千篇一律的"标准答案",等于没用。我有一次账号被盗,找他们的客服去查,找了十几天啊!最后竟然说查不到谁偷的,说什么本服没权力查号,我心想我是你们的顾客啊,你们干啥吃的,纯粹摆设,越想越火,后来干脆不玩了。(F3)

大多数游戏玩家在与游戏管理员互动的过程中,由于不满后者提供的服务,都普遍体验到消极的情感,比如因服务滞后、服务不具有针对性、解决不了问题而产生强烈的不满情绪,甚至还伴随不同程度的愤怒和怨恨的情感。这甚至会使部分玩家放弃游戏。从权力的角度来看,这实际上也是玩家无力感的情感表达,愤怒和怨恨产生于权力控制和自身权力的被剥

---

① 包亚明(主编):《权力的眼睛:福柯访谈录》,严锋译,上海人民出版社1997年版,第158页。

② [法]米歇尔·福柯:《规训与惩罚:监狱的诞生》,刘北成、杨远婴译,生活·读书·新知三联书店1999年版,第229页。

夺感。但也有一些玩家对此表达了一些宽容的立场。

  依我看，GM 的评价体系应该包括以下几点：解决问题的能力、沟通的能力、服务态度。这是按顺序排列的。管理员也是人啊，ta 也有喜怒哀乐，如果你问的问题很无聊那也是难为人家。我接触的当中，他们态度都很好，能力嘛有高有低，有的讲到病根，有的只会瞎扯，我觉得他们需要好好地培训。（M12）

  我现在玩的游戏是没有 GM 的。不过以前玩过《传奇》和一点点《魔兽世界》。最直接的感受是这些大的游戏，GM 都是很专业和服务态度好的，就是一般都得按流程来，很麻烦，搞定一个问题可能就是好几天。但是小的游戏，可能 GM 就是开发者自己，可能态度不是很好，但是处理效率绝对好多了。要么就干脆不帮你弄，要么就是马上帮你弄好。有时找 GM 都是有问题的时候，可能态度也会不好。大的公司有他们的标准，不管游戏玩家怎么样，都是只能听你抱怨这样。但是小的游戏，可能就是会反驳你几句，所以会更不开心。GM 解决问题的时间或者态度有问题是一方面，另一方面是玩家去找 GM 前，就是应该游戏里出现了问题，找之前本身就带有不满情绪吧。（M26）

  客服型的 GM 实际上是没有太大的权力的，只是负责记录和反映玩家的一些情况，然后交给专门处理这些事件的技术部门。与 10086 的客服又不一样，因为 10086 的客服是有能力直接帮助我们解决问题的，所以这类 GM 往往会被玩家骂。GM 的回答永远是千篇一律的，很有礼貌，但是总的来说是机械式的回复，实质性的帮助可能比较小，但这本身就是对方的工作内容，反映问题给技术部门。所以，对于一些玩家骂这些 GM 不做实事，我不敢苟同，不是他们不想帮你，是他们没有这个技术也没有这个权限，我一般都会给这些 GM "好评"的，因为对我来说只是很简单的点一点好评，对我没有任何影响，但是对他们来说可能就是业绩的提成。之前还发生过一次很有趣的经历，我提交了一个跟我自己的利益相关的问题，但是过去好几天了都没有处理结果。那天我又找了 GM，问他还要多久能处理好，他还是回复说他们会尽快处理，然后我还是给了个好评。结果过了一小会儿，我的问题就突然解决了，有点像人敬我一尺，我敬人一丈的感觉。（M21）

M12、M21、M26 站在游戏管理员的角度，对后者的服务表达了一定的同情。M12 甚至还将管理员看成是个体，尽管这并不能反映事实，但将代表权力的自然人归为社会个体进行身份置换式的同情，展现了权力之中积极情感互动的可能。M26 的经历展示了积极或消极的情感共享或者同一的可能。玩家自身的消极情感，将互动之前因游戏体验不佳就产生的愤怒、怨恨带入与管理员的互动之中就难免产生互动中的冲突，而这种冲突会加剧双方的消极情感体验。M21 依据他的观察经验，依据权力大小将游戏管理员区分为客服型和专业技术型两种，并表达了对无甚权力的客服型管理员的同情。面对游戏管理员较为低下的服务质量，他采取了"情感路线"以达到理性的目的，用"好评"换取服务。这种独特的理性情感展示了情感强大的整饬和行动动员能力。"人敬我一尺，我敬人一丈"的体验增加了积极情感互动的可能。

二　技术权力螺旋：社会权力与情感互动

乔丹认为网络空间中存在一个技术权力的螺旋（technopower spiral）。网络空间的信息海量呈现，这种无限性催生了对信息苛求的抽象的欲望，推动网络用户陷入信息过载（information overload）的境地。而这种信息过载实质上是由新的技术工具控制生产的，会源源不断地产生新的信息过载。这就造成新技术的不断更新，每个新技术又都是暂时的技术，人们新的信息欲望不断被激发的"技术—信息欲望"螺旋状态。[1]

人与技术的结合往往是权力控制最基本和最有效的机制。游戏技术精英是最直接的控制和规训的代理人，而游戏技术则是工具和源源不断的动力来源。网络游戏普遍对玩家的技术有一定的要求，特别是游戏中豪华装备、难以通过的关卡，以及为了得到某个"收藏级""珍藏版"的道具，玩家往往想尽一切办法去实现目标，这也是游戏魅力的一部分。另一方面，游戏公司一般不会一直将游戏难度设定得过低，这会让游戏失去探索的必要，也会失去很多玩家，减少获益。因此，玩家为了解决游戏中的难题，就不断地去游戏社区搜索甚至购买游戏攻略书籍进行游戏参考。为了保持游戏具有较为持久的生命力，游戏开发商也会不断发布或更新游戏版

---

[1] Tim Jordan. Cyberpower – an introduction to the politics of cyberspace, London, Routledge, 1999, p. 101.

本，或者设置更高的要求和难度。在玩家的游戏欲望和游戏开发者不断推出新的游戏和游戏信息之间形成了上升的技术权力螺旋。

> CF里面有不同的角色，战斗模式也是固定不变的，当然你可以选择，不是很重要。但是装备就很重要了，里面有八种武器系统，每种武器里面的单一武器性能差异很大。好的武器会增加你的实力，所以每个玩家都想拿最好的武器了。我嘛，基本上能拿到中等以上的，关键是要顺手。好武器跟你的游戏时间、在游戏里的级别有关系，一般是成正比吧。而且游戏开发商还不断推出新武器，有些人愿意花钱买，我没钱啊，只能一步步去打。（M1）
>
> 玩游戏重要的是要保持新鲜感，对手是新的，英雄是新的，还得改地图。地图当然是系统改的，玩家会更新地图。有些就是地图党，旧地图玩腻了，就等系统发布新地图，就跟小孩子盼望过年一样。（M7）

访谈的过程中，许多玩家把自己归为某种"党"，比如前面提到的"风景党"（F8、F14）、"故事党"（F15、M15）、"剧情党"（M15）。这些所谓的"党"实际上指的是玩家在游戏中有某种偏好，类似当下流行文化中的粉丝现象。绝大部分玩家都有某一种或几种游戏偏好。为了实现这种偏好，他们往往花费大量的经历投入到收集装备、捡宝、汇集装饰物、收藏纪念品等游戏活动中去。当然，在获取具体的游戏道具、装备的同时也会收获积极的情感体验。

> 玩游戏的人都会追求更好的装备、更高的等级，就像现实生活中人们总是追求更好的工作和更高的生活质量一样。得到更好的装备和更高的等级之后会有很高的成就感和满足感，还会继续争取更好的，如果基本到了极限，那么我会考虑玩小号，或者帮助朋友获得这些，来体现不同的职业啊，很有面子，也可以获得其他人的崇拜和尊重啊。（F15）
>
> 我玩的游戏是分数类型的，其实跟装备等级一样，都是虚荣的东西。不过，玩游戏一般都是追求这个。游戏中获得好的装备，等级或者分数，都会让自己很有成就感、虚荣心，觉得我比别人厉害，自己

当然会更开心。(M26)

除了基于一些自发的兴趣形成对网络游戏的某些要素进行努力追求外，很多玩家还希望通过获得这些游戏装备来实现积极的情感互动，同时提高自己在其他玩家心目中的地位和个人权力。F15向我们揭示了为什么玩家会源源不断地产生自我动力机制，持续不断地沉浸于游戏之中，即使玩到最高级别还会寻求更多的刺激，以实现包括情感在内的更多目标。M26的自我描述让我们再次看到技术赋权的影子，这种赋权会带来更加愉悦的游戏和互动体验。甚至还有玩家不仅追求通过个人努力获得游戏装备和成绩，还在一步步打造游戏角色的过程中与角色产生了深深的情感互动。

> 从厉害的装备到好看的装备，从小副本到大副本，从小规模战斗发展到大规模的，这算是一种追求吧，有的人会急于追求这类东西，然后就会充钱，还有的就是像我一样的，细水长流型，慢慢地弄，一件一件地弄，实现后会觉得很棒。看着自己一手打造的号很有感情。有的人会卖号、买号。但是我始终没有换过，也不舍得卖掉，因为是自己一步一步打造起来的。虽然不是非常强力，但是我对这个号非常有感情。(M21)

这是一种非常直接、情感性明确的游戏沉浸行为。M21像我们展示了玩家会受到强大的情感互动因素的影响而不断追求游戏的级别，不断完善角色，这会带来多重诸如成就感、自豪感、愉悦感以及依依不舍的留恋之情。但是，显而易见的是，这也清楚地表明了网络游戏权力控制的本质特征。情感或情感的自愿生成变成了一种实施身体和精神控制的手段。有些经验丰富的玩家也关注到了技术螺旋带来的控制力。

> 现在的游戏基本都会，不管是网游还是竞技类的，都会有推出的商品。有时你不买，看到别人的很炫，对游戏的用处很大，没有的话，你就刷不了任务啊，你也就会去买。攀比性，也有一定实用性。说白了，你就得跟着游戏走，否则就别玩。(M25)

网络游戏就是不停地更新版本，新内容会鼓励玩家继续下去，是绝对的。这样的激励在MMORPG类型的游戏比较常见。像现在流行的MOBA类的游戏里，等级跟装备在每次游戏中都会更新，同时也存在着整体的玩家排名。不过人们会更对人与人之间的竞技感兴趣，游戏公司设立赛季制、区域联赛、国际联赛，还有许许多多杯赛。这些都吸引职业玩家和普通玩家参与其中，普通玩家只是观战吧，但也有一种强烈的参与感。（M27）

青少年玩家不停地沉迷或沉浸于游戏世界，在不断地升级和装备更新中体验游戏带来的愉悦感、成就感、自豪感，同时也能提升他们在游戏中的权力和地位。各种资源的获得使得他们获得越来越多个体的权力，使得诸如自我认同和阶层地位得以建构和重构。不过，我们也看到，玩家在获得这些虚拟物品和积极情感体验的同时也能较为清晰地看到网络游戏权力控制的影子。如前所述，玩家要想实现游戏目标，获得更好的装备和游戏能力，就要加倍投入精力到游戏中，才有实现的可能。玩家已经被看不见的权力之手牢牢抓住，这只手就是网络游戏科技通过不断更新游戏知识和技术而形成的技术螺旋。权力与知识的关系在这里体现得相当完备。福柯认为，权力制造知识。权力和知识是直接相互连带的；不相应地建构一种知识领域就不可能有权力关系，不同时预设和建构权力关系就不会有任何知识。① 网络游戏的技术以及缔造这种技术的知识源源不断地生产出来，吸引玩家投身于其中，既是对玩家身体巧妙的捆绑（因为这看起来是建立在玩家完全自愿的基础之上），也是社会权力对其的精神和情感控制。

第三节　想象的权力与情感互动

权力无处不在，即使是在虚拟世界的网络社区也存在权力的运作和博弈。生活在一定群体和空间中的人们之间的互动是在一定的秩序条件下展开，同时也可能依赖一定的想象维持共同体的存在。本尼迪克特·安德森（1991）在探讨民族主义的起源与散布的问题时，对民族（nation）做了界定：民族是一种想象的共同体——并且，它是被想象为本质上有限的

---

① ［法］米歇尔·福柯：《规训与惩罚》，刘北成、杨远婴译，生活·读书·新知三联书店2007年版，第29页。

(limited),同时也是享有主权的共同体。① 身处同一个民族中的成员由于地域、空间和时间等的限制,不太可能频繁地会面、互动,同一性的想象以及想象的方式构成了民族的实质。民族被想象为有限的,因为其边界是有限的;民族被想象为拥有主权,是因为民族是梦想着成为自由的,而衡量自由的尺度与象征的就是国家主权。民族被想象为一个共同体,并且总是被设想为一种深刻的、平等的同志爱;但事实是,民族内部可能存在普遍的不平等与剥削。② 相对民族的概念,由于网络交往的身体缺场、匿名性等本质特征,虚拟空间的社区更加体现为一种想象的共同体。在乔丹所称的网际权力的第三个方面,即想象的层次上,网络空间存在着想象的社群(社区),这个社群由截然相反的两部分组成,一边是自由的天堂,另一边是存在剥削和监控的地狱,既充满了希望,也能感受到恐惧。③

青少年玩家要想完整地参与网络游戏,较为全面、深刻地体验网络游戏带来的新奇感、愉悦感、成就感、自豪感、归属感等积极情感,一般来说都有加入一定的网络游戏社群,包括游戏公会、帮会、固定或临时战队以及各种游戏虚拟社区和即时聊天平台。在一些大型角色扮演类游戏中,比如《魔兽世界》《英雄联盟》等,如果不加入公会可能就无法加入副本行动,也就体验不到游戏中集体行动的乐趣。当然,在访谈中我们发现玩大型角色扮演游戏的玩家也有不加入公会的,比如有的玩家表示"我就是想一个人玩玩,纯粹是打发时间,不想加入那帮人",认为加入公会与否对个人体验没什么影响。但大多数玩家都表示,加入公会等社群,可以让他们觉得玩游戏不孤单,体会到群体游戏的乐趣。

一 想象的天堂:游戏社群的权力与积极情感互动

相比单机游戏,网络游戏能给玩家带来更多参与集体行动、社区生活,增加社会互动和情感交流的机会。更重要的是,通过加入一定的社群组织,比如公会、帮会、战队,青少年玩家可以体验到更多的群体性认同,形成一种共同体的感受。如同我们进入现实世界的一个新的社区、新

---

① [美]本尼迪克特·安德森:《想象的共同体:民族主义的起源与散布》,上海世纪出版集团2011年版,第6页。

② 同上书,第6—7页。

③ Tim Jordan. Cyberpower – an introduction to the politics of cyberspace, London, Routledge, 1999, p.184.

的组织或群体的时候，总是充满了期待与预设。这种期待和预设往往是一种美好的想象，具有典型的乌托邦的色彩。社会交往中的个体选择了一个团体，就选择了一种将要体验的文化和情感氛围。青少年玩家探索游戏世界的过程，也是建构群体认同、群体归属的过程。他们渴望在游戏的世界找到好友、知己甚至情感依恋的对象，或者体会现实世界中失落的或无从寻觅的社群感。在游戏的虚拟世界，这种想象性的交往可能会给他们带来意想不到的体验，或与期待吻合，或有悖于想象而产生总体消极的体验，或者是一种混合的经历。

游戏公会（game guild）是由游戏玩家或游戏运营方发起，根据网络游戏的设置条件组织或自发聚集起来的人群，玩家可以在游戏中或游戏外进行共同组队游戏或建立游戏外社会联系。公会可以吸引大量的玩家加入，从而丰富玩家的在线体验，提高玩家对游戏的黏性。公会内的玩家互动更加频繁、亲密、有效。成员构成相对稳定，容易在价值观、道德取向、游戏习惯等方面达成共识，形成较为清晰的"我们"的群体意识。游戏公会往往有明确的规则，包含奖励或者处罚的条款和依据，也会定期举办一些活动。比如《英雄联盟》在腾讯游戏平台开设游戏公会，设有新闻公告、公会列表、公会排行榜、招募信息、公会明星访谈等板块。玩家可以申请加入公会或者获得游戏资料。

图 4.1　《英雄联盟》在腾讯游戏平台的游戏公会

在访谈中，我们发现，大部分加入过游戏社群的玩家对虚拟社区生活多抱持积极而乐观的评价。虚拟社区生活给他们带来更多积极的情感体验。

最早的时候,我都是一个人玩,所以那时候对我来说,网络游戏跟单机游戏没什么区别。玩多了就感觉无聊了,打得再好,也没人知道。就跟小时候过家家一样,你自己对着布娃娃,久了就没意思啊,人多才好玩。我是我表姐带我玩的,加入了公会,里面有很多她的同学,大家都对我蛮客气的,就像一家人。(F2)

玩 DOTA 那么多年,每个回合、每次打副、每场胜利、每次失败都会带来不一样的感受。现在想想最重要的是什么?最重要的就是跟那几个高中的好朋友一起不见不散,我们之间非常默契,一起玩根本不需要提前打招呼,因为彼此太熟悉了。就跟玩儿街头篮球一样,我觉得我们是很好的团队,兄弟一样。甚至公会里的很多人都知道我们几个,感觉很拉风啊。(M9)

我从来没想过,我能在游戏里面交到这么多朋友。我这个人本来比较内向的,也比较怕跟陌生人搭讪。原来听说什么"你根本不知道对面的是人还是狗",但我发现还好啊。公会里面的人对我都很好,有师傅带我,没积分了,会有人送给我,甚至有人送我装备。大家都很平等,没有那种尔虞我诈。我觉得在游戏里的人,水平越高,对人越好。(M12)

游戏研究者迈克·罗斯(Mike Rose)描绘了他在游戏公会中的体验,CS 的游玩经历帮助他重新融入现实社会中的同侪群体,建立更紧密的社会联系。通过建立了一个区别于其他人的小型公会,接纳了来自世界各地不同文化背景的玩家,组建了"我们是一家人"的情感深厚的群落,每个人都是关系平等的"超级英雄"。就像 F2、M9 所说的,他们能在公会这个游戏社群中找到存在感以及被平等相待和尊重的感觉。M9 延伸了现实社会中的强社会关系,使得原本的友谊在网络空间继续延展并得到强化。M12 发现公会成员之间有着他意想不到的平等相处的机会,他清晰地感受到身处同一虚拟社区的玩家之间自由、平等、互惠、互助以及资源共享的和谐关系。

网络游戏,特别是大型角色扮演游戏中,同一个团队内也有分工的不同,这种分工的不同也可能造成玩家位置权重大小的不同或者权力大小的差异。如果能够处理好成员之间的关系,团队整体氛围的和谐以及成员之间的关系也会更加融洽。较高年龄段的青少年玩家往往能够维护好公会或战队的内部关系。

> 我在游戏里角色不固定，有时候主攻，有时候打辅助。打主攻的时候是很刺激的，得冲在前面。打辅助的时候，就相当于绿叶啊，你要做好保障，做好输送。团队游戏里没有哪个位置不重要，大家是一个团队，你打好了，其他人也会好。不可能一个人把对方5个干掉的，有时候牺牲点自己的积分也没什么了，团队永远比个人重要。(M18)

> 我觉得玩家应该是自由的，是有情有义的。本身就是游戏，是为了放松而玩的。如果还不能在游戏中得到自由，那玩得太累了。我那个团里面，有同学，也有以前不认识的，大家相处很好。我是团长，但我从来没有怎么发号施令，我觉得凡事商量着来，大家玩得都很开心。我们只有分工不同，没有高低贵贱之分，我不说"我们是一家人"，我觉得那有点儿矫情，但我们是实实在在的平等、友好，否则我的婚礼也不会那么多玩家捧场啊，呵呵。(M21)

> 游戏公会里应该是平等的关系。因为游戏中都是虚拟的，所以从心理上，根本不用惧怕什么。大家都是为了游戏的乐趣或者虚荣心等来玩游戏，通过团结协助一起闯关，获得胜利，从中也会从陌生人变为一种朋友的情感。玩游戏，交朋友也是一部分人玩游戏的目的。我玩的游戏，会有管理，但基本没有纷争。因为现在的游戏中基本不会有太大的利益关系，有些有，也会加入一种roll点的方式，一般通过roll点，也就是比大小，来获得游戏装备等。不过有些会长，有权力决定成员的去留，不过基本也无伤大雅。(M25)

> 一个健康的游戏社区肯定是平等自由的，在这样的环境下才会有更牢固的友情产生。甚至在公会之外，你也会有各式各样的好友，一般游戏都会有好友系统嘛。每个玩家都会有那么个朋友圈子，很多时候友情都会发展到线下。目前大多数的游戏公会都是相当自由的，玩家之间很少有利益冲突。这跟游戏环境有关，因为现在整体休闲化了。我在10年左右的时候当过一段时间的会长，当然是特别休闲的那种，我基本属于不管事儿的那种，纯粹是一帮子好友聚在一起，后面也有蛮多人加入的。不过轻松的代价就是没办法组织有规律的副本活动，也没法通过一些有难度的副本，于是一些追求更高装备的玩家

就离开了。我觉得一个好的公会不仅要有和谐的氛围，还要得靠大家自觉地遵守规则，这样才不会一盘散沙，才会有战斗力，像一个真正的团队。(M27)

韦伯提出有机团结（organic solidarity）的概念，指的是一种建立在相互依赖、相互信任的集体意识上的社会关系。与机械团结不同，它承认社会个体的差异和社会分工的事实。而大量的积极情感是建立在这种团结的基础之上。关于集体层面的美好情感与团结，涂尔干的表达更富深情，"任何集体都散发着温暖，它催动着每一个人，为每一个人提供了生机勃勃的生活，它使每一个人充满同情，使每个人的私心杂念渐渐化解。"① 沉浸在网络游戏社区的青少年玩家通过融入虚拟社群生活，感受同侪群体的情感互动，增加群体归属感。M18 从自己的游戏经验出发，认为团队比个人重要，自己甘愿为团队做出牺牲，展示了强烈的团队合作意识。M21、M25、M27 都曾经或正在担任游戏公会或团队中的干部，他们都抱持有一种明确的信念，即加入公会或战队是为了在游戏中获得更多的愉悦体验。所以，即便权力在手，比如可以决定队员的去留，也很少轻易使用，展示了一种宽容的情感。M21 从这种以身作则的宽松管理中收获了拥戴、好人缘、面子（众多玩家捧场他的虚拟婚礼）。M25 从总体上认定了游戏公会中基本无纷争的事实，前提条件是有管理存在，并且成员服从管理。M27 站在游戏发展"整体休闲化"的宏观视野，认为这是游戏减少纷争的一个重要原因，使得玩家在自由、平等的虚拟社区情境中发展出友谊等浪漫情感。在采访中，甚至有玩家半开玩笑地说，"和谐社会和中国梦一定会先在游戏中实现"。(M23) 社会的有机团结建立在积极互动的基础之上，从这个意义上说，它更带有情感的意味。侯志凯的研究也在一定程度上表明，从乔丹的网际权力来看，彼此没有见过面的玩家因为共同的信念而建立起社群，朝着共同的目标迈进，建造如同天堂般的乌托邦，网络游戏不仅让玩家在游戏世界建立起自己的阶层革新，也确立另一套想象

---

① [法] 埃米尔·迪尔凯姆（又译作涂尔干）：《社会分工论》，生活·读书·新知三联书店2000年版，第38页。

的共同体,能够让玩家在公会之内雨露均沾。①

网络游戏虚拟社群是不是就是完全而纯粹的"理想国""美丽新世界"?没有冲突,没有纷争,也没有权力的压制?实际上,在 M25、M27 的表述中我们就可以看出一些端倪,网络游戏社群并非完全的天堂,也会有权力的博弈以及权力运作的影子。

二 虚拟的地狱:想象的权力与消极情感互动

> 全景敞视建筑是一个神奇的机器,无论人们处于任何目的来使用它,都会产生同样的权力效应。
>
> ——米歇尔·福柯

在任何政治实体或者类似社会组织和社会群体的具体情境中,社会秩序的维持从来都离不开一整套规则或者法律框架。这种知识性框架的生产和运作就是权力的操弄。福柯将边沁(Bentham)的"全景敞视建筑"(panopticon)的技术原理视为现代社会中最有效的权力规训与惩罚的机制。波斯特(Poster, 1990)进一步指出,今天的传播循环(circuits of communication)与数据库建构了一个超级敞视监狱(superpanopticon),这是一个没有围墙、窗口、瞭望塔,也没有狱警的系统。② 乔丹认为,网际空间的噩梦正是波斯特"超级敞视监狱"的创造物,它创造了我们无法想象的社会控制的可能。相比较网际空间的天堂,这种地狱般的空间出现的速度也超出我们的预料。③ 乔丹从超级敞视监狱以及恐惧两个方面来讨论虚拟社群中的权力对网络社会个体的监视与规训。网络空间个体身份的流动性可能会给人们带来恐惧的想象,人们有理由怀疑虚拟个体利用所获得的各种个人权力在网络空间作恶,对其他个体造成伤害。同时,人们还不得不谨小慎微地尊重网络空间或明或暗的显性和潜在的规则,还会担心因为蓄意或者无意破坏规则而受到惩罚。

---

① 侯志凯:《网路线上游戏网际权力分析:以〈魔兽世界〉为例》,硕士学位论文,"国立"台湾师范大学,2008 年。

② 转引自 Tim Jordan. Cyberpower–an introduction to the politics of cyberspace, London, Routledge, 1999, p. 201.

③ Tim Jordan. Cyberpower–an introduction to the politics of cyberspace, London, Routledge, 1999, p. 201.

第四章 网际权力与情感互动

我们已经看到，在网络游戏社区，特别是一些大的公会或者玩家即时通讯平台，都会公布一些明文规范。所有加入游戏社群的玩家都必须遵守这些规范，否则将会受到一些具体的，比如被张榜公示、警告、剔出社区，甚至联合其他公会等组织进行联合惩罚。这些规则或者训令让玩家清楚地知道，他们的一切行为尽在掌握。在天堂的对面，或许就是地狱般的恐惧性想象。

在访谈中，有些玩家，特别是女性玩家和年龄较低的玩家，往往对加入一些游戏公会、帮会或者临时战队保持谨慎和警惕的态度。

> 我同学叫过我，但我没加入（公会），我姐姐跟我说，你玩游戏我不反对，但是别当真，不要随便加入那些公会，更不要跟人见面什么的。我也经常在贴吧里看到有人说粗话，有的甚至不堪入目。我有时候一个人打野，就是不加入任何一个战队，但就会有人来敲门，发私信，说"美女，一起玩"什么的，让人觉得很不舒服。（F5）

> 我以前出于好奇，加入过一个小公会，刚开始觉得还挺好玩，一群人在那里神侃，也交流游戏攻略啦什么的。但是后来人越来越多，什么人都加入了进来。话题也不仅仅聊游戏，什么都聊。甚至还有人往群里发黄色图片，很多人跟着起哄。说实话，我有点怕怕的，万一被人知道了我也在里面，那不完蛋了。所以，我后来就退出了那个公会。（M4）

> 我前几天刚退出一个公会，里面太乱了。我的号好好的，但经常有人在频道里说号被盗了，装备被偷了什么的。虽然我的号还在，但谁也说不准啊。我的虽然不是大号，但也是养了很久了，万一被盗很伤心的！（F10）

> 我觉得游戏里面或者公会里面最不文明的就是对骂。网络游戏里面骂人或者对骂是经常的，甚至同一个公会的人也会对飙，看不顺眼就吵起来，骂起来。特别是那些字幕党，满屏幕都是脏话，感觉很恶心。大家都还是年轻人，怎么能这样？（M14）

年龄较低的青少年玩家，特别是女性玩家在现实社会总会受到监护人或者社会机构的保护，他们在进入游戏世界的时候往往会得到一些警示性的建议。因此，在她们内心深处往往对游戏虚拟社区抱持一定的谨慎态度，以免受到来自不明网络个体的攻击。F5 的例子最为典型，真实经历让她对虚拟游戏社区望而却步。而 M4、M14、F10 则向我们揭示了网络游戏虚拟社区可能存在的混乱、无序的真实状况。游戏号被盗、网络语言暴力以及色情信息泛滥会给青少年玩家带来困惑，对网络游戏社区产生地狱般的想象。这会给他们带来厌恶、憎恨和焦虑的情感。比如玩家 M14 就对游戏虚拟社区的不文明现象发出了质疑。实际上，网络伤害或许体现的还是较为间接的群体性权力控制。而在游戏社区中还有更为直接的权力监视和控制。在这里有个体权力的滥用、公会内部的压制与反压制、裙带关系的构建以及各种惩罚与报复行为。

> 大小公会其实都可能有纷争的，会长有权力啊，不满意谁就踢谁，战斗力差了也要踢。你的装备好，会长也会想要，我就被踢过，我不服从管理，其实很简单，就是叫我玩我不玩，你说至于吗？其实后来我想明白了，也不郁闷了，划不来啊，自己生一肚子气，反正不理他们就是了。(M22)

> 说实话，游戏公会比现实世界还复杂，有些公会真的很腹黑（通常用来指表面和善温良，内心却黑暗邪恶的人）。你进去的时候看起来风平浪静，其实暗流涌动。因为那个公会处于核心位置的人都是"亲友团"，都是他们自家人啊！你斗得过吗？好东西都是那几个人的，没法混啊！(M25)

> 公会中会有小冲突，可能几个人有矛盾，或者游戏中玩得不好，被队友喷了都会造成小冲突，基本都是公会老大出来劝。实在不行就踢出公会。(M23)

> 像《魔兽世界》这种，因为有副本存在，所以公会之间对资源没有竞争。不过每次新版本出来，有新的副本，大家就会去抢"首杀"（就是全世界第一个打通那个副本的），这个跟体育竞技一样。而早期一些游戏，比如曾经很火的《天堂》，因为不存在副本的概念，所有的 BOSS 啊都在野外，那公会间的竞争就非常激烈，他们会组织人手垄断某块区域，独占资源，以期自己的壮大，所以就会演变成公会与公会间正面的冲突，结果往往是大公会不断涌现消失，或者某个公会独，其他公会退出服务器。不过这种游戏类型越来越少了，因为大家现在都忙，没太多时间投入到游戏里的。(M27)

公会中的各种暴力现象被一些玩家多次提及，M22、M25 向我们揭示了游戏公会中的黑暗一面：随意踢人、组成谋取暴利的"亲友团"式假公会等等。这往往会引起玩家的愤怒和怨恨情感，也会导致玩家对游戏社区产生消极的想象，减少对公会的认同和依赖。M23 也揭示了公会中解决内部冲突的有效机制，那就是公会的真正的权力者——公会老大亲自出面解决冲突，充满了非法律规范的江湖味道。M27 的描述则向我们表明，用以区别"我们"和"他们"的不同游戏虚拟社群也可能由于争夺资源而产生冲突。这种冲突尽管超出单个公会，但对各自公会的玩家来说会产生诸如焦虑、嫉妒等的负面情感。比如有的玩家就表示，公会之间的"江湖恩怨"也像现实社会一样，让人感觉"'天下熙熙，皆为利来，天下攘攘，皆为利往'，失去了游戏的洒脱和简单的愉悦精神"。（M27）

在游戏虚拟社群的权力结构中，会长或团长是一个特殊的职位，一方面他们要听命从"大 BOSS"——公会的创建者，另一方面又要管理庞大的公会组织。处在中间位置的他们如何看待公会中的权力与秩序，以及这种权力的运作给自己带来的情感体验？

> 我没用过会长的权力，但是团长（游戏战队中的指挥官）权力用过。拍卖东西啦，踢掉不听指挥的玩家啦。但是踢人的时候其实是不爽的，因为踢人是对方不服从指挥，从而导致整个团队出现问题，拖慢进度。而踢人也会带来不好的影响，对方可能会对你怀恨在心，会对外宣传，说你的坏话，从而对个人的声望有所影响。经常会因为踢人产生纠纷，最后导致两人仇恨极大，甚至有可能引发规模性的战斗。有的甚至扬言线下真人 PK，当然最后是没有发生。对于游戏社区，心态真的要放好。前天晚上，我就被惹毛（惹怒）了。一般玩家都有两个号嘛，一个小号，一个大号。那天晚上我开着小号，另外上了一个朋友的号，电脑有点卡顿，之后有一个路过的人打我的小号，因为双开游戏太卡，导致我打不过对方，所以最后被对方给杀了，他还"潇洒"地跟我说再见。我就很火大，之后我就换了我的大号，追杀了他几个地图，追杀到晚上 11 点半，直到他下线，特别解气。我在游戏社区中是属于人不犯我我不犯人的。人若犯我我必犯人。（M21）

M21动用了"团长"的权力对不服从领导的队员进行处理，以履行他对社区管理的责任，试图使社区的运行纳入正轨。但这样做的后果也给他带来处理技巧和情感上的麻烦与困惑。也就是在他和那个被处理的玩家之间可能会产生情感的冲突。特别是在去中心化的网络虚拟空间，压制性权力的行使往往会招致抵抗，被处理的玩家会产生仇恨的情感。根据肯珀的次级情感理论，仇恨往往由恐惧和愤怒结合产生。不能在公会继续待下去会给被处理的玩家带来恐惧感，同时也会产生愤怒的情感，二者的结合导致了仇恨和怨恨的消极情感。而另一次的被侵犯和报复性的追杀则让我们看到公会中个体之间也会产生冲突和类似复仇的消极情感的互动。

实际上，也有一些玩家对公会有一定的情感牵挂，即使遭遇不公或者因为自己犯错受到惩罚，也不会轻易离开公会。除了在公会能获得直接的技术性甚至物质性帮助以外，更重要的是玩家长期以来的公会虚拟生活习惯以及由此带来的依赖感、归属感、团队精神等情感互动使得他们产生了对公会、帮会等虚拟游戏组织的群体认同。即使是权力的压制性控制也往往被这种情感稀释，甚至最终抵消。

怎么说呢，人多的地方就有政治。跟现实社会一样，大家为了争东西，会发生互不相让的情况。我初中时候加了一个小公会，开始的时候，因为大家知道我年龄小，又是女孩子，所以大家都让着我。顺便跟你说，女孩子有时候在游戏公会也会吃香的，有些男生比较义气，当然也有种小瞧你的味道，会让着你。但是到了后来，我技术上来了，大家刮目相看，就开始有争有抢了。因为这个，有时候也不开心了，特别是在我位置上，该我拿到的东西，有人非要横过来抢。那是真的火啊，心想，还要不要做团队啊？就很火，绝交！真的把他拉黑了。后来这哥们跟我道歉，还拉来会长说情。总得给个台阶吧，后来大家又言归于好，不打不相识嘛，呵呵。公会就是江湖，什么恩怨情仇都会有。但现在想起来觉得挺可笑，也挺好玩的，就像小时候过家家。不过你还别说，我们跟那帮人到现在都保持着友好关系，生日的时候会互相祝贺，偶尔电话、短信联系一下。特别是那个包姐，就是小公会会长，对我超级爱护。陪着我嘻嘻哈哈，有好的东西跟我分享，我们会聊很多现实里的事情，包括我的高考、恋爱、大学生活、未来事业都会跟她聊。她也会跟我分享她的。总体来说，我的公会体

验是愉快的，很幸福。这也是我一直待在里面的非常重要的原因。（F14）

F14 的游戏经历丰富而又曲折，她在小公会的虚拟生活经历充满了各种各样的情感互动和体验。年少时期公会生活中被男性玩家以及"知心会长"的呵护、关照给了她充分的积极情感的体验。前文我们已经交代她有过高考失意、家长质疑以及社会压力的曲折经历，但她没有怀疑过游戏中的集体生活带给她情感上的可靠慰藉。乃至在游戏的日常互动中发生了不愉快，也能借助带有浓浓爱意的集体的权力来进行协商、斡旋。我们惊奇地发现，情感在规范微观社会秩序的过程中也可能达到意想不到的效果。

Jordan 毅然决然地把网络网际空间中的想象性权力以二元对立的方法和视角加以区分，多少有些武断。在访谈中，当我请访谈参与者聊一聊他们对游戏社群生活，特别是关系到权力监视及惩罚的时候，部分玩家不置可否。再三询问下，有玩家就表示，游戏社区有美好的一面，也有丑陋的一面。因此玩家对维系游戏社群虚拟生活的权力运作有着清晰的体验，也有种变动不居的审视与意识。或许这才是更为真切的"天堂"与"地狱"之间虚拟人间的本色。

《英雄联盟》的话，大多刚开局比较和睦的，如果有不顺，让队友发育起来，有时候会有人耐心交流尽力挽回落后局面。但也有时候稍微落后点就直接对骂起来。DNF 也是，每个有人在公共信息平台上互骂，就跟泼妇骂街似的，但也有和谐点的给人庆祝生日之类。我们公会内部比较和谐，会长好像是个妹子，公会的人也从来不和其他公会的人互骂。DNF 上经常有以公会为集团的大规模群架，通常是某个人被骂了，然后他召集自己公会的人帮他骂。在公共聊天频道上就经常可以看到一大堆以两个公会为集团互骂，骂来骂去都是这样千篇一律的。一般公会内部比较和谐，有时会有公会里面人骗了其他会员装备或者游戏币什么的，然后这个公会内部就可能要乱一阵子。但会长会出面干预，调和一下。我那个公会成员来源比较简单，是基于一个动漫创立的，大多都是大学生，部分有高中生，素质都比较高，大家基本都相互认识，互相帮助什么的也比较放心，所以比较和谐。甚至互借大量游戏币的也有，后来都会还的。也有借账号玩的，如果是陌

生人很可能就把你装备和钱财全部扒光了。(M20)

不同于其他玩家一味地将游戏虚拟社区想象或描绘成地狱般或天堂般的互动空间，M20 给我们呈现了一个更加有时间纵深、更加常态化的个人在游戏虚拟社群中的权力运作和情感互动的典范样式。或者说，这种更加常态化的公会虚拟社群生活是一种包含了两极想象的混合性想象和体验经历。在这种历时性的体验中，既有社群之间的权力运作，更多地体现为权力纷争和虚拟冲突；也有更加情境化的游戏社群内部的良好秩序的运转，这种运转有赖于公会的自我规训，也可能由于长期以来的相互认同、相互信任以及深化的友谊而消融掉一些权力性冲突，从而带来社群内部秩序的有效维持。

想象性权力运作的极化状态带给玩家不同的情感互动体验。天堂般的想象带来虚拟游戏社群自发的社会秩序整合，带给玩家积极的情感体验和互动，比如愉悦感、归属感、认同感；地狱般的权力想象对应的则是权力监视以及规训带来的自上而下的强制性社会秩序整合，带给玩家更多的则是消极情感的体验和互动，比如愤怒情感、怨恨情感、复仇情感。

第五章

文化资本与情感互动

> 场域是一个冲突和竞争的空间,可以将其类比为一个战场。在这里,参与者彼此竞争,以确立对在场域内能发挥有效作用的种种资本的垄断和对规定权力场域中各种权威形式间的等级序列及"换算比率"的权力的垄断。
>
> ——皮埃尔·布迪厄

理解文化资本的概念,必须将之置于布迪厄反思社会学和迈向社会实践理论的出发点上,才能更为真切。文化资本尽管只是布迪厄实践经济学资本理论(经济资本、文化资本、社会资本)的一部分,但他开创性地将其运用于文化研究甚而发展成为典型的文化社会学概念。这样做,不仅避免了经济至上主义的化约论危险,而且与其他概念,比如"惯习""场域"等共同构筑了走向实践型的文化社会学的理论框架。文化资本概念至少符合默顿的中观理论的价值,更重要的是,这一概念在解释微观社会的感性实在方面也颇为有效。

从社会实践上看,对社会个体来说,处于不同活动场域的人们要想在特定的场域获得其他社会个体或群体的尊重,进而赢得一定的社会地位,就要拥有某种特定的资本。从社会理论的角度来说,社会行动者的行为、思想、情感、判断等各种实践活动明显地受制于各种社会稀缺物品和价值观念(各种资本的类型)的规范,这也就是布迪厄所说的"次级的客观性"(objectivity of the second order)。如果理解为一种"关系体系",显然会包括群体或阶层间的权力关系。每个场域都规定了各自特有的价值观,拥有各自特有的调控原则。这些原则界定了一个社会构建的空间。在这样的空间里,行动者根据他们在空间里所占据的位置进行着争夺,以求改变或力图维持其空间的范围或形式。① 布迪厄运用场域、惯习和资本几个基本概念研究了林林总总的不同社会场域，包括艺术家和知识分子、阶级生活差异、著名高校、宗教、科学、法律场域等等。布迪厄经常使用"游戏"来类比场域的运作，方便人们对场域、资本、惯习解释现实世界的理解。尽管场域看起来是遵循"常规"运作的理性产物，但这种常规并不是明白无疑、编纂成文的。有些社会结果多半是社会游戏者之间的竞争产物。正像社会游戏者手中不同牌的大小随着游戏的变化而变化，不同种类的资本（经济的、社会的、文化的、符号的资本）之间的等级次序也随着场域的变化而有所不同。因此，"一种资本的价值，取决于某种游戏的存在，某种使这项技能得以发挥作用的场域的存在：一种资本总是在既定的具体场域中灵验有效，既是斗争的武器，又是争夺的关键，使它的所有者能够在所考察的场域中对他人施加权力，运用影响，从而被视为实实在在的力量，而不是无关轻重的东西。"② 资本和场域在理论和社会实践上都是紧密相连的范畴。社会游戏者总是在其身处的场域内调动他所拥有的某种资本来确保参与游戏以及在游戏中获取经济、权力、地位、情感等的收益（profit）。尽管文化资本被布迪厄认为总体上来说是处于被支配地位的从属资本，但也是一种"占被支配地位的支配方式"。对拥有文化资本的社会个体来说，文化资本当然也具有赋权的效果，在特定的场域中，具有不可替代的作用。

布迪厄认为，"场域"（field）的概念打破了"社会"观念的空泛本质，便于我们观察特定社会空间中的生活秩序。"在这样的空间里，行动者根据他们在空间里所占据的位置进行着争夺，以求改变或力图维持其空间的范围或形式。"场域既是具有"特定引力"的关系构型，也是冲突和竞争的空间。③

为了追求愉悦体验，青少年网络游戏玩家从现实世界步入虚拟游戏空间，借助身份的流动性进行虚拟社会互动。在充分享受意识、情感自主以及行动能动性的基础上，青少年玩家、网络游戏要素以及制度性要素共同

---

① [法] 皮埃尔·布迪厄、[美] 华康德：《实践与反思——反思社会学导引》，李猛、李康译，中央编译出版社1998年版，第7、17页。

② 同上书，第135—136页。

③ 同上书，第17—18页。

建构了一个新的网络游戏场域。从布迪厄的概念出发，青少年玩家从总体来说其身体属性、社会身份、价值旨趣以及惯习较为一致，其活动空间也固着于结构相似的虚拟空间。游戏空间对玩家有特定的吸引力。同时，在最微观的活动情境中，玩家之间以及玩家与游戏系统之间存在冲突和竞争的普遍可能。

网络游戏场域中有包括经济资本、文化资本、符号资本在内的各种资本形态。但依从情感互动的角度考察，文化资本的普遍性存在既是一种事实，也与情感互动有着内在的联系。青少年玩家从网络游戏中期待获得更多的积极情感的互动体验，普遍对游戏中的选择与决策行为缺乏总体理性的思考。从第三章、第四章分别对玩家自我认同实现和网际权力的讨论来看，情感体验、情感互动以及情感目标构成了青少年玩家群体无意识或内化为行动信念的选择。布迪厄关于文化资本的三个分类在青少年玩家的网络游戏体验中较为深刻、清晰。

为了便于分析总体性文化与社会事实，布迪厄将文化资本分为三大类，即身体性资本、客观化资本和制度性资本。本章从这三个文化资本类型出发，探讨青少年玩家在虚拟游戏空间展开的文化资本积累、转换以及具体展示的情感互动特征。

第一节 身体化资本与情感

布迪厄在他的实践社会学理论里赋予身体以核心的位置。他甚至将资本定义为"一种积累起来的劳动"，即表明资本首先产生于身体，他更进一步把身体与惯习结合起来，身体化就是"惯习化"身体化文化资本只有通过特定的个人才能得以体现。它既无法由其他人代理执行，也不可能不加任何修正地以完整的形态出让或传授给他人。正如劳动可以转换成一种物质财富那样，时间同样也可以积累文化资本——可以使文化资本身体化。身体化形态的文化资本指行动者通过家庭环境及学校教育获得并成为精神与身体一部分的知识、教养、技能、趣味及感性等文化产物。[1]

文化资本的实证研究困难之处在于将抽象的文化资本及其相关类型进

---

[1] 朱伟珏：《"资本"的一种非经济学解读——布迪厄"文化资本"概念》，《社会科学》2005年第6期。

行操作化处理。尽管布迪厄和后来的学者通过举例和类比的方式给出了多样化的操作化处理方法和策略,但当涉及具体的研究对象和内容时,这也变成了一个非常明显的挑战。如果操作不当,极有可能导致对文化资本理论碎片化的理解,甚至肢解文化资本理论的完整性。因此,为了避免这种可能性,我们必须回到社会行动者活动的场域以及在这一特殊场域中开展的丰富的文化、社会行动以及情感和心理体验。

根据布迪厄（1984）等人的研究,狭义文化资本被视为支配阶层所专属的、抽象的、正式的文化符码。而安妮特·拉赫（Annette Lareau）、埃略特·B. 魏宁格（Elliot B Weininger）则更推崇广义文化资本。他们指出,广义文化资本更多扮演着社会团结的角色,所有地位的群体都拥有文化资本并以此实现向上流动或者防止地位下滑,并认为将文化资本仅操作化为高雅文化过于狭隘。① 文化资本既是社会结构的产物,也可能重塑新的社会结构,因此文化资本的积累、获得、转换使得社会流动成为可能。

穿梭于网络游戏中的青少年玩家长期沉迷或沉浸于虚拟游戏世界,投入大量的时间和精力,用于积累游戏知识,精进游戏技能,将这些知识和技能转化为文化资本。在获得、积累、使用以及转换这些文化资本的过程中完成与同侪和社群的互动。根据我们前面的分析,这种互动的情感或情感性成为青少年玩家追求的终极目标之一,甚至可以说,有些显性存在的理性行为,比如赚取积分、升级排名和积分最终在玩家个体的心理感受层面都会主动地转化为情感的体验。因此,感性,或者说"情感资本"成为身体性文化资本的重要部分。

一 知识、技能与情感互动

包括网络游戏在内的所有游戏最重要的魅力和本质之一,就是允许玩家在虚拟的游戏时空里通过时间和精力的付出获得自我实现的机会。在这个过程中,青少年玩家不断探索游戏的特性、玩法、人物角色、游戏策略与攻略等知识和技能。这些知识和技能的探索和积累能够给帮助他们提高游戏技术水平,以便在当下或未来的对抗式战斗或创新性目标完成中取得理想的成绩。而在与其他玩家或游戏社群的互动中,关于游戏的知识以及

---

① 仇立平、肖日葵：《文化资本与社会地位获得——基于上海市的实证研究》,《中国社会科学》2011 年第 6 期。

玩家的技能也能成为社会交换的资源。玩家自我认同的实现也需借助自身所取得的成就来实现，以建立自信和区别于他人的符号性资本。玩家在游戏虚拟社区中的地位重建和权力获得也要建立在资本的基础之上。游戏中身体性资本的获得是基础性的，是客观性形态资本和制度形态资本获得的前提。成功获得和积累身体性资本可以使得玩家在游戏中或与其他玩家互动中获得积极情感体验。相反，如果没有获取相应的身体性资本，比如我们这里所讨论的游戏知识和技能，则会令玩家陷入一系列消极情感的体验之中。

一开始玩LOL，水平太次，分分钟被人虐，也没人带你打团战。我就只好一个人打野，很孤独啊，进步也很慢。后来就看网上的比赛视频，看人家怎么玩儿的。还有到贴吧和游戏论坛看高手分享的攻略，再后来我就请我同学吃饭，做我的陪练。慢慢水平就上来了。打游戏其实跟学习差不多，刚开始成绩不好嘛也是正常的啦。但是不能放弃啊，要多做练习，看人家的解题思路，还要问成绩好的同学呗。等你技术练好了，就是你自己的了，碰到高手也不怕了。我现在还不算厉害的，不要说跟网上的高手比，就是跟我同学比，也有很多更厉害的呢。游戏无涯嘛，有进步总是好的啦！(M3)

虽然说《天天酷跑》里的每个角色，甚至游戏系统设计得都挺蠢萌的，就跑、跳、躲几个单调的动作。但要玩得好，玩得精，也不是那么容易的。我有的时候为了完成一个躲避动作要反复练习几十遍，都不一定能通过，感觉非常非常沮丧。有时候一生气，就连续好几天不玩。说来也奇怪，搁几天不玩，又突然能过去了！哈哈，得来全不费功夫啊！得到一个很难的技术当然是很开心的事情，非常有成就感，这跟解出一道很难的题目没啥区别啊。(F6)

我玩dota，起先真的什么都不会，补刀打钱很慢，10分钟可能才1000块钱。还不知道出什么装备，被人杀的很惨。但是慢慢地学习，被虐，自己练习，现在10分钟可以打3000块钱，可以出适合场上形势的装备，可以去配合队友，可以杀人超神等。都是一步一步积累，一步一步去学习的。现在感觉会稍微有点成绩。但是碰到厉害的人，也会去学习，听从他们的建议。不会有人一直会享受失败。让人不断成长的就是在失败中总会看到一点希望或者获得一定的成就感，然后

才会不断激励自己去继续。游戏也一样。(M26)

不同年龄段、不同性别的青少年玩家都表示为了更好的网络游戏体验，以及在游戏中取得令人满意的成绩，都必须要付出很大的努力。在获取游戏知识、技能等资本的过程中经历了丰富的情感体验。M3、F6 把通过努力获得游戏技能的经验比作解决现实中的学习困难，这不仅带给他们虚实交错的时空转换感，更重要的是，通过这种成就感的想象性平移，加深了这种喜悦感、成就感体验的真实性。M26 更是体验到游戏中通过努力可以获得经验和成绩，甚而将这种体验升华为对生活中成功与失败的心理感受。正如布迪厄等人所强调的，身体性文化资本是一种深刻的社会实践性结果。我们看到，这种身体性文化资本的获得和保有能够在网络游戏这个特殊时空构造的场域里带给玩家积极的情感体验，强化玩家的自我认同取向。

玩家除了在游戏过程中体验身体性文化资本带来的积极情感体验和自我认同感外，在与其他玩家和社区互动中又有怎样的体验？

不管跟谁配合团战，重要的是大家默契。水平参差不齐最难受，要么是你拖团队后腿，要么就是别人水平不行，坑了队友。如果自己坑了队友，那压力很大的。即使队友、队长不会骂你，但你自己会很内疚啊。所以要记住，你是在跟大家一起团战，你的水平一定要够，否则自己也玩不下去。当然如果你水平很厉害，也不要随便骂人，你可以教队友嘛，大家都是图乐子。技术不仅影响水平发挥和战队成绩，也会影响团队团结，影响心情。(M7)

《穿越火线》很讲究配合，每个人要熟悉自己的位置、武器的特性。在攻击敌方阵地的时候特别讲究站位，大家各守其位，各司其职，才能打得好。比如说，有一次我带队挑战一个排名靠前的战斗，一开始我们处于绝对劣势。经过几个回合后，我感觉必须得跟队友好好沟通一下，分享一下我的经验。后来我们打得越来越好，最后大翻盘啊！这才是最爽的。我觉得，一个人的技术是你自己的，但在战队里面，你要学会分享，自己也会觉得自己像个领袖，不仅自己打得好，队伍带得也好。(M14)

在帮会里面，技术仍然是第一位的。就像我说过的那次处理一个违规的玩家，如果我技术不好，即便是副会长，也不会有人服你。话说回来，没技术，你屌丝一个，谁会选你当会长？要想在帮会里获得尊重，就得苦练技术，这是你的本钱啊。还有那次帮会间的冲突，其实是涉及利益纷争的。最后双方会长出面谈判，你想想，如果我们技术不过硬，根本争不过对方，而且我这边的人说不定也会投降对方，这种事常有的。虽说江湖上要以德服人，但没实力谁服你啊！你自己也没地位，也不爽。（M21）

玩家在参与团队作战或公会行动中，普遍感受到游戏知识和技术的其他视角的一种重要性。M7 描述了他在集体游戏中的丰富情感互动体验，玩家自身的游戏技术水平决定了个人在团队游戏中的位置和感受，同时也会直接影响团队的战绩和团结感。内疚感、愉悦感以及团队感往往取决于玩家的个人水平以及如何宽容地对待技术较低的队友。M14 以自己的经验强调在团队合作中技术经验的分享不仅能提高团队游戏成绩，也能收获凸显个人地位的权力感。M21 的描述向我们展示了个体如何借助技术资本获取个人在游戏社群中的威信和权力地位。我们清晰地看到身体性文化资本是如何与网际权力结合在一起的，技术性文化资本成为玩家个体获得社会性权力的起点和重要筹码。同时，牢固的社群领袖地位的确立必然带来积极情感的互动。

玩家通过日复一日的游戏操作，不断积累游戏知识、技术等身体性资本，以换取更为积极的情感体验，同时借以强化自我认同。在有可能的条件下，会借助游戏技术获得更多的网际网络中的社会性权力。

二　情感资本与情感互动

情感作为重要资源嵌入社会结构的各个领域，嵌入人的社会关系与社会行动中。情感资本是社会结构中的动力因素，也是社会行动的驱动因素；社会行动者（无论是个体或者集体）总是受情感需要的驱动与社会、与他人进行互动，从而获取情感资源以取得情感回报。[①] 情感因社会互动而产生，也是社会互动和社会行动的动力来源。郭景萍把情感资本单独列出，并将之看作与文化资本、社会资本、经济资本等并列的一种新型或者

---

① 郭景萍：《情感资本社会学研究论略》，《山东社会科学》2011 年第 3 期。

一直未受社会学界关注的资本形式。这样的分类方式凸显了学者对情感现象和情感问题的重视。不过，我们如果从社会实践出发并回到布迪厄文化资本的概念，就会发现，情感与情感资本完全可以纳入文化资本的概念。情感作为社会主体的一种主观体验，反映了社会个体对情感对象的社会态度。情感作为人们感知世界的生成物，也是情感主体花费大量时间与其他社会个体进行社会互动的结果。积极的情感体验内化为一种内在的动力机制，成为人们持续良性互动不可或缺的要素。而且这种情感自然地成为人自身的一部分，不可转让、时间积累成为情感的重要特征。更重要的是，积极的情感积累能够给社会个体带来总体愉悦的体验，增加社会互动的意愿。情感资本的累积能帮助社会个体获取其他的文化、情感甚至经济的资本。

青少年网络游戏玩家沉浸于网络游戏追求的终极目标是获得游戏带来的积极情感，其理性或工具性目标较少。单一的个人游戏行为可能增加积极的情感体验，比如成就感、自豪感、愉悦感等。在集体行动中，如果玩家拥有积极的情感资源，比如包括公正、仁慈、正义、良心、同情心、利他主义等美德，往往能赢得其他玩家或集体的情感性信任和认同，从而促进社会团结。网络游戏从本质上来说，也是一种情感性劳动。情感既是一种劳动目标，也是一种劳动结果。从这个意义上说，劳动的"异化"似乎在游戏中可能得以避免。玩家在游戏中取得的积极情感，个人所保持的团队精神、好的性格、旨趣，甚至在与其他玩家互动中取得的友谊等浪漫性情感也会增加玩家自信，并有可能转化为更多的情感资本甚至其他类型的文化资本，乃至经济、社会资本。

> 其实，游戏玩久了是会对游戏里面的东西产生感情的。你玩的角色、你辛苦赚来的道具、你的每个用心打造的场景。即使是不玩游戏的时候，想到游戏世界里那么多美好的小东西在等着自己，就好激动。放假回到家，就好想打开电脑，爽快地玩一把。这种对游戏的记挂就像想念老同学。（F5）

> 其实，性格、脾气，还有人格魅力在团队游戏中蛮重要的。像我前面说的那个室友，动不动就发脾气，甚至经常迁怒于队友，这就会破坏良好的团队氛围。即使是队友的问题，如果你能忍住，不发火，事情也就过去了。你自己心情好，大家心情都好。像我以前也发火，

但都是对自己发火，从不会抱怨别人。现在也不再轻易发火了，游戏就是为了开心的，要争取做到不开心的事很快就让它过去，这也是一种能力。(M20)

玩游戏就是为了寻求感情寄托。如果我一个人玩，没有亲友陪玩，只是玩单机游戏，那很快就不玩了。所以，回顾我的游戏经历，这一路上积累的感情是一笔很大的财富啊！(F2)

对我来说，朋友圈是玩游戏最大的收获。游戏道具了，收藏版的装备了，当然重要了。但是，真正带给你更高层次的游戏享受就是不断地交新的朋友，跟你那帮死党神侃，参加线下活动。否则单单这个纯粹游戏，那还不如去学生会里混混认识新朋友。(F13)

很难说，青少年游戏玩家在游戏过程中刻意花费心思，带有目的性地去积累情感资本。但我们很容易发现，在与游戏要素、游戏机制的互动中，玩家普遍会对毫无生命的数字形象产生浓烈的情感依赖，比如许多玩家谈到自己的游戏角色、游戏道具时激动不已，会主动讲述自己与游戏角色直接产生的依恋、同情、爱怜的亲密情感。玩家F5描述了游戏中累积的情感资本使她对游戏产生了深深的依恋情结。F2、F13的游戏情感体验主要表现在游戏过程中发展了友谊以及对友谊的情感享受。M20清晰地体验了自己在情感成熟、情感自我管理方面取得的进步，通过观察其他玩家情感宣泄的行为以及由此带来的后果，反思消极情感的负面影响，并且进行不断的情感反思，使得玩家获得更完善的情感表达方式。

情感资本的积累成为玩家意识或者无意识的一种真实体验，积极情感资本会带来一系列的正面效果，旧的积极情感不断衍生新的积极情感。就像玩家M23所说，"你在游戏里交的朋友越多，说明你人品越好，你越能获得大家认可"。另外一个很明显的结果就是，情感资本的积累不仅直接提升玩家的自我认同感，同样也会带来其他更加具体的文化资本。

网络游戏就是"我为人人，人人为我"最好的证明。每个人都有是菜鸟的时候，每个人也都可能成为"大神"。人与人之间要互相尊重，互相帮助。我最初的时候也是受到师傅、好朋友、队友的帮助，再加上自己好好练，慢慢就好起来。所以我很感激他们，没有他们真的没有我后来的功力。我这个人就是这样，懂得滴水之恩涌泉相报。

虽然后来跟最早的师傅不在一个帮会，但总会联系他。他要我帮忙，一句话的事。(M21)

一般玩游戏的人，在游戏中都不需要刻意去隐藏自己的性格爱好，都是真性情。在游戏中，不单单是个人能力，还需要团队配合等，这就需要包括交流方式、交流素养等。玩家性格豪爽，有礼貌，那么一定会受到别人的喜欢和尊重，可能在游戏中会交到更多朋友，获得更多资源。而这些也是玩家本身的个人资源，并不是每个玩家都会有的。(M26)

玩游戏玩到后来就是拼人品和人脉了。你人品好，就能赢得大家认可，都跟你玩。人品不好，那就孤家寡人了。虽然我不喜欢玩家见面，但这种亲密的感觉还是让人很享受的。那个带我的姐姐从来都无条件地对我好，不要求回报什么。我也要求自己严于律己宽以待人，对自己要求高点，对队友要宽容。(F14)

访谈中大部分玩家都表示人品、性格、脾气以及对待其他队友的态度也会影响自己在团队中的地位，正面情绪的释放会帮助自己获得他人的尊重，负面情绪的释放或缺乏对情绪的良好管理会导致交往失败，也可能失去本应获得的资源。M21、M26、F14 都表达了游戏成长过程中受到其他玩家的帮助而心存感激，并且他们会把这种美好的情感体验内化为对自己的要求，以较高的情感管理能力投入到游戏当中。既获得了对自身道德、情感价值的认可，也取得了其他玩家、队友其他方面的支持。

青少年玩家在游戏中通过时间的付出，积累了游戏知识、技能、经验、情感等身体性资本，这些资本的获得事他们获得了积极的情感互动体验，同时这些身体性资本在特定的情况下也有可能转化为其他形态的文化资本。

第二节　客观形态资本与情感互动

文化资本的第二种形态是客观形态资本，从布迪厄以及其他学者研究的习惯来说，那些外显而具体的能够表征一个人教育水平或文化品位的有形文化产品，比如书籍、绘画、古董、道具、工具以及机械等文化产品，就是客观形态的文化资本。客观化文化资本往往被理解为区隔社会惯习、社会身份、社会地位的重要指标性物品，其符号性作用不言而喻。客观性文化资本可以通过社会主体的积累性劳动来获取，或者经由身体性资本转换，也可以通过已有经济资本、社会资本等转换而来。与身体性资本不同，客观性文化资本可以赠送、交易，纳入社会交换的过程。这也使得客观性文化资本在社会互动中扮演更重要的角色。

青少年网络游戏玩家在网络游戏中不仅为了获得游戏知识、技能、经验等不可交易或交换的身体化资本，同时也会为了获得看得见的客观化资本。游戏金币、游戏点券、水晶宝石等等虚拟财富是青少年玩家追逐的对象。各种游戏脸谱、服装、武器装备、能量块、地图、护符、坐骑、宠物，甚至风景等游戏装备、道具以及游戏伴生物也都成为玩家期望获得的资源和资本。这些收集物不仅是游戏玩家持续游戏赖以生存的有用资源，也能为他们带来符号性的地位和权力以及在获得、积累、转换这些文化资本的过程中体验情感互动的乐趣。

一　虚拟财富与情感互动

财富在游戏中也是显而易见的重要话题。青少年玩家进入游戏一般都会面临游戏中的消费和支出，而且游戏自身也会产生一定的虚拟财富，虚拟财富在一定的条件下可以为玩家带来身份、地位甚至是现实财富。玩家可以通过辛苦的游戏过程赚取游戏金币、水晶、点卡等必备的虚拟财富，也可以通过现实货币来购买游戏公司推出的虚拟财富。积累虚拟财富的过程中玩家增加了与游戏系统和其他玩家、游戏社群的互动。在积累了一定的虚拟财富后，玩家可以选择用虚拟财富购买道具、装备等收集物，也可以通过交易转化回现实货币。在物化的文化资本积累、转换过程中，玩家能够体验到相应的情感互动。

在游戏的内在机制中，游戏系统也会在玩家过关或打赢战斗后给予玩家一定的虚拟财富奖励，当然也会有一些惩罚性的措施存在，比如多次为通关会扣除一定量的游戏币。玩家也会为了积攒游戏币等虚拟财富，被动地黏附于游戏，充满乐趣的游戏变成一种枯燥的"刷任务"。

> 钱不是万能的，没钱是万万不行的。玩游戏是要钱作为后盾的，虽然我花在游戏上的钱不多，但有些游戏要想玩下去，就得拿钱买点卡、游戏币，否则你眼睁睁玩不下去。我现在水平还一般，还不能从

游戏里面赚钱。希望以后能通过游戏赚点点卡、游戏币，就省得花钱了。（M3）

虚拟财富是生存之本吧。要去厮杀的人需要好的装备，有钱的直接买，没钱的得去攒钱或者攒贡献值换；外观党要好看的拓印得花钱，要跟宠得去找攻略或者直接买；风景党截图也想穿的好看点截图，有钱就用通宝买，没钱攒金买，或者看看贡献值换的装备好不好看；有些好看的强大的装备还必须下副本。比如一套秦风套装分帽子、上装、下装、腰带、护手、鞋子，每一个都需要一个秦风牌子再加几百金去换，牌子得去副本里打出来，一个25人的副本一次可能出一个你们门派的或者不出，出了还有同门派的别人和你竞拍，谁出价高给谁，都是钱啊。我看到过她们抢牌子，从底价1000金拍到9000金。太可怕了，我目前就攒钱攒到两万金，如果这样买牌子，便宜点一套秦风装弄下来我就没钱了。（F10）

虽然大部分游戏币、点卡都可以用现金购买，但我还是坚持把它们打出来。除非有些东西必须得用RMB购买。我见过有些土豪，死命往游戏里砸钱，就是来兑换游戏币或者点卡。我觉得这样已经失去了游戏的乐趣，想想这样做跟现实世界有什么区别？当然也有人羡慕这样的土豪玩家，觉得砸钱下去就能赚人气，我觉得这样只是一种炫富，从现实到了游戏世界而已。（M12）

虚拟货币当然是重要的资本，它是最直接可以获得其他游戏道具、装备的东西。我的虚拟货币是通过副本、倒卖和奇遇积累的，当然，最直接的方法是充值。倒卖是指低价收购一些道具，然后高价卖出，赚取其中的差价。奇遇是我玩的游戏的特色系统，玩家在游戏中的一些行为会触发某些NPC的任务，然后做了任务可以得到奖励，有些奖励非常丰厚。（M21）

玩家M3、F10都表达了对网络游戏中虚拟财富重要性的认可，认为虚拟财富是大量网络游戏的物质性基础，玩家离不开虚拟财富的积累。F10详细列举了她在游戏中的可能支出，从侧面凸显了虚拟货币的重要性。网络游戏不仅成功地占据了青少年玩家大量的休闲时光，而且通过系统设计，能够吸引玩家大量地投资金钱，以获取虚拟财富上的优势。玩家M12、M21都渴望通过自己的实力获得游戏中的虚拟财富，因为这样能获得更多的情感优势和自我认同的可能。特别是玩家 M21 能够运用各种技巧获得期待的虚拟财富。

虚拟财富的经济价值往往发生在进行交易或交换的社会互动中，玩家通过使用虚拟财富购买道具、装备来展示虚拟财富的炫耀性功能。而游戏经验丰富、技术资深并对网络游戏中的虚拟财富有一定深刻认识的玩家则会从更深刻的价值角度来看待游戏中的虚拟财富。

> 我觉得主要还是虚拟货币，因为即使直接获取的是道具和装备，最后还是要换成虚拟货币的，而且一般都是用虚拟货币直接兑换现实中的货币（一般流程是获得道具→卖给其他玩家换成虚拟货币→用虚拟货币兑换点卡或者现实中的货币）。其本身具有的价值并不重要，因为单位时间里工作比游戏可以获得的金钱多多了，但它带给玩家的感觉很重要。首先是作为可预见的奖励，连续不断地给玩家刺激（现实中要是每完成一件工作就有钱拿就好了），促使玩家一直继续下去；然后是作为一部分的游戏目标吧，网游往往会设置一些特殊的服务（比如让装备变得更强，这里往往会有赌博的成分）或者装备，可以直接用虚拟货币购买（与需要运气与时间的打宝相对）。但金额往往非常大，于是人们会花费很多时间去做单调的刷刷刷的活动；第三就是给人一种自我安慰吧，就觉得我不单是在玩游戏，也在创造价值这种错觉。(M27)

同样是客观形态的文化资本，但在玩家 M27 看来，虚拟财富（货币）是这类文化资本中最核心的部分。因为虚拟财富是作为价值中转的最重要工具，占用充足的虚拟财富可以使玩家可能拥有更多的其他物化资本。M27 也特别强调了虚拟财富创造带给玩家的深刻的价值创造感，这是游戏玩家得以确立自我认同感的重要情感基础。

二 收集物与情感互动

从游戏本身来说，相比较其他媒体，网络游戏之所以独具吸引力，是其独特的互动性和社交性。游戏中的收集机制成为绝大多数游戏的根本性机制之一。青少年玩家进入网络游戏，必须要在规定的时间内按照一定的规则完成一些物品的收集。这些物品因游戏的不同而有所区别，种类繁多，难以计数。这些物品包括各种道具、装备以及作为游戏结果的一些衍生物。一方面，玩家通过收集这些物品才能继续将游戏玩下去，这些物品就是必备的客观性文化资本；另一方面，这些重要的物化文化资本往往又成为展示性的象征系统，用来标示玩家的身份、地位和个人权力。

　　访谈中发现，由于游戏性质和游戏习惯的差异，绝大部分玩家都可以分门别类地被划分为"剧情党""道具党""风景党"等，甚至还有更细致的划分。比如有的玩家喜欢收集游戏角色的面部造型或者穿的鞋子。这些特殊的倾向和爱好使得玩家在某一个方面成为个性鲜明的佼佼者。而通常来说，拥有那些珍贵稀缺的客观性文化资本，则会使玩家在文化资本积累、转换中获得优势地位。同时，也有可能在与其他玩家或社群的互动中获得积极情感体验。

　　　　游戏道具、装备其实就是很多玩家的命，一点都不夸张。我见过一个，真的是一掷千金。一年花了几十万在游戏装备上，你说这是玩游戏吗？明明是被游戏玩啊。但人家不在乎，我等屌丝就不比了。但我自认为还是实力派，除了 DOTA 外，玩的其他几个游戏都是有收费的。我基本都是靠自己打出来的装备，我觉得这是蛮值得骄傲的。当然，主要也是没钱啊。要是有钱，我也不可能一掷千金，毕竟是游戏，能开心就好。(M9)

　　　　我不仅不花钱买装备，我还打了一些装备去卖，最贵的一次卖了一千多呢。当然有些装备也不舍得卖。因为太好用，太漂亮了，卖了都觉得可惜。我有个顶级装备，有人愿意出 5000 元一套，我犹豫了很久，还是没舍得出手。现在也不后悔，因为就像你有一幅古画，你发自内心地喜欢，你会拿去拍卖吗？如果不是穷得山穷水尽了，我想，真正喜欢艺术的人，是不会拿去变现的。我还是很珍惜自己的劳动成果的，就像我不卖我的那个号一样，自己珍惜的装备也不会轻易出手的。所以，我也是很痴吧，哈哈！(F14)

　　许多玩家在陈述游戏中的物化文化资本积累的时候，通常会略带渲染性地言及其他玩家在购买装备、道具时如何大手大脚，而自己却特别注重"有劳而获"。对于因能力突出并付出劳动而累积的资本除了格外珍惜外，还特别强调感情在其中的累加。一方面，在这些玩家看来，动用已有的经济资本优势来获得稀缺资源有违游戏精神，有失公允；另一方面也意在强调劳动中的情感性付出往往能带来更优越的心理体验，获得积极情感的优势地位。F14是较为典型的个案，在前期的访谈中，她多次谈及自己辉煌的游戏史以及不俗的游戏成绩，但却屡次拒绝游戏中的交易，展示了水平高超而又有情有义的玩家形象。

但是，不管怎样，拥有较丰厚的客观化文化资本成为许多青少年玩家的梦想以及游戏的动力。一旦获得这样的虚拟财富，玩家的情感性自我认同、个体性权力、地位的获得可能由此成为现实。

> 道具、装备当然很重要。总的来说，你对游戏付出那么多，肯定是要有价值回报的。那回报是什么？不就是看得见的有用的装备或者道具吗？有了这些东西就觉得很满足，也是炫耀的资本。（M6）
>
> 你的装备能体现你在游戏中的地位。很多游戏都会有一些吸引人的外观，比如说翅膀啊，一些稀有的装扮。这是要花钱去买的，以前也想收藏，但没多少钱。在DNF里，有一种衣服叫天空套，普通的衣服可能你花个两三百就能弄一套，但这个东西要夸张点，它要你买好几套普通的衣服，然后去合成。而且合成的几率很低，你花两三百只能出一个部位。一共八个部位，可想而知价值有多大！有些运气差的，花五六千都拼不出。我合过一套，花了两千多。一切物化的资本归根结底都是为了提升人物属性和人物外观。（M19）

图5.1　玩家M19合成的服装道具

> 这些道具、装备，都是象征着玩家对游戏的认知过程，还有玩家的能力。玩家普遍都很崇拜大神，什么是大神？游戏打得好，装备、道具高档、齐全。年龄小的玩家，特别是女孩子，很崇拜那些个牛人。甚至都有一些女孩子，为了获得某个稀有装备，不惜献身呢。不可思议？但真的有人这样做，你说她不自重也好，说她什么也好，我

想可能还是因为稀有资源的吸引力够大吧，我本人当然很鄙视了。（M16）

道具、装备、虚拟货币、虚拟人物这些都很重要的。一般游戏，游戏玩家第一眼不可能知道你技术多厉害，能力多强，只是看你的表现出来的东西，从而认为你很厉害，而这些也是你提高游戏地位的途径。这些客观装备，也有利于你更好的游戏。有些顶尖装备穿戴起来，是很养眼的，甚至有人会成为你的粉丝。我也会把用不到的一些道具送给好友，当然得适合他的人物。就像现实社会送礼一样，被赠送的人还是很开心的。（M23）

道具、装备这些客观化资本在功能上能美化游戏角色形象，提升角色的战斗力，能现实地提升玩家在游戏中的表现。同时，好的装备也能够提高并彰显玩家的审美情趣，玩家 M19 花费金钱和大量的时间将自己的角色装扮起来，以增加角色的魅力，实际上也是为了实现自己的审美想象。M6 把获得好的装备当作游戏的一种回报，这种外显的符号性装备又可以成为炫耀的资本。M23 也把这种随时可以呈现的资本当作展示个人魅力的重要途径，而赠送装备也会给他带来友谊。M16 所描述的畸形崇拜从极其极端的角度反衬了玩家借助客观性文化资本所获得的游戏赋权。

客观性文化资本的获得不仅能直接提高玩家的角色魅力和游戏实力，也能在游戏互动中改善地位，获得相应的个人权力。作为更重要的结果，客观化资本能进一步强化玩家的自我认同感和个人权力意识。

第三节　制度形态资本与情感

文化资本的制度形态就是将行动者掌握的知识与技能以某种形式（通常以考试的形式）正式予以承认并通过授予合格者文凭和资格认定证书等社会公认的方式将其制度化。这无疑是一种将个体层面的身体化文化资本转换成集体层面的客观形态文化资本的方式。从这一意义上讲，制度化文化资本是一种介于身体化文化资本与客观形态文化资本之间的中间状态。[1] 在布

---

[1] 朱伟珏：《"资本"的一种非经济学解读——布迪厄"文化资本"概念》，《社会科学》2005 年第 6 期。

迪厄看来，学术资格和文化能力的证书的作用是很大的，它给了拥有者一种文化的、约定俗成的、长期不变的、得到合法保障的价值。"正是社会炼金术生产了这种文化资本，这种文化资本相对于其拥有者而言，甚至相对该拥有者在一定时期内有效占有的文化资本而言，均具有一种相对的独立性"。社会炼金术通过集体的魔力确立了资本的制度。在此情况下，我们可以清楚地看到体制性权力、自我表达的权力和捍卫信仰的权力的魔力，一种强迫他人接受"社会公认"的权力。[①] 制度形态的文化资本是体制性或社会性力量给予个人或集体的一种符号性赋权行为。获得技术或社会支持的社会个体或群体能凭借有效的象征性文化资本符号，即各种有效证书、文凭或其他说明性称号、头衔，在某个社会领域或场合获得公共性承认。

青少年网络游戏玩家在网络游戏中通过花费时间、精力和金钱获得并积累了一定的身体化资本，身体化资本成为他们获得其他资源和资本最重要的基础。但是这种文化资本不可转让，很难在更频繁和深入的互动中体现价值。而客观性即物化文化资本给予了他们更多丰富和展示个人魅力的机会，重要的是，这种客观性文化资本是可交易、赠送的。这使得玩家可以借助客观化资本更多地参与玩家之间的社会和情感互动。而作为介于二者之间的制度形态的文化资本，则可能赋予玩家更多被社会和集体承认的机会。

从网络游戏设计的角度来说，为了增加游戏的互动性和情感性，以吸引玩家长时间黏附于网络游戏，游戏设计者往往在游戏中增加富于戏剧性的环节。从最基本的来说，几乎所有的游戏都在游戏叙事中设置了各种关卡，随着游戏的进展，通过关卡难度越来越大。没通过一个难度较大的关卡，对玩家来说就是一种奖励。而玩家总是在不断地挑战自我，追求通过更高级的关卡，完成升级任务。通关是许多玩家基本的游戏目标，通常在完成目标任务的时候，游戏机制会给予各种奖励。玩家会获得一些积分、生命值、奖品、奖金、徽章、特权等等。这些属于个体化的制度形态文化资本，与现实世界人们通过努力获得的学位证书、荣誉证书相对应。除了属于个体的制度形态文化资本外，玩家还会参加公会、战队的集体行动。

[①] 李义杰：《媒介与文化资本——基于中国武术文化资源资本转换的研究》，博士学位论文，浙江大学，2012年。

相应地，所在社群或团队也会获得集体性制度形式的文化资本，这往往给玩家带来额外的集体荣誉感、团队精神等情感互动体验。青少年玩家在网络游玩中追逐游戏系统和机制所"颁发"的各种制度形态文化资本，以取得更广泛的自我和社会认同，体验更丰富多样的情感互动。在本节中，我们把制度化形态文化资本分为个体化的制度形态文化资本和集体性制度形态文化资本来进行讨论，以便清晰地把握玩家的制度形态文化资本的获得、积累与转换。

一 个体化制度形态资本与情感互动

个体化制度形态文化资本在网络游戏中最为普遍，它指的是玩家通过个人长时间的努力获得游戏系统的各种制度性认同和奖励。这些类似教育场域中所获证书的游戏等级、能力的证明物能够给玩家带来深刻的情感体验，使得玩家得到来自系统、规则、制度的认同，从而间接地对玩家进行赋权，使玩家象征性地获得更多的个人魅力和虚拟社会权力、地位。

> 我想大部分玩家都是都会在意游戏中取得的排名啦、特别奖励啦等等。我刚刚打了一个徽章，这个还是有一定难度的。用特殊海图击杀，每个月只有这么一次机会。感觉就是一种挑战吧，系统奖励的，大家都能看到你获奖了，算是能满足个人虚荣心？嗯，应该是的。(F11)

图 5.2　玩家 F11 在网络游戏中获得的徽章

玩 pvp（player vs player）的分两个阵营，每周都有大小攻防战，在攻防中通过一定方式的贡献值和威望，累计威望上战阶，最高14阶，pvp的装备等级要看你战阶，就像古时候只有皇帝能穿黄衣服，几品大臣穿什么颜色衣服一样。然后"剑三"里面有个隐元秘籍，就是成就收集本啦，你玩游戏达到一定条件会完成成就，有时候完成的成就会有称号，可以显示出来，不过这个一般是拿来随便玩玩的，没有实际用处，用来表明你比较牛。因为这个是比较难拿的，因为战阶11阶以上就很难拿了。(F10)

　　就近几年流行的游戏来说，多数都是玩家对战，然后获得排名来提升自身类似认可、价值之类的。现在也就游戏排名比较重要。徽章、奖品之类的，花钱就可以了嘛，排名是需要自己打的，当然也可以请代练。排名对我来说，或者对大多数游戏玩家来说，就是在自己游戏圈里提升影响力。像现在的"证书"大多数就是"国服第一×××"，你去"斗鱼"这个直播平台看下就知道了，很多都是非职业选手，玩得比较厉害，然后被请去直播的。我说的都偏向于MOBA类游戏（多人在线战术竞技游戏）。更早之前的游戏，多是单机，收集到什么，或者达成什么成就对比现在应该更有成就感。现在的网游更加像快餐，如果像10年前的游戏，某一关很难过不去的话，大家都会卡在那一关，然后看攻略，反复尝试。现在很多人就会选择花钱升级，找人带之类的，成就感不是那么强。我自己还好了，我还是坚持靠能力吃饭。(M13)

　　游戏中取得的各种"成就"应该就是很重要的资本啦。仅就"剑三"而言，成就就很多，有的是副本（集体）获得，有的是个人在游戏任务升级时获得的，所相应获得的"江湖资历"是对玩家个人而言玩游戏的年份时间、热爱程度的体现。对我来说，我是一个"成就党"。我认为"剑三"在这方面做得好，很多任务有趣又有挑战性，玩家愿意投入空闲时间来完成一个个成就。(F8)

　　《魔兽世界》里按要求达成某一目标后会获得一些头衔、声望、坐骑。在竞技游戏中也有类似胜利长廊的东西，记录角色的荣誉。这些类似证书的东西吸引力还是比较明显的，它们中少数可以直接用来提升属性，提高战斗力，而且对于在游戏中的特殊辨识度也会相应提高，也就是提高知名度，从而给玩家本人带来愉快感与成就感。(M17)

制度形态的文化资本作为外部性奖励对青少年玩家具有较大的吸引力，在网络游戏的日常操弄、游玩中，他们会将获得属于个人的制度形态文化资本纳入奋斗的目标，并且这种适合于向外部展示的权威性文化资本会给玩家带来更现实的荣誉感、成就感。玩家 F8、F10、F11、M17 都通过游戏中荣誉性奖励的获得提高了自身的游戏成就感，通过获得的头衔、声望、坐骑、资历、排名等展示性虚拟符号强化了自我认同。

这种资本在"九阴"里面体现出来是一个排名，比如通关副本最多次数的人，战场中伤害最高的人，做了最多武器的人等等，体现形式是会有一个称号送给你，称号现实在名字上面出现。这类称号对部分玩家有吸引力，因为称号很闪，很好看，会让人有一种得意的情绪，比如我最近在 PK 赛中得到了"一代宗师"的称号，我就会一直把这个称号顶在名字上。九阴中这些称号是只有个人的，但是"魔兽"不一样，"魔兽"把这一"证书"叫作成就，即完成某些极难完成的事情，可以获得这一个成就。（M21）

下面就是我在《魔兽世界》里的成就完成情况，作为一个老玩家，其实完成的并不多，因为我个人完全将其当作游戏生涯的记录，并不会特意去完成，当然游戏里还是有相当多的玩家会努力去收集成就（假如刻意收集的，我大概要花 1 个月的时间完成 80% 左右的成就）。对于我个人，成就是一个非常好的记录生活的工具。对于热爱收集成就的玩家来说，完成它们本身也是一件很有意思的活动（因为游戏设计的一些成就本身很好玩）当然也可以当作成就感的来源。（M27）

玩家 M21、M27 在游戏水平、个人阅历方面是更为资深的玩家，他们与其他玩家一样也能通过个人制度性文化资本获得清晰的成就感体验。此外，他们还将这种外部性的奖励纳为一种"惯习"。特别是玩家 M27 不仅将这种符号性文化资本视为个人成就的一部分，而且还将它作为记录个人游戏成长的手段，可以看作是超越个体成就感的完整虚拟生活的体验。

大量的可以归结为个体性的制度形态文化资本是游戏玩家的私人占有物，给他们带来直接的成就感、愉悦感等情感体验，也强化了已经存在的自我认同感受。而游戏的实际情况是，另外一些制度形态的文化资本是通

图 5.3 玩家 M21 在《九阴真经》中获得的"一代宗师"的称号

过集体协作获得的,他们又会带来什么样的情感互动体验?

二 集体性制度形态资本与情感互动

同个体性制度形态文化资本不同,集体性制度形态文化资本更能体现网络游戏的团队性和互动性。集体性制度形态文化资本是通过在某一特定公会或战队中的集体玩家共同参与游戏行为而获得、积累的文化资本。这种文化资本天然具有团队性、共享性、平等性和团队精神。

> 我现在玩的手游 love live 每半个月会有一次活动,每次活动所有玩家都会有活动排名。我打过国服的一次活动,排名第一。这个活动就要烧钱、耗时间。其实这不是我一个人取得的成就,我当时找了 9 个人帮我打,24 小时轮班不停打,因为是我组织的,主要还是我打。

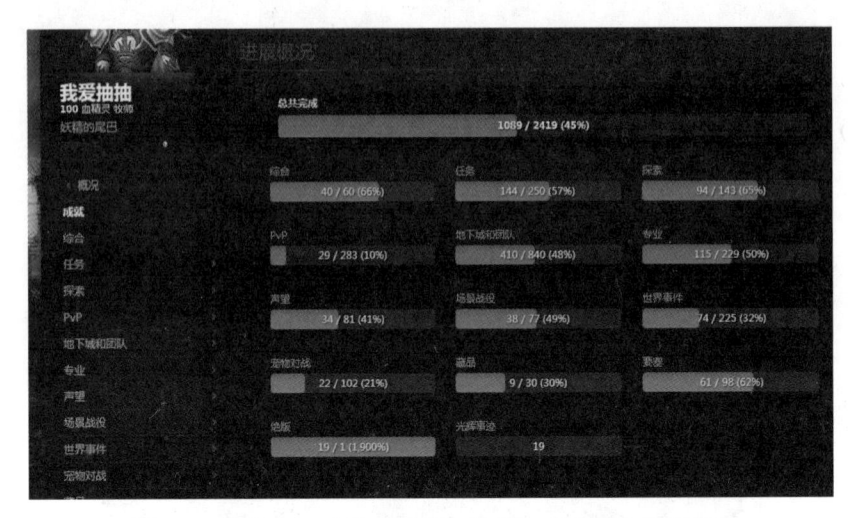

图 5.4　玩家 M27 在游戏《魔兽世界》中取得的各项成就

不过大家一起拼第一，感觉比一个人好太多，现在回忆起来，集体荣誉感和成就感还是很强烈。虽然实质奖励是没有的，但明显感觉提高了名声。打之前需要做出总的时刻表，然后每次任务的前一天要协调队友，时间上可能要做微调。获胜的那一刻，我们每个人都好激动，甚至还有队友激动得哭了呢。(F11)

图 5.5　玩家 F11 及其团队获得的集体荣誉

团队的荣誉比个人更重要。比如一局游戏里会有胜利的团队，而胜利团队里会有一个人当选 MVP 玩家。这就说明，团队的成绩和荣誉高了，好了，个人才有可能获得更好的荣誉、成绩。（F7）

集体获得的荣誉、奖励比个人的重要。比如以前《传奇》里的沙巴克城，只要攻下这座城，那么你们公会就是这座城的主人，公会每个人都会有彩色 id。识别一些是游戏必须去做的，只有做了才能获得，才能通关。一些是自己组团去实施的，难度非常大，当然集体荣誉感、成就感更强烈。（M26）

在网络游戏里，通过《魔兽世界》发扬光大的成就系统，里面针对游戏生活的方方面面设置了非常多的目标。小到拾取一枚金币，大到需要 40 个人合作，花费 3 个月的时间共同完成的一个非常困难的击杀行为。其目标往往超越了个人能力的范围，需要整个公会的人来一起努力共同完成。其中一些也会引起大量公会竞争。比如新版本上线后新副本的通关 BOSS，第一个通过的公会可以得到全世界唯一的成就，本质上来说跟奥运会金牌没区别。（M27）

在许多青少年看来，集体行动所取得的荣誉和奖励往往比个人获得的个体性资本更重要。玩家 F7 清楚地表明了团队荣誉比个人荣誉和认同更重要。而玩家 F11 充分展示了她对好友强大的调度能力，协调许多好友玩家致力于争夺场域中最高的排名和地位。这样的游戏团队体验带给她更多的自信和自我认同。玩家 M26、M27 的描述充分展示了资深玩家处置个人文化资本和集体性的制度形态文化资本关系的成熟视角和做法。这样成熟的做法往往能给群体带来更好的游戏成绩，也能带来集体情感的共鸣。

无论是个体性制度形态文化资本，还是集体性制度形态文化资本，二者均能强化玩家互动的情感性。制度形态文化资本的积累使得玩家及其团队都能获得积极性情感体验和互动，而且，这种总体外部性的奖励和认可强化了玩家的自我认同和青少年游戏社群的有机团结，使得个体和群体都能获得承认的社会性支持，这种支持既能带来积极的心理优势，也能改变玩家在网络游戏中的地位和权力。

第六章

结论与讨论：网络游戏世界社会互动的情感化与情感文明

> 我们真正需要的，是游戏能够超越让人短暂幸福的心流和自豪，提供一种更为持久的情感奖励；我们真正需要的，是哪怕不玩的时候仍能让我们幸福地游戏。只有这样，才能在游戏和现实生活中实现恰当的平衡。
>
> ——简·麦格尼格尔

> 不管我是在哪儿得到幸福
> 在哪儿成就伟业
> 在哪儿了解真正的秘密
> 在哪儿拯救世界
> 在哪儿产生强烈感觉
> 在哪儿助人为乐
> 我也都能在现实里做到
>
> ——艾利泽·尤多斯基（Eliezer Yudkowsk）

网络游戏作为一种显在的虚拟文化样式，吸引着成千上万的青少年大规模迁徙到这个充满魅惑与传奇的虚拟世界。青少年玩家在网络游戏世界肆意挥洒精力、智慧、情感与资源，也为自身提供了寻求自我认同、探求文化资源、资本和网际权力的新的社会空间和场域。本研究借助20世纪70年代复兴的情感社会学理论视野，对网络游戏中青少年玩家的情感互动实践，从自我认同与情感、文化资本与情感、网际权力与情感三个角度，进行了探索性的实证研究。研究发现，青少年玩家在网络游戏中的社会互动种类繁多，但主要围绕寻求自我认同、文化资本积累与转换、网际

第六章 结论与讨论：网络游戏世界社会互动的情感化与情感文明

权力获得与运作三大方面来展开。更为明确的是，作为总体和具体样态的社会互动体现了明显的情感化特征。自我认同、文化资本以及网际权力的情感性互动之间又形成了彼此互为证据和支撑的关系。基于本研究的发现，本章尝试从理论上回答以下两个问题：第一，青少年在网络游戏虚拟世界中的社会互动如何充分地张扬和体现了情感化的趋势？三大情感性互动实践之间存在着怎样的相互支撑的关系？第二，情感文明能否借由青少年玩家的情感性互动在网络游戏世界得以建构？

第一节 青少年网络游戏中社会互动的情感化

青少年玩家从现实社会进入网络游戏世界，能动地开辟一个新的社会行动和互动的时空，其出发点是多种多样的。在真实社会所累积的生活经验与虚拟世界中的新经验发生对接、碰撞与冲突，产生全新的社会体验和心理感受。我们认为，在充满后现代张力的网络世界，心理性和社会性情感是最自在、显要的出发点。而在这种频繁、漫长的互动中，网络游戏中的各种行为和结果都展示了充分的情感性特征和情感化趋势。

从社会变革的宏观角度来说，近代以来，现代文明的发展在科学技术的催生下张扬理性的精神，压制了日常生活的空间和人们情感表达的机会。然而，现代性自身出现的问题以及后现代意识的崛起，使得社会有机体不再单向度地发展，日常生活与现代性也有了回应，情感在社会日常生活中找回了自己的位置，并抵制理性对日常生活领域的侵蚀。在流动的现代性（鲍曼语）中诞生了新型现代性，表现为一种社会情感主义，情感无疑也构成了人的精神状况的核心。情感的恒动性、困惑性、张力性也正是今日后现代状态的人生。舍勒将人的情感社会化称之为"人的内驱力"的系统反抗。[①] 社会群体或个体为了摆脱理性和现代性的精神压迫，采取情感化的社会行动，来摆脱总体理性对个体情感的束缚，体现了一种强烈的抵抗精神。

实际上，如果我们选取不同的社会群体，截取不同的时间片段，或者深入不同的社会空间，也会发现，情感的心理和社会实践除了基于内驱力的系统反抗之外，还有一种基于积极情感探寻的能动性的空间探索属性。

---

① 郭景萍：《情感社会学：理论、历史、现实》，上海三联书店2008年版，第6—7页。

也就是说，从微观、中观社会实践出发，社会个体和群体在后现代抗击理性、去中心、反传统精神的感召之下，主动地寻求通过情感的释放、体验、互动来实现个人的价值、幸福等终极目标。

处于急遽成长期的青少年进入网络游戏世界，体验不同于真实社会的另类互动实践就是这种具有双重意义的情感社会化过程。青少年玩家们或者为了摆脱父母、家庭、学校等权力、场域的规训，或者主动寻找一种新的刺激性社会活动，抑或二者兼而有之，主动或被动地进入网络游戏世界，沉溺或沉浸于梦幻般的种种互动之中，体验虚拟的人生况味。

如果我们依然从情感的积极与消极二元分类方法出发，可以发现，青少年网络游戏玩家几乎都是为了寻求积极情感的体验、互动和回报进入网络游戏世界。游戏心理学家布莱恩·萨顿史密斯"玩的对立面不是工作，而是抑郁"的论断，以及简·麦格尼格尔"游戏能唤起积极情感"的论断都表明网络游戏能给青少年玩家带来积极情感的体验。麦格尼格尔指出，积极情感的激活，是当今最成功的电脑和视频游戏让人如此沉迷亢奋的主要原因。当我们进入乐观参与的集中状态，突然之间，我们从生理上变得更愿意展开积极的思考，建立社会关系，塑造个体优势。我们主动把思维和身体都调整到了更快乐的状态。①

在我们的访谈中，绝大多数玩家都认同情感在游戏中具有强烈的驱动力作用，并且在游戏过程中长期作为一种伴随性的目标和结果。

> 尽管一开始是基于游戏内容的吸引力，但坚持下去的原因一定是情感原因。这之中包括对游戏的情感，以及在游戏中与网络上的好友建立的情感。(M16)
>
> 玩家玩游戏，主要就是三种，无聊找事做，寻找游戏中的乐趣，在游戏中娱乐。最主要是后二者。一般游戏玩家都离不开游戏娱乐，这是典型的情感性互动。我玩游戏起先也是为了得到游戏的虚荣感和自我满足，不过玩着玩着，就会发现，游戏中的情感更有趣。现实中有些东西，你无法去言表，但是在游戏中，你就可以随意去表达。有时会感到一些玩家很无趣，有时又会觉得大家都很有爱。跟朋友间，

---

① [美]简·麦格尼格尔:《游戏改变世界：游戏如何让现实变得更美好》，闾佳译，浙江人民出版社2012年版，第29页。

第六章 结论与讨论：网络游戏世界社会互动的情感化与情感文明

平时可能不怎么说话，但是一玩游戏，就又可以带起我们之间的友谊。有些玩家甚至在游戏中谈恋爱，结婚，也会在游戏外互动，恋爱。（M26）

虽然游戏的内容是虚假的，但情感是完全真实的。这种情感可以分为两方面，一方面因为现实生活的压力、不公和不称心，我们会想要进入游戏当中，也不是逃避，只是想暂时拥有一段属于自己的不被打扰的时间（柯南道尔不也说了么，幻境乃避世消愁的唯一途径）；另一方面，游戏的文本本身也有很强的魅力，就像今早脑海里突然出现一句"部落忠诚勇敢的儿女们"也会热泪盈眶，这个跟电影小说是没有区别的。（M27）

追求愉悦、乐趣、成就感、浪漫情感等积极情感为青少年玩家进入网络游戏提供了情感性的动力。而在频繁而又漫长的互动中，情感成为一般化、决定性的要素和机制。实际上，情感性的特征和情感化的趋势更重要的表征则在于本研究讨论的三大互动主题上。

第一，青少年网络游戏玩家进入网络游戏，主动或被动地通过情感互动的实践完成自我认同的实现。这鲜明地体现在青少年玩家与游戏角色、情境、机制等要素的情感互动中，通过角色扮演、游戏叙事、游戏音效等具体要素的互动，实现自由感、神圣感等体验与感受。而体现心理活动的个人认同，通过任务目标的实现、个人情绪的调整完成自豪感、成就感等的体验，并且避免或消除挫败感、失落感等消极情绪。归属感、胜任感、整合感是玩家实现集体认同的关键性指标，玩家通过完成游戏集体设定的游戏目标，积极参与集体行动，保持与集体内队友的情感互动从而实现集体性认同。社会认同则在荣誉感和浪漫情感实现的基础上达成目标。青少年与网络游戏总体要素、情境的互动实现，个人认同、群体认同、社会认同的实现中都是借助情感性的结果来达成。

第二，网际权力是青少年玩家在充满竞争的网络游戏世界追求的重要目标之一。从个人权力的获得层面，青少年玩家借助身份的流动性、空间的信息性，试图借助网络及网络游戏的赋权功能获得新的更好的位置、更高的地位，以实现虚拟社会阶层的重构。积极情感或消极情感与这种努力的结果存在正相关的关系。权力的获得与占有、社会阶层得以重构会给玩家带来愉悦、自豪、成就感等积极情感，相反则会体验到愤怒、失望、焦虑的消极情感。网络游戏中由技术权力精英主导的社会结构造成了技术权力螺旋的后果。就玩家和这种权力来说，是一种规训与抵抗的关系。处于相对弱势的普通玩家不得不压抑性地接受权力技术的压制和支配，更多体验一种消极情感的互动。但我们也看到部分玩家试图做出抵抗的姿态和努力，以求获得积极的情感体验。权力就如认同一样，也存在想象的空间和可能。青少年玩家依据自身在现实世界的心理体验和网络游戏中的虚拟感受，对网络游戏空间可能出现的图景展开丰富的想象和比对。有些玩家把游戏想象成天堂般的理想国，游戏经历也让他们收获了诸多积极情感，反过来推动他们再度回到游戏社群；但也有一些玩家在游戏社群中感受到权力的压制、规训，将之想象为地狱般的存在，甚至会选择离开游戏。我们也发现，如同在现实社会的感受一样，许多玩家并非极化地对虚拟网络游戏世界展开想象，而是表达了折中的观点和感受。

第三，资本就是权力。为了在网络游戏这个虚拟场域中获得占有性、支配性或规则性的权力，以及实现自我认同，必须积累起足够的文化资本。文化资本的获得、积累、赠送、调度等成为网络游戏中获得成功和积极情感体验的充要条件。文化资本的获得、积累主要在三个层面展开：身体化资本、客观形态资本以及制度形态资本。其中，身体化资本是先决性的条件。关于游戏知识、技能、情感的文化资本具有与身体不可分离、不可交易的特征，必须经过玩家的沉浸体验和长期艰苦的游戏操作和操练获得。这些资本的成功积累能够给玩家带来成就感、自豪感、愉悦感等积极情感的体验，也有助于其他文化资本的积累。虚拟财富以及游戏道具、装备等收集物属于客观形态的文化资本，也可以用来交易或赠送。这种文化资本使得玩家在与其他玩家的互动中握有稀缺性的资源，赠送、交易这样的行为往往能带来骄傲、喜悦、友谊等积极情感。制度化资本更多地体现为一系列象征性的符号，比如游戏等级、称号、徽章等等，这些文化资本不可用来交易。但个体化制度形态的文化资本显然具有炫耀的功能，并内在地提升玩家的兴奋、骄傲、成就感等积极情感。而集体性制度形态的文化资本则隶属于公会、帮会、战队等游戏社群，这种文化资本不仅天然地表征为集体成就，也内在地推动游戏社群内部团结的建构，这种团结是一种有机的团结，而非机械团结。

第四，从本书的整体逻辑结构来说，青少年玩家在网络游戏中社会互动的情感性和情感化最重要的体现和功能是整合性地表征在以上三种具体社会互动中，并且，三种具体的社会行动和互动之间在情感的勾连下形成彼此互相支撑的结构。首先，积极情感的体验和互动都能促进三种社会互动或行动目标的实现。这一点我们已经反复讨论过，这里不再赘述。其次，自我认同、网际权力、文化资本都是青少年玩家最重要的追求目标。他们既是青少年玩家的游戏动力来源，也是他们追求的游戏结果。这三大方面成就取得的结果直接影响玩家的游戏体验，决定玩家对游戏的沉浸程度以及游戏黏性。最后，实际上也是最重要的，我们在研究中发现，三种社会行动和互动之间产生了紧密且牢固的相互支撑关系。（1）网络游戏中的自我认同是青少年玩家在新的场域重新发现自我、反思自我、重塑自我认同的机会。自我认同并非凭空产生，它依赖于玩家在游戏中的文化资本积累的多少以及在网络游戏中重塑社会阶层的实现。文化资本的获得、积累，网际权力的占有、支配是为自我认同的实现提供了重要的保障。（2）文化资本的部分资本，比如身体化资本的积累、转换看起来是相对独立的行为和结果，但网际权力的获得显然能增加客观形态资本、制度形态资本的获取、积累。网际权力对文化资本有着明显的支撑作用。比如，我们在访谈中所发现的游戏社群中由于地位差异，所获游戏战利品分配权不平等的状况就说明了这一点。（3）网际权力的来源很显然需要文化资本的积累与转换。从访谈材料来看，很难想象一个不拥有任何文化资本的青少年玩家能够在网际权力的竞争中获得各种权力。

情感性特征和情感化趋势散布于青少年玩家在网络游戏的各个社会行动和互动环节，成为其根本性的动力机制和必然目标。作为主要社会行动和互动类别的自我认同的实现、文化资本的积累与转换、网际权力的获得与转换也由于这种特性和趋势内在地形成互相勾连、互为支撑的紧密结构。

更进一步说，穿梭于网络虚拟世界中的青少年玩家以其更为充分的能动性完成对现实世界社会结构的冲击甚至解构，充分展示了后现代意识的强大张力。实际上，网络游戏行为也只是青少年在网络空间寻求自我认同、获取网际权力和新型文化资本的具体表征之一。青少年在网络空间中的信息接收、自我书写、自我呈现，乃至参与集体行动都是自我、权力、资本等社会行动要素的再建构、再积累。另外，与现实世界中的诸多行动相比，网络空间中的社会行动更加强化非理性的功能。特别是对成长中的青少年群体来说，非理性或者情感性表达、展示、互动成为诸多虚拟社行动展开和目标达成的自然而有效的方式。

随着"御宅族""游戏世代"等基于网络技术发展和网络社会崛起而形成的青少年网络文化群体的成长,情感化特征和情感化趋势会成为网络社会空间的总体性特征之一。

第二节 游戏世界情感文明的建构

行文至此,似乎我们一直在以一种绝对乐观的姿态来描摹和讨论青少年网络游戏中的情感互动以及三种核心的社会行动和社会互动所带来的积极情感体验。在我们关注的命题和材料之间似乎也构成了充分的逻辑关系,也即青少年网络游戏中的社会互动充满了情感性和情感化的趋势,积极情感促成并成为自我认同、文化资本、网际权力的结果。但实际上,网络游戏中的社会行为和互动并非都会导致积极情感的产生,消极情感也是青少年玩家游戏行为的必然产出。积极与消极并存的情感产出才是网络游戏中的真实存在,只不过我们观照的起点和归宿得到了充分的验证,而并存的事实是我们无法回避的客观存在。

情感社会学的研究试图破解人们社会行为和社会交往互动的密码,为我们打开窥视网络游戏行为与心理的另外一扇窗。而我们的终极情感目标则是解析虚拟游戏世界情感文明建构的可能性,以达成游戏玩家真正的自我解救和和谐虚拟秩序的重建。

情感社会学研究中的情感与动机、情感与文化、情感与社会结构、情感与资本、情感与权力,甚至情感与理性诸多二元结构的诸多命题都有着相似或相同的目标,那就是如何更好地理解和把握情感,如何使得社会行动者不必受理性和情感的双重束缚,整个社会如何建构情感文明的社会秩序。

诺贝特·埃利亚斯在阐释人类文明的进程时指出,在长期的人类社会或者是某个具体国家的文明发展中,情感的控制是文明进程的重要手段和标志。他指出,由外部强制和自我强制来控制的个人情感以及某种意义上来说人的所有行为的构成也会朝着某一个方向变化。[1] 言下之意,在某个

---

[1] [德]诺贝特·埃利亚斯:《文明的进程》,王佩莉等译,生活·读书·新知三联书店1998年版,第1页。

第六章　结论与讨论：网络游戏世界社会互动的情感化与情感文明

国家或社会发展的特定时期，人们通常实践性地以情感控制的结果来判断社会整体和个体的文明程度。因此，社会的文明始于人们对情感的控制，西方社会文明的成熟过程，正是情感文明化的过程。郭景萍认为，情感文明是个人与社会双向互动的过程，其双向互动机制有二：情感控制与情感赋权。情感控制表现为社会情商力；情感赋权表现为个人情商力。[①] 从情感控制的角度审视文明，意味着"文明发展的特点就在于更加严格、更加全面而又更加适度地控制情感"[②]。情感赋权主要指帮助人们提高他们的个人情商能力，赋予人们具有自我调控情感的权力，从而降低人们在情感生活中的挫折感和对情感生活的无控制感，激发人们情感能量的产生及其发挥。[③]

正如我们在本书第四章讨论玩家对网络游戏世界的情感性想象时，也发现了虚拟游戏世界存在的情感和权力无序的状况，这种失序的状况给许多玩家造成了一定的伤害。在我们的补充访谈中，也有玩家谈及部分网络玩家的这种情感自我控制的旁落。

> 游戏虽然是虚拟的，但是现实社会中的万千形态在游戏中的社会也是处处可见。什么仇富心理、帮派恩怨啦，都是有的，其实这种恩怨一般都没来由的。现在的游戏内容的设定一般都有 PVP 这一项，我觉得这就是用来发泄人在现实社会中的阴暗情绪的。还有比如内讧、失望、压抑这种情绪，会在一个团队中体现得比较突出。（M16）

> 因游戏而异吧，主要也是看游戏中我在游戏玩家的素质。《魔兽世界》真的是一个世界，文明程度绝对比现实更佳好，那种文化，真的是比现实要好。另外的游戏，感觉游戏玩家素质参差不齐，所以也就一般。总的来说，游戏中可以体验不一样的文化，感受的也是现实中不一样的。（M26）

> 消极情感其实也非常多，因为游戏中同样存在失败与挫折，而 moba 类的玩家往往也非常易怒（因为要与陌生人合作争取胜利），我

---

① 郭景萍：《情感文明建设：情感控制与情感赋权》，《广东社会科学》2009 年第 2 期。
② ［德］诺贝特·埃利亚斯：《文明的进程》，王佩莉等译，生活·读书·新知三联书店 1998 年版，第 34 页。
③ 郭景萍：《情感文明建设：情感控制与情感赋权》，《广东社会科学》2009 年第 2 期。

也常遇见那种说好赢一把就睡觉，结果一直连输一晚上的经历，这种时候我一般选择直接关机睡觉，负面情绪不会带到现实里的，当然一些年轻的玩家还是会被这些情绪影响（我个人认为这不是游戏的原因，而是年轻人无法控制自己情感的原因）。(M27)

但是我认为真正的文明还是需要一定规范去实现的，没有任何的规范、社会制度、道德约束的自由，只能少数人实现，因为人之间具有冲突啊，这个是没法避免的，有人不会控制自己，那就乱来。(F14)

许多玩家都认为，网络游戏赋予了青少年表达个人情感的权力和自由，并借此回应和抵抗现实世界的情感压制，但这种自由容易被滥用，导致情感的冲突和大量消极情感的产生，游戏世界中的情感文明引起很多玩家的担心。正如玩家 M16 所描述的，玩家往往会利用网络游戏世界的自由一味宣泄而不是控制个人情感、情绪。玩家 M27 则直接指出年龄较小的青少年玩家对个人情感表达的控制导致了整体情感文明的失落。F14 指出了网络游戏世界的自由需要控制的事实。郭景萍认为，情感的社会控制表现为社会情商力；情感赋权则表现为个人情商力。个人有情商，社会也有情商。社会情商就是指社会对其成员情感的合理化调控和管理的能力，它具体表现为一套对情感调控的社会机制。个人情商则是人们自觉地运用社会规范来指导、约束、检点自己的情感行为，属于一种内在的心理调控机制。①

情感文明的发展表现出两种趋势：一方面，对情感的控制越来越合理化、制度化；另一方面，对情感的约束越来越人性化，情感趋于开放，自由度增大，② 以至于考夫曼感叹现代社会情感文明状况正在向着与埃利亚斯指出的彻底相反的方向发展。③ 或许我们有理由对这种趋势存在隐隐的忧虑，那就是成长中的青少年玩家面对突如其来的社会交往和情感表达的自由变得不知所措，甚至滥用这种权力，导致网络空间中情感文明的

---

① 郭景萍：《情感文明建设：情感控制与情感赋权》，《广东社会科学》2009 年第 2 期。
② 同上。
③ [法] 让·克鲁德·考夫曼：《女人的身体，男人的目光》，社会科学文献出版社 2001 年版，第 6、7 页。

失落。

情感控制和情感赋权都是情感文明建设的重要机制,网络游戏世界情感文明的建构离不开社会和个人从规则和规范建设以及习得情感自我控制的方法。我们以温特沃斯对情感文明的浪漫期待作为结束语:"情感赋予文化规范和规则以力量。没有情感,将没有良心的刺痛、社会责任的强制、尊重的感受或道德的应然。"[①]

情深而文明,情真而美好。

[①] 转引自郭景萍《情感文明建设:情感控制与情感赋权》,《广东社会科学》2009年第2期。

参考文献

一　中文文献

［美］M. 卡斯特：《网络社会的崛起》，夏铸九等译，社会科学文献出版社 2003 年版。

《马克思恩格斯全集》第 3 卷，人民出版社 2002 年版。

［美］A. H. 马斯洛：《人的潜能和价值》，杨功焕译，华夏出版社 1987 年版。

［美］A. H. 马斯洛：《动机与人格》，许金声等译，华夏出版社 1987 年版。

［美］D. 波普诺：《社会学》，李强等译，中国人民大学出版社 2000 年版。

［丹］Jesper Juul：《游戏、玩家、世界：对游戏本质的探讨》，关萍萍译，《文化艺术研究》2009 年第 1 期。

埃米尔·迪尔凯姆（又译作涂尔干）：《社会分工论》，生活·读书·新知三联书店 2000 年版。

［英］安东尼·吉登斯：《现代性与自我认同：现代晚期的自我与社会》，赵旭东、方文译，生活·读书·新知三联书店 1998 年版。

包亚明（主编）：《权力的眼睛：福柯访谈录》，严锋译，上海人民出版社 1997 年版。

［美］本尼迪克特·安德森：《想象的共同体：民族主义的起源与散布》，上海世纪出版集团 2011 年版。

［波兰］彼德·什托姆普卡：《信任：一种社会学理论》，程胜利译，中华书局 2005 年版。

陈佳靖：《网路空间、人际关系：线上线下、生活世界》，《资讯社会研究》2003 年 1 月。

陈威江、蓝淑娟、吕文琴：《线上游戏之消费分析》，《大汉学报》第 22 期。

陈向明：《质的研究方法与社会科学研究》，教育科学出版社 2000 年版。

陈怡安：《线上游戏的魅力：以重度玩家为例》，复文出版社 2003 年版。

陈怡安：《线上游戏的魅力》，《资讯社会研究》2002 年第 7 期。

成伯清：《情感的社会学意义》，《山东社会科学》2013 年第 3 期。

仇立平、肖日葵：《文化资本与社会地位获得——基于上海市的实证研究》，《中国社会科学》2011 年第 6 期。

[美] 大卫·弗里曼：《游戏情感设计》（编著），邱仲潘译，红旗出版社 2005 年版。

段忠桥：《马克思的异化概念与历史唯物主义——与俞吾金教授商榷》，《江海学刊》2009 年第 3 期。

范彦彬、廖宏建、李贤：《论网络游戏中的自我实现》，《淮阴师范学院学报》2006 年第 1 期。

关萍萍：《互动媒介论——电子游戏多重互动与叙事模式》，博士学位论文，浙江大学，2010 年。

郭景萍：《情感文明建设：情感控制与情感赋权》，《广东社会科学》2009 年第 2 期。

郭景萍：《情感社会学：理论、历史、现实》，上海三联书店 2008 年版。

郭景萍：《西方情感社会学理论的发展脉络》，《社会》2007 年第 5 期。

洪镰德：《从唯心到唯物——黑格尔哲学对马克思主义的冲击》，《人本自然》2007 年。

洪樱芬：《论休谟的道德情感——以"同情"与"爱"为中心》，《人文与社会研究学报》2011 年第 1 期。

侯志凯：《网路线上游戏网际权力分析：以〈魔兽世界〉为例》，硕士学位论文，"国立"台湾师范大学，2008 年。

黄厚铭：《网路上探索自我认同的游戏》，《教育与社会研究》2002 年第 3 期。

黄少华、陈文江：《重塑自我的游戏——网络空间的人际交往》，兰州大学出版社 2002 年版。

黄少华：《论网络空间的社会特性》，《兰州大学学报》2003 年第 3 期。

黄少华：《青少年网络游戏行为研究》，《淮阴师范学院学报》2008 年第 1 期。

黄少华：《网络空间的社会行为：青少年网络行为研究》，人民出版社 2008 年版。

黄少华：《网络空间的族群认同——以中穆 BBS 虚拟社区的族群认同实践为例》，博士学位论文，兰州大学，2008 年。

黄少华：《网络游戏意识对网络游戏行为的影响》，《新闻与传播研究》2009 年第 2 期。

［美］简·麦格尼格尔：《游戏改变世界：游戏如何让现实变得更美好》，闾佳译，浙江人民出版社 2012 年版。

金桥：《上海居民文化资本与政治参与——基于上海社会质量调查数据的分析》，《社会学研究》2012 年第 4 期。

［美］兰德尔·柯林斯：《互动仪式链》，林聚任、王鹏、宋丽娟译，商务印书馆 2009 年版。

李君如、杨棠安：《线上游戏玩家表现与其人格特质之研究》，《高雄师大学报》2005 年（总）第 19 期。

李思屈、关萍萍：《论数字娱乐产业的审美经济特征》，《杭州师范学院学报》2007 年第 5 期。

李义杰：《媒介与文化资本——基于中国武术文化资源资本转换的研究》，博士学位论文，浙江大学，2012 年。

林斌：《虚拟中的身体与现实》，参见《网络传播与社会发展》，北京广播学院出版社 2001 年版。

林宛莹、张昕之：《"隐形少年"现形记：香港御宅族网际网路使用与社会资本建构初探》，《新闻学研究》2012 年 7 月第 112 期。

林雅容：《自我认同形塑之初探：青少年、角色扮演与线上游戏》，《资讯社会研究》2009 年第 1 期。

林盈廷：《社交网路游戏对使用者社会网络及线上人际互动之影响》，

硕士学位论文,"国立"交通大学,2011年。

林郁沁:《施剑翘复仇案——民国时期公众同情的兴起与影响》,江苏人民出版社2011年版。

刘春艳:《网络游戏三维角色造型研究》,硕士学位论文,西南交通大学,2008年。

刘少杰:《网络化时代社会认同的深刻变迁》,《中国人民大学学报》2014年第5期。

马克思:《资本论》第1卷,人民出版社1975年版。

[德] 马克斯·舍勒:《价值的颠覆》,罗悌伦、林克、曹卫东译,生活·读书·新知三联书店1997年版。

[德] 马克斯·韦伯:《经济与社会》,阎克文译,上海世纪出版集团2010年版。

[德] 曼海姆:《重建时代的人与社会:现代社会结构研究》,张旅平译,上海三联书店2002年版。

蒙培元:《情感与理性》,《哲学与文化》2001年第11期。

[法] 米歇尔·福柯:《规训与惩罚》,刘北成、杨远婴译,生活·读书·新知三联书店2007年版。

[法] 米歇尔·福柯:《权力的眼睛》,上海人民出版社1997年版。

[德] 诺贝特·埃利亚斯:《文明的进程》,王佩莉等译,生活·读书·新知三联书店1998年版。

[美] 诺尔曼·丹森:《情感论》,魏中军、孙安迹译,辽宁人民出版社1989年版。

[美] 欧文·戈夫曼:《日常生活中的自我呈现》,黄爱华、冯钢译,浙江人民出版社1989年版。

[美] 帕森斯:《社会行动的结构》,张明德、夏翼南、彭刚译,译林出版社2003年版。

[法] 皮埃尔·布迪厄、[美] 华康德:《实践与反思——反思社会学导引》,李猛、李康译,中央编译出版社1998年版。

[美] 乔纳森·特纳、[美] 简·斯戴兹:《情感社会学》,孙俊才、文军译,上海人民出版社2007年版。

[美] 乔治·H. 米德:《心灵、自我与社会》,赵月瑟译,上海译文出版社1992年版。

［法］让·克鲁德·考夫曼：《女人的身体，男人的目光》，社会科学文献出版社 2001 年版。

商务印书馆（香港）有限公司：《汉语大词典》2.0 版，汉语大词典出版社 2002 年版。

孙晓娥：《扎根理论在深度访谈研究中的实例探析》，《西安交通大学学报》2011 年第 6 期。

汪代明：《电子游戏，艺术的终结者?》，《理论与创作》2003 年第 5 期。

王德福：《做人之道：熟人社会中的自我实现》，博士学位论文，华中科技大学，2013 年。

王志弘：《技术中介的人与自我：网际空间、分身组态与记忆装置》，《资讯社会研究》2002 年 7 月。

吴宏伟：《马斯洛的需求层次理论及哲学底蕴》，《哈尔滨市委党校学报》2006 年第 2 期。

西美尔：《货币哲学》，陈戎女等译，华夏出版社 2002 年版。

席勒：《美育书简》，缪灵珠译，中国人民大学出版社 1998 年版。

肖尧中：《文化传播视野中的网络游戏》，硕士学位论文，四川大学，2005 年。

薛晓源、曹荣湘编著：《全球化与文化资本》，社会科学文献出版社 2005 年版。

［美］雪莉·特克：《虚拟化身：网路世代的身份认同》，远流出版事业股份有限公司 1998 年版。

［英］亚当·乔伊森：《网络行为心理学：虚拟世界与真实生活》，任衍具、魏玲译，商务出版社 2010 年版。

扬国枢、陆洛主编：《中国人的自我》，重庆大学出版社 2009 年版。

杨丽萍：《社会化过程中预言的自我实现》，《湖北大学学报》1997 年第 3 期。

杨善华、孙飞宇：《作为意义研究的深度访谈》，《社会学研究》2005 年第 5 期。

杨韶刚：《人性的彰显——人本主义心理学》，山东教育出版社 2009 年版。

姚福喜、徐尚昆：《国外社会资本理论研究进展》，《理论月刊》2008

年第 5 期。

［荷兰］约翰·赫伊津哈:《游戏的人:关于文化的游戏成分的研究》,多人译,中国美术学院出版社 1996 年版。

曾群:《青少年失业与社会排斥风险》,学林出版社 2006 年版。

翟本瑞:《教育与社会:迎接资讯时代的教育社会学反省》,杨智文化事业股份有限公司 2000 年版。

张文宏:《社会资本:理论争辩与经验研究》,《社会学研究》2003 年第 4 期。

张玉佩:《穿梭虚拟世界的游戏少年:他/她们的社会资本之累积与转换》,《中华传播学刊》2013 年 6 月（总）第 23 期。

张玉佩:《线上游戏之阅听人愉悦经验探索》,《中华传播学刊》2011 年第 6 期。

张玉佩:《游戏、人生:从线上游戏玩家探讨网路世界与日常生活的结合》,《新闻学研究》2009 年第 1 期。

郑剑虹、黄希庭:《西方自我实现研究现状》,《心理科学进展》2004 年第 2 期。

中国互联网络信息中心:《中国青少年上网行为调查》。

朱力等著:《社会学原理》,社会科学文献出版社 2003 年版。

朱伟珏:《"资本"的一种非经济学解读——布迪厄"文化资本"概念》,《社会科学》2005 年第 6 期。

杨善华、孙飞宇:《作为意义研究的深度访谈》,《社会学研究》2005 年第 5 期。

［美］M. 卡斯特:《网络社会的崛起》,夏铸九等译,社会科学文献出版社 2003 年版。

二　英文文献

Alison Gazzard（2008）.Grand Theft Algorithm: Purposeful Play, Appropriated Play and Aberrant Players, Proceedings of the 12th international conference on Entertainment and media in the ubiquitous era, http://portal.acm.org/.

Andrzej Grabowski, Natalia kruszewska.Experimental Study of the Structure of a Social Network and Human Dynamics in a Virtual Society.International Journal of Modern Physics C, Vol.18, No.10, (2007): 1527-1535.

Andrzej Grabowski, Natalia Kruszewska.Experimental Study of the Structure of a Social Network and Human Dynamics in a Virtual Society.International Journal of Modern Physics C, Vol.18, No.10, (2007): 1527-1535.

Bateman.C, Boon.R (2005).21st Century Game Design.Charles River Media, London.

Best, S.J., & Krueger, B.S. (2006).Online interactions and social capital: Distinguishing between new and existing ties.Social Science Computer Review, 24 (4), pp.395-410.

Bong-Won Park, Kun Chang Lee. An Empirical Analysis of Online Gamers'Perceptions of Game Items: Modified Theory of Consumption Values Approach. Cyberpsychology, Behavior, and Social Networking. Volume 14, Number 7-8, 2011.

Catherine L. Lortie, Matthieu J. Guitton. SocialOrganization in Virtual Settings Depends on Proximity to Human Visual Aspect.Computers in Human Behavior, 27 (2011): 1258-1261.

Cheng-Chieh Hsiao, Jyh-Shen Chiou.The effects of a player's network centrality on resource accessibility, game enjoyment, and continuance intention: A study on online gaming communities.Electronic Commerce Research and Applications, 11 (2012): 75-84.

Cheng-Chieh Hsiao, Jyh-Shen Chiou.The effects of a player's network centrality on resource accessibility, game enjoyment, and continuance intention: A study on online gaming communities.Electronic Commerce Research and Applications, 11 (2012): 75-84.

Despoina Xanthopoulou, Savvas Papagiannidis.Play online, work better? Examining the spillover of active learning and transformational leadership.Technological Forecasting & Social Change, 79 (2012): 1328-1339.

Diane Carr: Games and Narrative. Diane Carr. Etc., Computer Games: Text, Narrative and Play, Polity Press, p.39.

Dong-Hee Shin.The Dynamic User Activities in Massive Multiplayer Online Role-Playing Games.International Journal of Human-Computer Interaction, 26: 4, 317-344.

E. Goffman, *Frame Analysis: An Essay on the Organization of Experience*, Massachusetts: Northeastern University Press, 1986, pp.1, 8.

Emily Collins, Jonathan Freeman. Do problematic and non-problematic video game players differ in extraversion, trait empathy, social capital and prosocial tendencies? Computers in Human Behavior, 29 (2013): 1933-1940.

Espen Aarseth (1997). Cybertext: Perspectives on Ergodic Literature, Baltimore: John Hopkins University Press, p.4.

Francesca Zanetta Dauriat, Ariane Zermatten, Joël Billieux, Gabriel Thorens, Guido Bondolfi, Daniele Zullino, Yasser Khazaal. Motivations to Play Specifically Predict Excessive Involvement in Massively Multiplayer Online Role-Playing Games: Evidence from an Online Survey. European Addiction Research, 2011, 17: 185-189.

Garry crawford, Victoria K. Gosling and Ben Light, Online Gaming in Context: The social and cultural significance of online games, Routledge, 2011, pp.10-11.

Genette, Gerard. Narrative Discourse: An Essay in Method, trans. By Jane E. Lewin, Cornell University Press, 1983, p.217

Grant Tavinor. The Art of Videogames, Wiley-Blackwell, 2009, pp.130-139.

Helena Cole, B.Sc. and Mark D. Griffiths. Social Interactions in Massively Multiplayer Online Role-Playing Gamers. CYBERPSYCHOLOGY & BEHAVIOR, Volume 10, Number 4, 2007: 575-583.

Jari Takatalo, Jukka Häkkinen, Jyrki Kaistinen, and Göte Nyman, Presence, Involvement, and Flow in Digital Games, Evaluating User Experience in Games, Springer, 2010, pp.26-27.

Jeffrey G. Snodgrass, H.J. Francois Dengah II, Michael G. Lacy and Jesse Fagan. A formal anthropological view of motivation models of problematic MMO play: Achievement, social, and immersion factors in the context of culture. Transcultural Psychiatry, 50 (2): 235-262.

Jesper Juul. Introduction to Game Time / Time to Play-An examination of game temporality, http://www.jesperjuul.net/timetopaly/.

Jesper Juul, The Game, the Player, the World: Looking for a heart of gameness.www.Jesperjuul.net/ludogist/.

Joachim Stoeber, Matt Harvey, Joshua A.Ward, Julian H.Childs.Passion, craving, and affect in online gaming: Predicting how gamers feel when playing and when prevented from playing. Personality and Individual Differences, 51 (2011): 991-995.

Joël Billieux, Martial Vander Linden, Sophia Achab, Yasser Khazaal, Laura Paraskevopoulos, Daniele Zullino, Gabriel Thorens. Why do you play World of Warcraft? An in-depth exploration of self-reportedmotivations to play online and in-game behaviours in the virtual world of Azeroth.Computers in Human Behavior, 29 (2013): 103-109.

Krista-Lee Malone. Dragon Kill Points The Economics of Power Gamers. Games and Culture, Volume 4, Number 3, July 2009: 296-316.

Lindsay T. Graham and Samuel D. Gosling. Personality Profiles Associated with Different Motivations for Playing World of Warcraft. Cyberpsychology, Behavior, and Social Networking, Volume 16, Number 3, 2013: 189-193.

Marta Beranuy, Xavier Carbonell, Mark D.Griffiths. A Qualitative Analysis of Online Gaming Addicts in Treatment. Int J Ment Health Addiction, (2013) 11: 149-161.

Matthew P.Kassner, Eric D.Wesselmann, Alvin Ty Law, and Kipling D.Williams.Virtually Ostracized: Studying Ostracism in Immersive Virtual Environments.Cyberpsychology, Behavior, and Social Networking Volume 15, Number 8, 2012: 399-403.

Monica T. Whitty, Garry Young, Lewis Goodings. What I won't do in pixels: Examining the limits of taboo violation in MMORPGs. Computers in Human Behavior, 27 (2011): 268-275.

Nicholas David Bowman, Daniel Schultheiss, and Christina Schumann. "I'm Attached, and I'm a Good Guy/Gal!": How CharacterAttachment Influences Pro- and Anti-Social Motivations to Play Massively Multiplayer Online Role-Playing Games. Cyberpsychology, Behavior, and Social Networking Volume 15, Number 3, 2012: 169-174.

Nicholas John Munn. The reality of friendship within immersive virtual worlds.Ethics Inf Technol, (2012) 14: 1-10.

Nick Yee, Jeremy n.Bailenson, Mark Urbanek, Francis Chang, and Dan Merget.The Unbearable Likeness of Being Digital: The Persistence of Nonverbal Social Norms in Online Virtual Environments.Cyberpsychology & Behavior, Volume 10, Number 1, 2007: 115-121.

Picard, R., 1997; Peter and Beale, 2008, William Sims Bainbridge, Online Multiplayer Games, Morgan & Claypool, 2010, p.17.

Qiu–Hong Wang, Viktor Mayer–Schönberger & Xue Yang. The determinants of monetary value of virtual goods: An empirical study for a cross-section of MMORPGs.Inf Syst Front, (2013) 15: 481-495.

Richard Bartle (1990a). Who Plays MUAs? Comms Plus!, October/Novermber, pp.18-19.

Robert Alan Brookey & Kristopher L.Cannon (2009) Sex Lives in Second Life, Critical Studies in Media Communication, 26: 2, 145-164.

Roger Caillois (1961), Man, Play and Games.Free Press of Glencoe.

Rogers, C.R.A Client-centered / person-centered approach to therapy.In Kutash, I. & Wolf, A. (Eds.) Psychotherapist's casebook. San Francisco: Jossey-Bass, 1986, p.200.

Sally J. McMillan (2005). The Researchers and the Concept: Moving Beyond a Blind Examination of Interactivity.Journal of Interactivity Advertising, Vol.5 (No.2), http://www.jiad.org/article58.

Schutz, Alfred 1962, Collected Papers I, (ed) & introduced by Maurice Natanson.The Hague: Martinus, Nijhoff, p.158.

Seung-bae Park, Namho Chung.Mediating roles of self-presentation desire in online game community commitment and trust behavior of Massive Multiplayer Online Role–Playing Games. Computers in Human Behavior, 27 (2011): 2372-2379.

Son S, Kang AR, Kim H-c, Kwon T, Park J, et al. (2012) Analysis of Context Dependence in Social Interaction Networks of a Massively Multiplayer Online Role-Playing Game.Plos One 7 (4): e33918. doi: 10.1371/journal.pone.0033918.

Tim Jordan.Cyberpower-an introduction to the politics of cyberspace, London, Routledge, 1999.

Valenzuela, S., Park, N., & Kee, K.F. (2009). Is there social capital in a social network site?: Facebook use and college students' life satisfaction, trust, and participation. Journal of Computer - Mediated Communication, 14 (4), pp.875-901.

Victoria Anne Sublette, Barbara Mullan. Consequences of Play: A Systematic Review of the Effects of Online Gaming. Int J Ment Health Addiction, (2012) 10: 3-23.

Wengraf, Tom 2001, "*Qualitative Research Interviewing Biographic Narrative and Semi-structured Methods*", London: SAGE Publications, p.3.

Yannick Ferreira De Sousa, Alistair Munro. Truck, barter and exchange versus the endowment effect: Virtual field experiments in an online game environment. Journal of Economic Psychology, 33 (2012): 482-493.

Yee, N. (2006). The Psychology of MMORPGs: Emotional Investment, Motivations, Relationship Formation, and Problematic Usage. In R, Schroeder & A. Axelsson (Eds.), Avatars at Work and Play: Collaboration and Interaction in Shared Virtual Environments, pp.187-207.

YeiBeech Jang and SeoungHo Ryu. Exploring game experiences and game leadership in massively multiplayer online role-playing games. British Journal of Educational Technology, Vol.42, No.4, 2011: 616-623.

Yu-Ling Lin, Hong-Wen Lin. A study on the goal value for massively multiplayer online role-playing games players. Computers in Human Behavior, 27 (2011): 2153-2160.

Zaheer Hussain, M.Sc. and Mark D. Griffiths. The Attitudes, Feelings, and Experiences of Online Gamers: A Qualitative Analysis. CYBERPSYCHOLOGY & BEHAVIOR, Volume 12, Number 6, 2009: 747-753.

Zhi-Jin Zhong. The effects of collective MMORPG (Massively Multiplayer Online Role-Playing Games) play on gamers' online and offline social capital. Computers in Human Behavior, 27 (2011): 2352-2363.

三 网络文献

中国互联网络信息中心:《中国互联网发展报告(2014)》,http://www.cnnic.net.cn。

中国互联网络信息中心:《第34次中国互联网络发展状况统计报告》,http://www.cnnic.net.cn。

中国互联网络信息中心:《2013年中国青少年上网行为调查报告》,http://www.cnnic.net.cn。

中国互联网络研究中心:《2013年度中国网民游戏行为调查研究报告》,http://www.cnnic.net.cn。

ESA:2014Essential Facts about the Computer and Video Game Industry,www.theESA.com。

腾讯游戏中心:http://game.qq.com/index.shtml,2015年1月24日。

Andrzej Marczewski, Marczewski's Gamification User Types 2.0, http://www.gamasutra.com/blogs/AndrzejMarczewski/20131129/205957/Marczewskis_Gamification_User_Types_20.php.转引自《游戏邦》从游戏化角度解析8种用户类型及其意义,http://gamerboom.com/archives/69136,2014-08-08。

Graham McAllister, Steve Bromley, Pejman Mirza-Babaei, Jonathan Napier, Playing to Win? Measuring Social Interaction in Games, http://www.gamasutra.com/view/feature/134982/playing_to_win_measuring_social_.php,2014-07-08。

Tanya Short: Design Principles for Building Your Roleplay Community.http://www.gamasutra.com/blogs/TanyaShort/20130422/190170/Design_Principles_for_Building_Your_Roleplay_Community.php,2014.08.07.转引自《游戏邦》:阐述建设角色扮演类玩家社区的原则,http://gamerboom.com/archives/70872。

Mark Filipowich(2013),转引自《游戏邦》《电子游戏故事的核心是情境而非情节》,http://gamerboom.com/archives/67475,2014-08-07。

TGRStaff(2009),转引自《游戏邦》《好游戏如何激发玩家的情感共鸣?》,http://gamerboom.com/archives/29969,2014-08-09。

《九阴真经》论坛:《九阴真经游戏背景故事介绍》,http://9yin.tgbus.com/ziliao/14166.shtml,2014-08-10。

Danc(2011),转引自《游戏邦》:《以〈Triple Town〉论述游戏基本情感及其诱发条件》,http://gamerboom.com/archives/39972,2014-08-10。

Mike Rose：Opinion：Counter Strike：A true social game，http：//www.gamasutra.com/view/news/175540/Opinion_ Counter_ Strike_ _ A_ true_ social_ game.php.转引自《游戏邦》《建立玩家情感联系,〈反恐精英〉更具社交性》，http：//gamerboom.com/archives/58434，2014-08-15。

游戏邦：《传统互动规则在网络角色扮演游戏中的应用》，http://gamerboom.com/archives/16837，原文出处：http://gamestudies.org/1001/articles/wanenchak，2014-08-15。